www.ingramcontent.com/pod-product-compliance
Lightning Source LLC
Chambersburg PA
CBHW071228080526
44587CB00013BA/1539

بسم الله الرحمن الرحيم

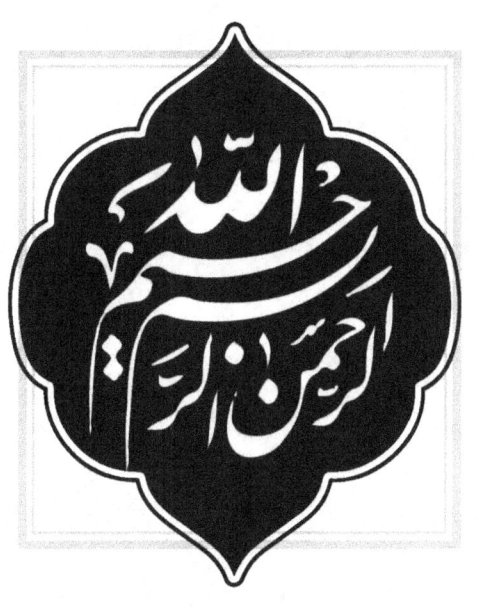

جلد دوم

سرچشمه معرفت

قرآن، حیات بخش روح عواطف انسانی است

نویسنده:
نرگس دوراندیش

انتشارات کیدزوکادو

سرچشمه معرفت
جلد دوم

سریال کتاب: P۲۳۴۵۵۱۰۱۴۲
عنوان: سرچشمه معرفت ۲
نویسنده: نرگس دوراندیش
صفحه آرا: نرگس تاج الدینی
ویراستار: دکتر علی رضا هاشمی
شابک: ۹۷۸-۱-۷۷۸۹۲-۰۲۳-۳
موضوع: قرآن - عرفان - مذهب
تاریخ انتشار: ستامبر ۲۰۲۳
تعداد صفحات: ۲۵۲

هر گونه کپی و استفاده غیر قانونی شامل پیگرد قانونی است.
تمامی حقوق چاپ و انتشار در خارج از کشور ایران محفوظ و متعلق به انتشارات
می‌باشد
Copyright @ ۲۰۲۳ by Kidsocado Publishing House
All Rights Reserved

Kidsocado Publishing House
خانه انتشارات کیدزوکادو
ونکوور ۱، کانادا
تلفن: ۸۶۵۴ ۶۳۳(۸۳۳) ۱+
واتس آپ: ۷۲۴۸ ۳۳۳ (۲۳۶) ۱+
ایمیل: info@kidsocado.com
وبسایت انتشارات: https://kidsocadopublishinghouse.com
وبسایت فروشگاه: https://kphclub.com

kidsocado.group

تقدیم

تقدیم به روح مادر مهربانم و برادر بزرگوارم شهید جواد دوراندیش که مدیون راهنمایی‌های عالمانه‌اش بوده‌ام.

فهرست مطالب

پیشگفتار ۱۱

مقدمه... ۱۳

بخش اول:

یادآوری به انسانها در مورد شناخت خالق یکتا

فصل ۱ - شناخت خدا ۱۵

فصل ۲ - شناخت خدا در مطالعه اسرار جهان ۳۱

فصل ۳ -شناخت خدا در خلقت انسان ۴۱

فصل ۴ - شناخت خدا در خلقت آسمان‌ها و زمین ۵۳

بخش دوم:

سفارشات خداوند برای آگاه شدن انسانها

فصل ۱ - سفارشات خداوند در مورد بشر ۷۷

فصل ۲ - سفارشات خداوند در مورد خلقت ۹۳

فصل ۳ -سفارشات خداوند در مورد قیامت ۱۰۵

فهرست مطالب

بخش سوم:

سفارشات خدا به طایفه بنی‌اسراعیل و اهل کتاب

فصل ۱- خطاب به بنی اسرائیل بابت نعمت‌ها و نجات از فرعونیان ۱۲۷
فصل ۲-سفارش به اهل‌کتاب بابت ایمان به کتاب‌های خداوند و پیامبرانش ۱۳۵
فصل ۳- نجات بنی اسرائیل و اهل کتاب ۱۶۱
فصل ۴- نافرمانی‌های بنی اسرائیل و اهل کتاب ۱۷۳

بخش چهارم:

یادآوری خدا به انسان‌ها در مورد آنچه باعث هدایت و نجات اوست

یادآوری خداوند به انسان‌ها ۱۸۹

بخش پنجم:

سفارشات خدا به انسان‌ها در مورد قرآن و چگونگی آن

ستایش ۲۲۹
منابع ۲۵۰

قرآن حیات بخش روح عواطف انسانی است و بشر را به صراط مستقیم هدایت می‌کند. زنجیرها را می‌گشاید و قفل‌هایی که به دل‌ها و چشم‌ها زده شده را باز می‌کند و آسمان آبی را جانشین ابرهای تیره روح آدمی می‌کند.

پیشگفتار

چون تعالیم قرآن مجید ما را به سرچشمه خوشبختی و سعادت رهنمون می‌کند، و سفارشات خداوند به اخلاقیات و موازین تربیتی پایه سعادت انسان‌ها را در زندگی‌شان فراهم می‌کند، و همچنین قرآن با ظلمت‌هایی فردی مثل خودخواهی منفعت طلبی، هوی پرستی و با ظلمت‌های اجتماعی نظیر ستم و ظلم و تبعیض و بی‌عدالتی و... مبارزه کرده و راه خروج از این ظلمت‌ها را که باعث نگون‌بختی انسان‌ها و جوامع انسانی است را، به همه می‌آموزد تا همه در تحت تعالیم بزرگ و انسان ساز قرآن بتوانند با نیک‌بختی و آرامش زندگی کنند

از آنجایی که قرآن برنامه عمل است و تلاوت آن سرآغازی برای تفکر و اندیشیدن و بر این اساس بر آن شدیم تا با توکل بر خدای تعالی و استعانت از درگاهش موضوعات مختلفی را از قرآن کریم با تعالیم عالی این کتاب مقدس آشنا شده و به خالق خود تقرب جسته و به کمال معرفت و عشق نائل آییم. چنانچه می‌فرماید:

"این قرآن نیست مگر مایه بیداری جهانیان"سوره ص آیه ۸۷

مقدمه

سپاس و ستایش خدای مهربان پروردگار عالمیان و آفریننده جهان‌های بی‌نهایت که توفیق داد. جلد دوم کتاب سرچشمه معرفت که مشتمل بر پنج بخش است را به حضور علاقمندان تقدیم نمایم. در این کتاب موضوعات مختلفی از قرآن کریم را مدنظر داشته و با استفاده از آیات قرآن مجید به حضور خوانندگان گرامی عرضه می‌نماید. برای ترجمه آیات قرآن کریم جهت ساده و قابل فهم بودن معانی آیات از ترجمه استاد علی ملکی استفاده شده است و همچنین از لطف کارشناسانه، جناب حجت الاسلام دکتر سید محمد جواد حجازی استاد حوزه و دانشگاه فیض برده و توفیق و موفقیت هرچه بیشتر ایشان را در پیش برد اسلام عزیز از خدای تعالی مسئلت می‌نمایم.

{الحمدلله رب العالمین}

نرگس دوراندیش

بهار ۱۴۰۲

بخش اول

یادآوری به انسان‌ها در مورد شناخت خالق یکتا

فصل اول: شناخت خداوند

به پاکی یاد کن نام خدای بلند مرتبه را، همان که کامل آفرید جهان را و ویژگی‌هایی بخشید هر موجود را و نشانشان داد راه کمال را

سوره اعلی ۱-۵

۱ یادآوری به انسان‌ها در مورد شناخت خالق یکتا

شناخت خداوند

سرآغاز دین الهی و علم واقعی و نخستین دعوت پیامبران و اولین برنامه مکتب‌های الهی شناخت خداوند است.اگر جهان نظم نداشت. اصلاً علمی به وجود نمی‌آمد همه چیز درهم و برهم بود. دستگاه عظیم و عجیب بدن انسان، که این‌طور به صورت منظم هر دستگاهی کار خود را انجام می‌دهد. هر چیزی که ساخته دست بشر است تمامی اجزای اصلی آن همان آفریده شده‌های خدا هستند. حتی فهم و شعور برای اختراع آن نیز آفریده خداست. هر عضوی از عالم و هر موجودی از موجودات گواه صادقی است، بر این که سازنده من توانا و دانا است. هر چیزی جای خودش قرار داده شده و این خیلی عظمت است. در قرآن کریم حتی به آفرینش شتر اشاره شده است. چرا این حیوان برای بیابان آفریده شده؟ دندان‌ها و دهان خار خوار برای خار خواری، دو پلک برای جلوگیری از گرد و غبار و... حیوان استخوان‌خوار مخصوص خودش خلق شده است و علف خوار و گوشت‌خوار مخصوص خودش خلق شده. به هر گوشه‌ای از خلقت خدا بنگرید. این دانایی را می‌بینید، در آسمان سنگ‌های آسمانی در هر ۲۴ ساعت، بیست میلیون سنگ‌های آسمانی با سرعت یک‌صد هزار کیلومتر در ساعت به طرف کره زمین می‌آیند. ولی حرارت زیاد خورشید که در جو اطراف زمین وجود دارد، همه را ذوب می‌کند. این همه مخلوقات روی کره زمین هیچ دو نفری نیستند که یک جور درآیند. این همه انگشت انسان که در دنیا وجود دارد، هیچ دو انگشتی نیست که خطوط آن تصادفاً یک جور شود.

خداوند در قرآن مجید به آن هم اشاره فرموده در جهان آفرینش فقط چیزهای مادی و اجسام با چشم مادی دیده می‌شوند و حتی هوا که لطیف‌تر است را از دیدن آن عاجزیم. روح را نمی‌توانیم ببینیم، فقط از حرکات بدن به وجود روح پی می‌بریم

وقتی از بدن خارج شد درک می‌کنیم، روح درون بدن نیست. خدای تعالی جسم نیست که با حواس ظاهری دیده شود بلکه آثار قدرت و عجایب خلقتش را در بدنِ عالم وجود می‌توان دید و حس کرد. خداوند در قرآن کریم روی چشم قلب بسیار تکیه نموده‌است. یکی چشم جسمانی است که همه دارند و یکی هم چشم قلبی است. برای درک آنچه با چشم مادی دیده نمی‌شود ولی همه نمی‌توانند داشته باشند.

بی بند و باری، گناه و معصیت چشم قلب را کِدِر و کور می‌کند. طوری که واقعیات را درک نمی‌کند. وقتی در اثر کثرت گناه تمام دل ظلمانی شود مُنکر آیات الهی می‌شود.

پس انکار وجود خدا دلیل بر نبودن خدا نیست، نتیجه گناه و معصیت و یا غفلت است که چشم قلبی انسان را کور کرده است.

خداوند در قرآن کریم می‌فرماید: "ای کسانی که ایمان آورده‌اید. ایمان بیاورید."
سوره نسا آیه ۱۳۶

﴿ یَا أَیُّهَا الَّذِینَ آمَنُوا آمِنُوا بِاللَّهِ وَرَسُولِهِ وَالْکِتَابِ الَّذِی نَزَّلَ عَلَىٰ رَسُولِهِ وَالْکِتَابِ الَّذِی أَنْزَلَ مِنْ قَبْلُ ۚ وَمَنْ یَکْفُرْ بِاللَّهِ وَمَلَائِکَتِهِ وَکُتُبِهِ وَرُسُلِهِ وَالْیَوْمِ الْآخِرِ فَقَدْ ضَلَّ ضَلَالًا بَعِیدًا ﴾

ایمان اول فقط زبانی است و به حکم عقل هر کسی می‌فهمد که آفریدگاری دانا و توانا هست و ایمان می‌آورد، ولی مرتبه دوم ایمان لازم است، که با قلب باور کند که خدایی دانا و توانا را می‌بیند و همیشه و در همه حال از درون بیرون او آگاه است تا از هرگونه وسوسه و شکّی در امان باشد و به آرامش قلبی برسد. حتّی داشتن، علم توحید برای خود فرد ایمان قلبی به همراه نمی‌آورد. یکی از موانع دید قلبی مَنیّت است، نفس است. در سوره "والشمس" خداوند بعد از چهارده قسم می‌فرماید: "راستی رستگاری برای کسی است که نفسش را پاک کند."

با آیات قرآن کریم خدای متعال را بشناسیم:

حمد ۴-۱ = خدا را سپاس که صاحب اختیار جهانیان است، بزرگوار مهربان است، صاحب روز جزاست.

{ الْحَمْدُ لِلَّهِ رَبِّ الْعَالَمِينَ، الرَّحْمَٰنِ الرَّحِيمِ، مَالِكِ يَوْمِ الدِّينِ}

بقره ۲۵۵-۲۵۶ = جز خدا هیچ معبودی نیست. زنده و پاینده است. نه چُرت می‌زند، نه خوابش می‌گیرد. آنچه در آسمان‌ها و زمین است، فقط مال اوست. چه کسی بی‌اجازه‌اش حق شفاعت دارد؟ آینده و گذشته همه موجودات را می‌داند.

{ اللَّهُ لَا إِلَٰهَ إِلَّا هُوَ الْحَيُّ الْقَيُّومُ ۚ لَا تَأْخُذُهُ سِنَةٌ وَلَا نَوْمٌ ۚ لَهُ مَا فِي السَّمَاوَاتِ وَمَا فِي الْأَرْضِ ۗ مَنْ ذَا الَّذِي يَشْفَعُ عِنْدَهُ إِلَّا بِإِذْنِهِ ۚ يَعْلَمُ مَا بَيْنَ أَيْدِيهِمْ وَمَا خَلْفَهُمْ ۖ وَلَا يُحِيطُونَ بِشَيْءٍ مِنْ عِلْمِهِ إِلَّا بِمَا شَاءَ ۚ وَسِعَ كُرْسِيُّهُ السَّمَاوَاتِ وَالْأَرْضَ ۖ وَلَا يَئُودُهُ حِفْظُهُمَا ۚ وَهُوَ الْعَلِيُّ الْعَظِيمُ

لَا إِكْرَاهَ فِي الدِّينِ ۖ قَدْ تَبَيَّنَ الرُّشْدُ مِنَ الْغَيِّ ۚ فَمَنْ يَكْفُرْ بِالطَّاغُوتِ وَيُؤْمِنْ بِاللَّهِ فَقَدِ اسْتَمْسَكَ بِالْعُرْوَةِ الْوُثْقَىٰ لَا انْفِصَامَ لَهَا ۗ وَاللَّهُ سَمِيعٌ عَلِيمٌ}

جز به مقداری که او بخواهد کسی ذرّه‌ای به علم‌اش دست پیدا نمی‌کند. علم و رحمتش آسمان‌ها و زمین را فرا گرفته است و نگهداری‌شان برایش مشکل نیست. او بلند مرتبه و بزرگ است.

دین‌داری واجب است. اما دیگران را نمی‌توان و نباید به زود دین‌دار کرد. چون که راه کمال از راه انحطاط مشخص است. پس هر که در زندگی از آنچه در تعارض با خداست دوری کند و خدا را باور داشته باشد به محکم‌ترین دستگیره چنگ زده است که کَندنی نیست. خدا شنوای دانا است.

آل عمران ۱۰۹ =... آسمان‌ها و زمین و آنچه در آن‌ها است فقط مال خداست،

و همه کارها به او ختم می‌شود.

{وَلِلَّهِ مَا فِي السَّمَاوَاتِ وَمَا فِي الْأَرْضِ ۚ وَإِلَى اللَّهِ تُرْجَعُ الْأُمُورُ}

نساء ۴۰ = همانا خدا به اندازه ذرّه‌ای به بندگانش ستم نمی‌کند و اگر کوچک‌ترین کار خوب هم باشد، چندین برابرش می‌کند و از جانت خویش نیز پاداشی بزرگ عطا می‌کند.

{إِنَّ اللَّهَ لَا يَظْلِمُ مِثْقَالَ ذَرَّةٍ ۖ وَإِنْ تَكُ حَسَنَةً يُضَاعِفْهَا وَيُؤْتِ مِنْ لَدُنْهُ أَجْرًا عَظِيمًا}

نساء ۴۸ = خدا این عقیده را که برایش شریکی قائل باشند، بدون توبه نمی‌آمرزد، ولی گناهان دیگر را برای هر کس که صلاح بداند، حتّی بدون توبه می‌بخشد. بله، هر که برای خدا شریکی قرار دهد، سهل‌انگاری بزرگی کرده است.

{إِنَّ اللَّهَ لَا يَغْفِرُ أَنْ يُشْرَكَ بِهِ وَيَغْفِرُ مَا دُونَ ذَٰلِكَ لِمَنْ يَشَاءُ ۚ وَمَنْ يُشْرِكْ بِاللَّهِ فَقَدِ افْتَرَىٰ إِثْمًا عَظِيمًا}

انعام ۵۹ = راه‌های رسیدن به غیب، تنها پیش خداست و کسی جز او آن‌ها را نمی‌داند. هر چه در خشکی و دریاهاست می‌داند. هر برگی از درخت بیفتد و هر دانه‌ای در عمق زمین فرو برود و هر محصولی تَر و خشک که به زمین بیفتد او می‌داند و بس. بله، همه رویدادهای جهان در چه کتابی روشن ثبت است[1].

{وَعِنْدَهُ مَفَاتِحُ الْغَيْبِ لَا يَعْلَمُهَا إِلَّا هُوَ ۚ وَيَعْلَمُ مَا فِي الْبَرِّ وَالْبَحْرِ ۚ وَمَا تَسْقُطُ مِنْ وَرَقَةٍ إِلَّا يَعْلَمُهَا وَلَا حَبَّةٍ فِي ظُلُمَاتِ الْأَرْضِ وَلَا رَطْبٍ وَلَا يَابِسٍ إِلَّا فِي كِتَابٍ مُبِينٍ}

انعام ۱۰۲-۱۰۳ = این است خدایی که صاحب اختیار شماست، معبودی جز او نیست و آفرینندۀ هر چیزی است. پس او را بپرستید چون او همه کارۀ موجودات است. البته چشم های نمی توانند او را ببینند، ولی او نگاه‌ها را زیر نظر دارد.

۱. این کتاب مانند کتاب های رایج بین ما نیست بلکه همان علم خداست که شرق و غرب عالم را فرا گرفته است و تغییر و تحریف در آن راه ندارد و همه موجودات و حرکت‌های آفرینش در آن ثبت و ضبط است. مترجم قرآن

است. البته چشم‌ها نمی‌توانند او را ببینند، ولی او نگاه‌ها را زیر نظر دارد، چون او نکته‌سنج و آگاه است.

{ذَٰلِكُمُ اللَّهُ رَبُّكُمْ ۖ لَا إِلَٰهَ إِلَّا هُوَ ۖ خَالِقُ كُلِّ شَيْءٍ فَاعْبُدُوهُ ۚ وَهُوَ عَلَىٰ كُلِّ شَيْءٍ وَكِيلٌ، لَا تُدْرِكُهُ الْأَبْصَارُ وَهُوَ يُدْرِكُ الْأَبْصَارَ ۖ وَهُوَ اللَّطِيفُ الْخَبِيرُ}

یونس ۵۸-۵۵ = بدانید آنچه در آسمان‌ها و زمین است. فقط مال خداست. بدانید وعدهٔ خدا راست است. ولی بیشترشان این حقایق را نمی‌دانند. **اوست که شما را به دنیا آورد و از دنیا می‌برد و فقط به سوی او بازگردانده می‌شوید.**

مردم از طرف صاحب اختیارتان پندی آمده است، برایتان و درمانی برای دردهای روحی‌تان و راهنمایی و رحمتی ویژه برای مؤمنان. بگو " این همه فواید قرآن از سر لطف و رحمت خداست و همین‌هاست که مایهٔ شادی دل مسلمانان باید باشد. چون این‌ها از هر مال و منالی که جمع کنند، بهتر است.

{أَلَا إِنَّ لِلَّهِ مَا فِي السَّمَاوَاتِ وَالْأَرْضِ ۗ أَلَا إِنَّ وَعْدَ اللَّهِ حَقٌّ وَلَٰكِنَّ أَكْثَرَهُمْ لَا يَعْلَمُونَ

هُوَ يُحْيِي وَيُمِيتُ وَإِلَيْهِ تُرْجَعُونَ

يَا أَيُّهَا النَّاسُ قَدْ جَاءَتْكُمْ مَوْعِظَةٌ مِنْ رَبِّكُمْ وَشِفَاءٌ لِمَا فِي الصُّدُورِ وَهُدًى وَرَحْمَةٌ لِلْمُؤْمِنِينَ

قُلْ بِفَضْلِ اللَّهِ وَبِرَحْمَتِهِ فَبِذَٰلِكَ فَلْيَفْرَحُوا هُوَ خَيْرٌ مِمَّا يَجْمَعُونَ}

یونس ۹۹ = اگر خدا می‌خواست همه مردم زمین به‌اجبار ایمان می‌آوردند. پس ای محمّد حالا که ایمان اجباری بی‌فایده است، تو می‌خواهی مردم را مجبور کنی ایمان بیاورند؟

{وَلَوْ شَاءَ رَبُّكَ لَآمَنَ مَنْ فِي الْأَرْضِ كُلُّهُمْ جَمِيعًا ۚ أَفَأَنْتَ تُكْرِهُ النَّاسَ حَتَّىٰ يَكُونُوا مُؤْمِنِينَ}

رعد ۱۵ = هر صبح و شب تمام ساکنان آسمان‌ها و زمین و سایه‌هایشان خواسته و ناخواسته فقط برای خدا سجده می‌کنند.

{وَلِلَّهِ يَسْجُدُ مَنْ فِي السَّمَاوَاتِ وَالْأَرْضِ طَوْعًا وَكَرْهًا وَظِلَالُهُمْ بِالْغُدُوِّ وَالْآصَالِ}

نحل ۴۴ = پیامبران را با دلیل‌های روشن و کتاب‌های آسمانی فرستادیم. قرآن را هم به سوی تو فرستادیم. تا به تدریج مردم را با معارف فرستاده شده، آشنا کنی، شاید درباره شخصیّت تو و پیامبری‌ات فکر کنند.

{بِالْبَيِّنَاتِ وَالزُّبُرِ ۗ وَأَنْزَلْنَا إِلَيْكَ الذِّكْرَ لِتُبَيِّنَ لِلنَّاسِ مَا نُزِّلَ إِلَيْهِمْ وَلَعَلَّهُمْ يَتَفَكَّرُونَ}

نحل ۴۹-۵۰ = نه تنها سایه‌ها، بلکه همه جنبندگان آسمان‌ها و زمین برای خدا سجده می‌کنند و فرشتگان هم بی هیچ تکبّری در برابرش سجده می‌کنند و از خدای بالاتر از خودشان حساب می‌برند و مأموریت‌هایشان را به بهترین شکل انجام می‌دهند.

{وَلِلَّهِ يَسْجُدُ مَا فِي السَّمَاوَاتِ وَمَا فِي الْأَرْضِ مِنْ دَابَّةٍ وَالْمَلَائِكَةُ وَهُمْ لَا يَسْتَكْبِرُونَ

يَخَافُونَ رَبَّهُمْ مِنْ فَوْقِهِمْ وَيَفْعَلُونَ مَا يُؤْمَرُونَ}

بنی اسرائیل ۴۴ = آسمان‌های هفت‌گانه و زمین و هر که در آن‌هاست، خدا را از هر عیبی به دور می‌دانند. همه چیز با تمام وجود او را از سر سپاس به پاکی یاد می‌کنند. ولی شما تسبیحشان را نمی‌فهمید. البته خدا در برابر کوتاهی‌تان در درک تسبیح آن‌ها، بردباری آمرزنده است.

{تُسَبِّحُ لَهُ السَّمَاوَاتُ السَّبْعُ وَالْأَرْضُ وَمَنْ فِيهِنَّ ۚ وَإِنْ مِنْ شَيْءٍ إِلَّا يُسَبِّحُ بِحَمْدِهِ وَلَٰكِنْ لَا تَفْقَهُونَ تَسْبِيحَهُمْ ۗ إِنَّهُ كَانَ حَلِيمًا غَفُورًا}

انبیا ۱۶ = آسمان و زمین را به آنچه میان آن‌هاست، برای سرگرمی نیافریده‌ایم که بخواهد بی‌حساب و کتاب باشد.

{وَمَا خَلَقْنَا السَّمَاءَ وَالْأَرْضَ وَمَا بَيْنَهُمَا لَاعِبِينَ}

انبیا ۲۵ = قبل از تو هر پیامبری فرستادیم، بدون استثناء به او وحی کردیم که: معبودی جز من نیست پس مرا بپرستید.

{وَمَا أَرْسَلْنَا مِنْ قَبْلِكَ مِنْ رَسُولٍ إِلَّا نُوحِي إِلَيْهِ أَنَّهُ لَا إِلَٰهَ إِلَّا أَنَا فَاعْبُدُونِ}

مؤمنان ۱۱۵-۱۱۶ = با تمام آنچه گفتیم خیال کرده‌اند که شما را بی‌هدف آفریده‌ایم و به سوی ما باز نمی‌گردید؟

خدا که فرمانروای به‌حقّ عالم است، برتر از آن است که شما را بیهوده آفریده باشد.

همان که معبودی جز او نیست و ادارهٔ کلانِ جهان آفرینش در دست اوست.

{أَفَحَسِبْتُمْ أَنَّمَا خَلَقْنَاكُمْ عَبَثًا وَأَنَّكُمْ إِلَيْنَا لَا تُرْجَعُونَ، فَتَعَالَى اللَّهُ الْمَلِكُ الْحَقُّ ۖ لَا إِلَٰهَ إِلَّا هُوَ رَبُّ الْعَرْشِ الْكَرِيمِ}

{فَتَعَالَى اللَّهُ الْمَلِكُ الْحَقُّ ۖ لَا إِلَٰهَ إِلَّا هُوَ رَبُّ الْعَرْشِ الْكَرِيمِ}

نور ۴۱-۴۲ = مگر ندیدی که هر چه در آسمان‌ها و زمین است، حتّی پرندگانِ در حال پرواز، مشغول ذکر خدا هستند؟ همهٔ آنان آگاهانه از خدا حاجت می‌خواهند و ذکر می‌گویند. خدا هم می‌داند که چه کارهایی می‌کنند.

فرمانروایی آسمان‌ها و زمین فقط در اختیار خداوند است و به خدا ختم می‌شود آخر عاقبت همه.

{أَلَمْ تَرَ أَنَّ اللَّهَ يُسَبِّحُ لَهُ مَنْ فِي السَّمَاوَاتِ وَالْأَرْضِ وَالطَّيْرُ صَافَّاتٍ ۖ كُلٌّ قَدْ عَلِمَ صَلَاتَهُ وَتَسْبِيحَهُ ۗ وَاللَّهُ عَلِيمٌ بِمَا يَفْعَلُونَ.}

{ وَلِلَّهِ مُلْكُ السَّمَاوَاتِ وَالْأَرْضِ ۖ وَإِلَى اللَّهِ الْمَصِيرُ}

نور ۶۴ = بدانید هر چه در آسمان‌ها و زمین است فقط مال خداست. خدا هم از احوال‌تان باخبر است و هم از روزی که مردم را به سویش بر می‌گردانند. آن وقت، آن‌ها را از کارهایشان باخبر می‌کند زیرا خدا هر چیزی را می‌داند.

{أَلَا إِنَّ لِلَّهِ مَا فِي السَّمَاوَاتِ وَالْأَرْضِ ۖ قَدْ يَعْلَمُ مَا أَنْتُمْ عَلَيْهِ وَيَوْمَ يُرْجَعُونَ إِلَيْهِ فَيُنَبِّئُهُمْ بِمَا عَمِلُوا ۗ وَاللَّهُ بِكُلِّ شَيْءٍ عَلِيمٌ}

فرقان ۱-۲ = پر برکت است کسی که قرآنِ جدا کنندهٔ حق از باطل را بر بنده‌اش محمّد (صلی الله علیه و آله) فرستاد تا هشدار دهنده‌ای برای جهانیان باشد. همان خدایی که فرمانروایی آسمان‌ها و زمین فقط مال اوست. فرزندی برای خودش انتخاب نکرده. در فرمان‌روایی‌اش همکار ندارد و هر چیزی را با ویژگی‌های خاصّ آفریده است.

{بِسْمِ اللَّهِ الرَّحْمَٰنِ الرَّحِيمِ تَبَارَكَ الَّذِي نَزَّلَ الْفُرْقَانَ عَلَىٰ عَبْدِهِ لِيَكُونَ لِلْعَالَمِينَ نَذِيرًا} {الَّذِي لَهُ مُلْكُ السَّمَاوَاتِ وَالْأَرْضِ وَلَمْ يَتَّخِذْ وَلَدًا وَلَمْ يَكُنْ لَهُ شَرِيكٌ فِي الْمُلْكِ وَخَلَقَ كُلَّ شَيْءٍ فَقَدَّرَهُ تَقْدِيرًا}

عنکبوت ۶۹ = البته کسانی را که در راه ما تلاش می‌کنند، در پیمودن راه کمال و سعادت کمک می‌کنیم، بله، خدا در کنار درست‌کاران است.

{وَالَّذِينَ جَاهَدُوا فِينَا لَنَهْدِيَنَّهُمْ سُبُلَنَا ۚ وَإِنَّ اللَّهَ لَمَعَ الْمُحْسِنِينَ}

صافات ۱-۵ = قسم به صف کشیدگان برای وحی آوری، چه صفی! و به بازدارندگان شیطان‌ها از دزدی وحی، چه بازداشتی! و به تلاوت کنندگان وحی بر نبیّ پیامبر، که به یقین معبودتان هست. همان صاحب آسمان‌ها و زمین و آنچه میان آن‌هاست و صاحب مشرق ها.

{بِسْمِ اللَّهِ الرَّحْمَٰنِ الرَّحِيمِ وَالصَّافَّاتِ صَفًّا، فَالزَّاجِرَاتِ زَجْرًا، فَالتَّالِيَاتِ ذِكْرًا، إِنَّ إِلَٰهَكُمْ لَوَاحِدٌ، رَبُّ السَّمَاوَاتِ وَالْأَرْضِ وَمَا بَيْنَهُمَا وَرَبُّ الْمَشَارِقِ}

صافات ۱۸۰-۱۸۲ = به دور است خدایی شکست‌ناپذیر از توصیف‌هایی که

می‌کنند. سلام خدا بر پیامبران الهی و خدا را سپاس که صاحب جهانیان است.

{سُبْحَانَ رَبِّكَ رَبِّ الْعِزَّةِ عَمَّا يَصِفُونَ، وَسَلَامٌ عَلَى الْمُرْسَلِينَ، وَالْحَمْدُ لِلَّهِ رَبِّ الْعَالَمِينَ}

غافر ۱۴-۱۵ = خدا را از ته دل عبادت کنید، هرچند بی‌دین‌ها خوششان نیاید. اعلی مراتب کمال را خدا دارد. اداره جهان دست اوست و روح را به فرمان خودش بر هر کسی از بندگانش که شایسته بداند می‌فرستد، تا مردم را دربارهٔ روز دیدار خدا هشدار بدهد.

{فَادْعُوا اللَّهَ مُخْلِصِينَ لَهُ الدِّينَ وَلَوْ كَرِهَ الْكَافِرُونَ، رَفِيعُ الدَّرَجَاتِ ذُو الْعَرْشِ يُلْقِي الرُّوحَ مِنْ أَمْرِهِ عَلَىٰ مَنْ يَشَاءُ مِنْ عِبَادِهِ لِيُنْذِرَ يَوْمَ التَّلَاقِ}

غافر ۶۸ = هم اوست که زنده می‌کند و می‌میراند. وقتی چیزی را بخواهد فقط، تا فرمان بدهد "باش" به سرعت به وجود می‌آید.

{هُوَ الَّذِي يُحْيِي وَيُمِيتُ ۖ فَإِذَا قَضَىٰ أَمْرًا فَإِنَّمَا يَقُولُ لَهُ كُنْ فَيَكُونُ}

فتح ۱۴ = فرمان‌روایی آسمان‌ها و زمین فقط دست خداست، هر که را لایق بداند، می‌آمرزد و هر که را مستحق عذاب بداند، مجازات می‌کند. خدا آمرزندهٔ مهربان است.

وَلِلَّهِ مُلْكُ السَّمَاوَاتِ وَالْأَرْضِ ۚ يَغْفِرُ لِمَنْ يَشَاءُ وَيُعَذِّبُ مَنْ يَشَاءُ ۚ وَكَانَ اللَّهُ غَفُورًا رَحِيمًا}ا

فتح ۲۸ = او کسی است، که پیامبرش محمّد (صلی الله علیه و آله) **را با نشانه‌های راهنما و برنامهٔ درست زندگی فرستاد تا اسلام را بر همهٔ دین‌ها برتری بدهد.** همین بس که خدا گواه باشد.

هُوَ الَّذِي أَرْسَلَ رَسُولَهُ بِالْهُدَىٰ وَدِينِ الْحَقِّ لِيُظْهِرَهُ عَلَى الدِّينِ كُلِّهِ ۚ وَكَفَىٰ بِاللَّهِ شَهِيدًا

نجم ۴۵-۴۹ = اوست که دختر و پسر را می‌آفریند. از ذرّه‌ای ناچیز که در رحم قرار

می‌گیرد. او است، که جهان دیگر را حتماً پدید می‌آورد. اوست که بی نیاز می‌کند و سرمایه می‌بخشد. اوست که ستارهٔ شباهنگ را تدبیر می‌کند.

{وَأَنَّهُ خَلَقَ الزَّوْجَيْنِ الذَّكَرَ وَالْأُنْثَىٰ، مِنْ نُطْفَةٍ إِذَا تُمْنَىٰ، وَأَنَّ عَلَيْهِ النَّشْأَةَ الْأُخْرَىٰ، وَأَنَّهُ هُوَ أَغْنَىٰ وَأَقْنَىٰ، وَأَنَّهُ هُوَ رَبُّ الشِّعْرَىٰ}

رحمن ۱۶-۱ = خدای رحمان قرآن را یاد می‌دهد. انسان را می‌آفریند و به او حرف زدن می‌آموزد. خورشید و ماه را با حسابی دقیق می‌گردَند و گیاهان و درختان در برابر خدا سجده می‌کنند. خدا هم آسمان را برافراشته و هم وسایل اندازه‌گیری را وضع کرده است. **شما هم در کشیدن کالاها کم و زیاد نکنید و دقیق وزن کنید و با دست‌کاری ترازو کم نفروشید.**

زمین را هم برای زندگی کردن مردم آماده کرد. در آن میوه‌های گوناگون است و نخل‌های خرما با خوشه‌های پوشیده در پوسته و دانه‌های سبوس‌دار و گیاهان خوشبو، شما جن و انس کدام یک از نعمت‌های خدا را انکار می‌کنید؟

{الرَّحْمَٰنُ

عَلَّمَ الْقُرْآنَ

خَلَقَ الْإِنْسَانَ

عَلَّمَهُ الْبَيَانَ

الشَّمْسُ وَالْقَمَرُ بِحُسْبَانٍ

وَالنَّجْمُ وَالشَّجَرُ يَسْجُدَانِ

وَالسَّمَاءَ رَفَعَهَا وَوَضَعَ الْمِيزَانَ

أَلَّا تَطْغَوْا فِي الْمِيزَانِ

وَأَقِيمُوا الْوَزْنَ بِالْقِسْطِ وَلَا تُخْسِرُوا الْمِيزَانَ

وَالْأَرْضَ وَضَعَهَا لِلْأَنَامِ

فِيهَا فَاكِهَةٌ وَالنَّخْلُ ذَاتُ الْأَكْمَامِ

وَالْحَبُّ ذُو الْعَصْفِ وَالرَّيْحَانُ

فَبِأَيِّ آلَاءِ رَبِّكُمَا تُكَذِّبَانِ

خَلَقَ الْإِنْسَانَ مِنْ صَلْصَالٍ كَالْفَخَّارِ

وَخَلَقَ الْجَانَّ مِنْ مَارِجٍ مِنْ نَارٍ

فَبِأَيِّ آلَاءِ رَبِّكُمَا تُكَذِّبَانِ}

رحمن ۱۹-۲۳ = دریای شور و شیرین را کنار هم می‌آورد اما بینشان انگار دیواری است که مخلوط نمی‌شوند.... از هر دو دریا مروارید و مرجان بیرون می‌آید. کدام‌یک از نعمت‌های خدا را انکار می‌کنید؟

مَرَجَ الْبَحْرَيْنِ يَلْتَقِيَانِ.

بَيْنَهُمَا بَرْزَخٌ لَا يَبْغِيَانِ

فَبِأَيِّ آلَاءِ رَبِّكُمَا تُكَذِّبَانِ

يَخْرُجُ مِنْهُمَا اللُّؤْلُؤُ وَالْمَرْجَانُ

فَبِأَيِّ آلَاءِ رَبِّكُمَا تُكَذِّبَانِ

حدید ۱-۳ = آنچه در آسمان‌ها و زمین است، مشغول تسبیح خداست. و اوست شکست‌ناپذیر کار درست. فرمانروای آسمان‌ها و زمین، فقط مال اوست. هم اوست

که زنده می کند و می‌میراند و از عهدهٔ هر کاری برمی‌آید. او قبل از همه بوده و او بعد از همه هم خواهد بود. از همه آشکارتر است و در عین حال از همه هم مخفی تر. او هر چیزی را می‌داند.

بِسْمِ اللَّهِ الرَّحْمَٰنِ الرَّحِيمِ

سَبَّحَ لِلَّهِ مَا فِي السَّمَاوَاتِ وَالْأَرْضِ ۖ وَهُوَ الْعَزِيزُ الْحَكِيمُ

لَهُ مُلْكُ السَّمَاوَاتِ وَالْأَرْضِ ۖ يُحْيِي وَيُمِيتُ ۖ وَهُوَ عَلَىٰ كُلِّ شَيْءٍ قَدِيرٌ

هُوَ الْأَوَّلُ وَالْآخِرُ وَالظَّاهِرُ وَالْبَاطِنُ ۖ وَهُوَ بِكُلِّ شَيْءٍ عَلِيمٌ

حدید ۶ و ۹ = در طول سال، مدتی شب‌ها را بلند و روزها را کوتاه می کند و مدتی روزها را بلند و شب‌ها را کوتاه. او می‌داند، هرچه را در دل‌ها می گذرد. هم اوست که بر بنده‌اش محمّد (صلی الله علیه و آله) آیه‌هایی روشن می‌فرستد، تا از تاریکی‌های اعتقادی و اخلاقی به‌طرف نور معرفت و پاکی بیرونتان بِکِشد. آخر خدا در حقّ‌تان دلسوز و مهربان است.

يُولِجُ اللَّيْلَ فِي النَّهَارِ وَيُولِجُ النَّهَارَ فِي اللَّيْلِ ۚ وَهُوَ عَلِيمٌ بِذَاتِ الصُّدُورِ

هُوَ الَّذِي يُنَزِّلُ عَلَىٰ عَبْدِهِ آيَاتٍ بَيِّنَاتٍ لِيُخْرِجَكُمْ مِنَ الظُّلُمَاتِ إِلَى النُّورِ ۚ وَإِنَّ اللَّهَ بِكُمْ لَرَءُوفٌ رَحِيمٌ

حَشر ۲۴ = خدای آفریننده، متمایز کنندهٔ، شکل و شمایل دهنده، فقط اوست. بهترین نام‌ها مخصوص اوست و آنچه در آسمان‌ها و زمین است مشغول تسبیح اوست و شکست ناپذیر کار درست فقط اوست.

هُوَ اللَّهُ الْخَالِقُ الْبَارِئُ الْمُصَوِّرُ ۖ لَهُ الْأَسْمَاءُ الْحُسْنَىٰ ۚ يُسَبِّحُ لَهُ مَا فِي السَّمَاوَاتِ وَالْأَرْضِ ۖ وَهُوَ الْعَزِيزُ الْحَكِيمُ

ملک ۱-۳ = پر برکت است کسی که فرمانروایی همه هستی به دست اوست و او از عهده هر کاری برمی‌آید. همان‌که مرگ و زندگی را آفرید تا امتحان‌تان کند که کدام‌تان بهتر رفتار می‌کنید.

او شکست ناپذیر آمرزنده است. همان که هفت آسمان را طبقه طبقه آفرید. در آفرینش خدای رحمان هیچ‌گونه ناهماهنگی و بی نظمی نمی‌بینی، حالا دوباره نگاه کن، کم و کاستی می‌بینی؟

بِسْمِ اللَّهِ الرَّحْمَٰنِ الرَّحِيمِ

تَبَارَكَ الَّذِي بِيَدِهِ الْمُلْكُ وَهُوَ عَلَىٰ كُلِّ شَيْءٍ قَدِيرٌ

الَّذِي خَلَقَ الْمَوْتَ وَالْحَيَاةَ لِيَبْلُوَكُمْ أَيُّكُمْ أَحْسَنُ عَمَلًا ۚ وَهُوَ الْعَزِيزُ الْغَفُورُ

الَّذِي خَلَقَ سَبْعَ سَمَاوَاتٍ طِبَاقًا ۖ مَا تَرَىٰ فِي خَلْقِ الرَّحْمَٰنِ مِنْ تَفَاوُتٍ ۖ فَارْجِعِ الْبَصَرَ هَلْ تَرَىٰ مِنْ فُطُورٍ

ملک ۱۵-۱۹ = هم اوست که زمین را برای استفاده‌تان هموار کرد. بر پهنهٔ آن حرکت کنید و از رزق و روزی خدا بخورید و بدانید که زنده شدن مردگان در اختیار اوست.

آیا مطمئن هستید، که فرشتگان آسمان با رانش ناگهانی زمین، شما را در آن فرو نَبَرند؟ آیا مطمئن هستید، که همان فرشتگان آسمان طوفان شِن بر سرتان نفرستند؟ آن وقت معنای تهدیدهای مرا خیلی زود می‌فهمید. کسانی هم که از قبل از این‌ها بودند به پیامبران تُهمت دروغ زدند. خوب چطور بود، عکس العمل من؟

مگر پرندگان بالای سرشان را تماشا نکرده‌اند که بال‌هایشان را باز و بسته می‌کنند؟ جز خدای رحمان کسی آن‌ها را در هوا نگه نمی‌دارد. زیرا او هر چیزی را می‌بیند.

هُوَ الَّذِي جَعَلَ لَكُمُ الْأَرْضَ ذَلُولًا فَامْشُوا فِي مَنَاكِبِهَا وَكُلُوا مِنْ رِزْقِهِ ۖ وَإِلَيْهِ النُّشُورُ

أَأَمِنْتُمْ مَنْ فِي السَّمَاءِ أَنْ يَخْسِفَ بِكُمُ الْأَرْضَ فَإِذَا هِيَ تَمُورُ

أَمْ أَمِنْتُمْ مَنْ فِي السَّمَاءِ أَنْ يُرْسِلَ عَلَيْكُمْ حَاصِبًا ۖ فَسَتَعْلَمُونَ كَيْفَ نَذِيرِ

وَلَقَدْ كَذَّبَ الَّذِينَ مِنْ قَبْلِهِمْ فَكَيْفَ كَانَ نَكِيرِ

أَوَلَمْ يَرَوْا إِلَى الطَّيْرِ فَوْقَهُمْ صَافَّاتٍ وَيَقْبِضْنَ ۚ مَا يُمْسِكُهُنَّ إِلَّا الرَّحْمَٰنُ ۚ إِنَّهُ بِكُلِّ شَيْءٍ بَصِيرٌ

انفطار ۱-۵ = وقتی آسمان به هم بریزد، وقتی ستارگان از مدار خود خارج شوند، وقتی دریاها سر به طغیان بگذارند، وقتی قبرها زیر و رو شوند، هر کسی می‌فهمد چه‌ها کرده است و نکرده است.

بِسْمِ اللَّهِ الرَّحْمَٰنِ الرَّحِيمِ

إِذَا السَّمَاءُ انْفَطَرَتْ،وَإِذَا الْكَوَاكِبُ انْتَثَرَتْ،وَإِذَا الْبِحَارُ فُجِّرَتْ، وَإِذَا الْقُبُورُ بُعْثِرَتْ، عَلِمَتْ نَفْسٌ مَا قَدَّمَتْ وَأَخَّرَتْ

اعلی ۱-۵ = به پاکی یاد کن نام خدای بلند مرتبه‌ات را. همان که کامل آفرید جهان را، و ویژگی‌هایی بخشید هر موجود را، و نشانشان داد. راه کمال را و همچنین از خاک به در آورد گیاهان سر سبز را و مدتی بعد خشکیده و سیاه کرد آنان را.

بِسْمِ اللَّهِ الرَّحْمَٰنِ الرَّحِيمِ

سَبِّحِ اسْمَ رَبِّكَ الْأَعْلَى، الَّذِي خَلَقَ فَسَوَّىٰ، وَالَّذِي قَدَّرَ فَهَدَىٰ، وَالَّذِي أَخْرَجَ الْمَرْعَىٰ، فَجَعَلَهُ غُثَاءً أَحْوَىٰ، وَالَّذِي أَخْرَجَ الْمَرْعَىٰ، فَجَعَلَهُ غُثَاءً أَحْوَىٰ}

اخلاص ۱-۳ = حقیقت این است که خدا یگانه است. خدا قبلهٔ حاجات همه است. فرزندی ندارد و فرزند کسی نیست و برایش مثل و مانند نیست.

{بِسْمِ اللَّهِ الرَّحْمَٰنِ الرَّحِيمِ

قُلْ هُوَ اللَّهُ أَحَدٌ. اللَّهُ الصَّمَدُ. لَمْ يَلِدْ وَلَمْ يُولَدْ}

بخش اول
یادآوری به انسان‌ها در مورد شناخت خالق یکتا

فصل دوم: شناخت خدا در مطالعه اسرار جهان

"بگو: به گوشه و کنار دنیا سفر کنید و ببینید که خدا موجودات را چطور پدید آورده است. او جهان آخرت را همین‌طور به وجود می‌آورد. زیرا خدا از عهدهٔ هر کاری برمی‌آید."

عنکبوت آیه ۲۰

۲ یادآوری به انسان‌ها در مورد شناخت خالق یکتا

شناخت خدا در مطالعه اسرار جهان

خداوند انسان و نظام را آفرید تا حکمتِ خود را اثبات کند. انسان‌ها را به بندگی و عبادت رهنمون کرده، قدرت بی مانند خود را تحقّق بخشد.

همه هستی را به فرمان‌بری و اطاعت بِکشاند و دعوت و پیام‌های حکیمانهٔ خود را عزّت بخشد.

صدها آیات در سراسر قرآن یافت می‌شود که انسان به منظور شناخت خداوند به مطالعه در اسرار وسیع جهان در زندگی حیوانات، گیاهان، در زمین، در فضا و کُرّات بالا و در سراسر خلقت، دعوت و تشویق گردیده است.

با این مطالعات و علم انسان درک می‌کند که خدای او تنها خدای نژاد او و ملت او و فقط خدای انسان‌ها نیست. بلکه خدای تمام جهانیان است، اعم از حیوانات و گیاهان و آسمان‌ها و کهکشان‌ها و....

با درک این حقیقت احساس می‌کند که تنها نیست. می‌فهمد که تمام ذرّات عالم و با تمام موجودات همگام و همسفر است و این کاروان عظیم خلقت یکسره راهیِ یک هدف و در حرکت به سوی یک جهت است. رحیم اختصاصی او ست. خدا بخشنده رحمتی همگانی، همیشگی و اختصاصی است.

جلوه‌ای از وابستگی انسان به خدا این است که خداوند در چرخه‌ای گسترده و با نظمی شگفت، بسیاری از عوامل طبیعی را برای تأمین انواع خوراکی‌های مورد نیاز انسان هماهنگ کرده‌است. به گونه‌ای که اگر به یکی از عوامل مؤثر در این نظام لطمه‌ای وارد آید، انسان به کُلّی از تأمین غذای خود عاجز خواهد ماند. بنابراین اگر انسان می‌خواهد پس به روبوبیّت خدا و به ناتوانی خود پی ببرد و دست ازکُفر و ناسپاسی بردارد، باید اول به غذای خویش بنگرد، که چگونه خداوند آن را فراهم

می‌کند. در آیات ۲۴ و ۲۵ سورهٔ عبس خداوند به انسان می‌آموزد که چگونه به قدرت و تدبیر خدا در فراهم‌سازی دو عنصر اصلی رویش گیاهان یعنی آب و خاک پی ببرد. آب که مایهٔ حیات است،که همواره به لطف پروردگار از آسمان نازل می‌شود و بعد از آن زمین از اَرکان مهّم رویش است که می‌فرماید: "**سپس زمین را شکافتیم**" (**سوره عبس آیه ۲۴**)

فَلْيَنْظُرِ الْإِنْسَانُ إِلَىٰ طَعَامِهِ

أَنَّا صَبَبْنَا الْمَاءَ صَبًّا

و این به راستی از عجایب است، که جوانه‌ای از آن همه نرمی و لطافت، خاک‌های سخت را می‌شکافد و گاه در کوهستان‌ها از لابه‌لای سنگ‌ها عبور کرده و سر بیرون می‌آورد. خالق بزرگ چه قدرت عظیمی در این جوانه‌های لطیف قرار داده است که می‌تواند، چنین قدرت نمایی کند و در آیات مورد بحث (۲۴ و ۲۵ عبس) به همه غذاهای مورد نیاز بدن انسان اشاره شده است که عبارتند از:

۱- غلات

۲- سبزیجات

۳-میوه‌ها

۴- گوشت و تخم پرندگان

۵-شیر و مشتقات آن

خداوند در آفرینش انسان جزئی‌ترین امور را در نظر گرفته و همهٔ دقت‌های لازم را در طراحی و آفرینش جسم و روح انسان بکار برده است و هماهنگی دقیقی بینِ مجموعه‌های مختلف بدن انسان پدید آورده است و چنین خدای قادری توانایی آن را دارد که دقیق‌ترین و جزئی‌ترین اعمال انسان را ثبت و ضبط نماید و در روز موعود

همه اعمالش را به او بنمایاند.

اینک آیات قرآن کریم جهت سفارش به انسان‌ها در مطالعات اسرار جهان:

نحل ۱۲ و ۱۳ = او شب و روز و خورشید و ماه را در خدمت شما گذاشته است و به دستورش، ستارگان هم چنین‌اند. در این کار نشانه‌هایی از یکتایی خداوند است برای مردمی که عقل‌شان را بکار می‌اندازند.

در زمین مواد و معادن رنگارنگ برایتان آفریده و در اختیارتان گذاشته است. در آفرینش این‌ها هم نشانه‌ای از یکتایی خداست برای مردمی که می‌خواهند به خود بیایند.

وَسَخَّرَ لَكُمُ اللَّيْلَ وَالنَّهَارَ وَالشَّمْسَ وَالْقَمَرَ ۖ وَالنُّجُومُ مُسَخَّرَاتٌ بِأَمْرِهِ ۗ إِنَّ فِي ذَٰلِكَ لَآيَاتٍ لِقَوْمٍ يَعْقِلُونَ

وَمَا ذَرَأَ لَكُمْ فِي الْأَرْضِ مُخْتَلِفًا أَلْوَانُهُ ۗ إِنَّ فِي ذَٰلِكَ لَآيَةً لِقَوْمٍ يَذَّكَّرُونَ

نحل ۱۰-۱۱ = اوست که از آسمان برف و باران می‌فرستد تا آب آشامیدنی‌تان تأمین شود و درختان و گیاهان رشد کنند و بتوانید دام‌های‌تان را به چرا ببرید. با آن بارندگی‌ها کشتزارها، درختان زیتون و خرما و انواع انگور و میوه‌های گوناگون را هم پرورش می‌دهد. در آفرینش این همه محصول نشانه‌ای از یکتایی خداست برای مردمی که فکرشان را به کار می‌اندازند.

هُوَ الَّذِي أَنْزَلَ مِنَ السَّمَاءِ مَاءً ۖ لَكُمْ مِنْهُ شَرَابٌ وَمِنْهُ شَجَرٌ فِيهِ تُسِيمُونَ

يُنْبِتُ لَكُمْ بِهِ الزَّرْعَ وَالزَّيْتُونَ وَالنَّخِيلَ وَالْأَعْنَابَ وَمِنْ كُلِّ الثَّمَرَاتِ ۗ إِنَّ فِي ذَٰلِكَ لَآيَةً لِقَوْمٍ يَتَفَكَّرُونَ

نحل ۱۴ = هم اوست که دریا را در اختیارتان گذاشته است، تا از دریا گوشت ماهی تر و تازه بخورید و برای زینت‌تان زیورهای مانند مروارید بیرون بیاورید. و کشتی‌ها را هم می‌بینی که سینهٔ دریا را می‌شکافند. تا از نعمت‌های بیش از اندازهٔ خدا بهرمند

شوید و تا شاید شکر کنید.

وَهُوَ الَّذِي سَخَّرَ الْبَحْرَ لِتَأْكُلُوا مِنْهُ لَحْمًا طَرِيًّا وَتَسْتَخْرِجُوا مِنْهُ حِلْيَةً تَلْبَسُونَهَا وَتَرَى الْفُلْكَ مَوَاخِرَ فِيهِ وَلِتَبْتَغُوا مِنْ فَضْلِهِ وَلَعَلَّكُمْ تَشْكُرُونَ

نحل ۸-۹ = خدا اسب‌ها و قاطرها و الاغ ها را هم آفریده است و نیز وسایل نقلیه دیگری که آلان از آن‌ها بی خبرید تا سوارشان شوید و مایه زینت‌تان باشند.

وَالْخَيْلَ وَالْبِغَالَ وَالْحَمِيرَ لِتَرْكَبُوهَا وَزِينَةً ۚ وَيَخْلُقُ مَا لَا تَعْلَمُونَ

وَعَلَى اللَّهِ قَصْدُ السَّبِيلِ وَمِنْهَا جَائِرٌ ۚ وَلَوْ شَاءَ لَهَدَاكُمْ أَجْمَعِينَ

نحل ۵-۷ = خداوند چهارپایان را برای استفاده‌تان آفریده است، تا با پشم و پوستشان خودتان را از گرما و سرما حفظ کنید و از فراورده‌های لبنی و گوشتی‌شان تغذیه کنید. وقت برگرداندنشان از چراگاه و وقت بُردنشان به آنجا چه زیبایی‌هایی که نمی‌بینید. برخی از آن‌ها مثل شتر و گاو بارهایتان را به جایی می‌برند که بدون آن‌ها جز با جان کندنِ زیاد به آنجا نمی‌رسیدید. بلکه صاحب اختیارتان دلسوزی مهربان است

وَالْأَنْعَامَ خَلَقَهَا ۗ لَكُمْ فِيهَا دِفْءٌ وَمَنَافِعُ وَمِنْهَا تَأْكُلُونَ

وَلَكُمْ فِيهَا جَمَالٌ حِينَ تُرِيحُونَ وَحِينَ تَسْرَحُونَ

وَتَحْمِلُ أَثْقَالَكُمْ إِلَىٰ بَلَدٍ لَمْ تَكُونُوا بَالِغِيهِ إِلَّا بِشِقِّ الْأَنْفُسِ ۚ إِنَّ رَبَّكُمْ لَرَءُوفٌ رَحِيمٌ

نحل ۱۵-۱۶ = در زمین کوه‌های ریشه‌دار گذاشت تا زمین با لرزه‌های دائمی زندگی‌تان را به هم نریزد.

رودها و راه‌ها و علائم مختلفی هم پدید آورد. تا در سفر ها راحت‌تر به مقصد برسید

۱. (منظور این است که خدای مهربان استعدادها را شکوفا می کند تا با استفاده از مواد خام موجود در طبیعت وسایل نقلیه سریع و راحتی مانند ماشین، قطار و هواپیما بسازند و روز به روز از نظر کیفی و کمّی آن‌ها را به روز کنید) مترجم قرآن

۲. (همین الان هم در بعضی مناطق صعب العبور بیابانی و کوهستانی از حیواناتی مثل شتر و قاطر استفاده می‌شود که از هر وسیله نقلیه مفیدتر است) مترجم قرآن

شب‌رُوان نیز با ستارگان بتوانند به راهشان ادامه بدهند.

وَأَلْقَىٰ فِي الْأَرْضِ رَوَاسِيَ أَنْ تَمِيدَ بِكُمْ وَأَنْهَارًا وَسُبُلًا لَعَلَّكُمْ تَهْتَدُونَ

وَعَلَامَاتٍ ۚ وَبِالنَّجْمِ هُمْ يَهْتَدُونَ

نحل ۶۶-۶۵ = خدا از آسمان باران می‌فرستد. تا به برکت‌اش زمین را بعد از مُردنش زنده کند. در این پدیده نشانه‌ای است، بر وجود قیامت، برای مردمی که گوش شنوا دارند.

چهارپایان هم برایتان مایه عبرت‌اند، از شکم آن‌ها از بین علفِ هضم شده و خون، شیری خالص بیرون کشیده و در اختیارتان می‌گذاریم که گوارای وجود نوشندگان است.

وَاللَّهُ أَنْزَلَ مِنَ السَّمَاءِ مَاءً فَأَحْيَا بِهِ الْأَرْضَ بَعْدَ مَوْتِهَا ۚ إِنَّ فِي ذَٰلِكَ لَآيَةً لِقَوْمٍ يَسْمَعُونَ وَإِنَّ لَكُمْ فِي الْأَنْعَامِ لَعِبْرَةً ۖ نُسْقِيكُمْ مِمَّا فِي بُطُونِهِ مِنْ بَيْنِ فَرْثٍ وَدَمٍ لَبَنًا خَالِصًا سَائِغًا لِلشَّارِبِينَ

نحل ۶۸-۶۹ = خدا در غریزهٔ زنبور عسل، این‌طور گذاشته است" در شکاف کوه‌ها، روی درختان و در کندوهای دست‌ساز لانه بسازید. آن وقت از شهد گیاهان تغذیه کنید و با روش‌های آسان و خدادادی شهود را به عسل تبدیل کنید" از شکم زنبورها، عسل با رنگ و طعم‌های مختلف تولید می‌شود که درمان خیلی از دردهای مردم در آن است و در این هم نشانه‌ای از یکتائی خداست برای مردمی که فکرشان را به کار می‌اندازند.

وَأَوْحَىٰ رَبُّكَ إِلَى النَّحْلِ أَنِ اتَّخِذِي مِنَ الْجِبَالِ بُيُوتًا وَمِنَ الشَّجَرِ وَمِمَّا يَعْرِشُونَ

۱. (این علائم بر دو قسم است: ۱- علائم طبیعی که خدای مهربان بی‌واسطه آن‌ها را آفریده است. مانند کوه‌ها، جنگل‌ها، رودخانه‌ها، ستاره‌ها و هزاران علامت دیگر ۲- علائم قراردادی که خدا به فکر انسان می‌اندازد، تا آن‌ها را بسازد و در شناسایی راه‌ها و مکان‌ها بکار ببرد مانند علائم راهنمایی و رانندگی روموز و اشارات مختلف،حروف و خطوط متنوع و هزاران علامت دیگر) مترجم قرآن

ثُمَّ كُلِي مِنْ كُلِّ الثَّمَرَاتِ فَاسْلُكِي سُبُلَ رَبِّكِ ذُلُلًا ۚ يَخْرُجُ مِنْ بُطُونِهَا شَرَابٌ مُخْتَلِفٌ أَلْوَانُهُ فِيهِ شِفَاءٌ لِلنَّاسِ ۗ إِنَّ فِي ذَٰلِكَ لَآيَةً لِقَوْمٍ يَتَفَكَّرُونَ

نحل ۷۹ = مگر پرنده‌های بر فراز آسمان را تماشا نکرده‌اند که به آرامی در پروازند؟ جز خدا کسی نگه‌شان نمی‌دارد .بله، برای مردم با ایمان، در پرواز پرنده‌ها هم نشانه‌هایی از یکتایی خداست.

أَلَمْ يَرَوْا إِلَى الطَّيْرِ مُسَخَّرَاتٍ فِي جَوِّ السَّمَاءِ مَا يُمْسِكُهُنَّ إِلَّا اللَّهُ ۗ إِنَّ فِي ذَٰلِكَ لَآيَاتٍ لِقَوْمٍ يُؤْمِنُونَ

حج ۶۵ -۶۶ = مگر نمی‌بینی، که خدا تمام مواد و موجودات خشکی‌ها و نیز کشتی‌هایی را که به فرمانش در دریاها رفت و آمد می‌کنند در اختیارتان گذاشته است. تازه از برخورد اجرام آسمانی به کُرّه زمین نیز جز گاهی که خودش اجازه بدهد جلوگیری می‌کند.

آخر خدا در حقِّ مردم دلسوز و مهربان است. **اوست که به شما زندگی می‌بخشد، بعد شما را می‌میراند. آن وقت شما را در روز قیامت زنده می‌کند، ولی انسان در برابر این همه نعمت ناشکر است.**

أَلَمْ تَرَ أَنَّ اللَّهَ سَخَّرَ لَكُمْ مَا فِي الْأَرْضِ وَالْفُلْكَ تَجْرِي فِي الْبَحْرِ بِأَمْرِهِ وَيُمْسِكُ السَّمَاءَ أَنْ تَقَعَ عَلَى الْأَرْضِ إِلَّا بِإِذْنِهِ ۗ إِنَّ اللَّهَ بِالنَّاسِ لَرَءُوفٌ رَحِيمٌ

وَهُوَ الَّذِي أَحْيَاكُمْ ثُمَّ يُمِيتُكُمْ ثُمَّ يُحْيِيكُمْ ۗ إِنَّ الْإِنْسَانَ لَكَفُورٌ

نور ۴۴-۴۶ = خدا شب و روز را دائماً جابجا می‌کند. به یقین در این پدیده‌ها عبرتی برای افراد روشن بین است. خدا هر موجود زنده‌ای را از آب آفریده است. بعضی‌شان روی شکم راه می‌روند. بعضی روی دو پا و بعضی روی چهار پا. خدا هر چه را صلاح بداند می‌آفریند. زیرا او از عهدهٔ هر کاری بر می‌آید. ولی ما آیه‌هائی روشنگر فرستادیم خدا هر که را شایسته ببیند به راه درست زندگی می‌برد.

يُقَلِّبُ اللَّهُ اللَّيْلَ وَالنَّهَارَ ۚ إِنَّ فِي ذَٰلِكَ لَعِبْرَةً لِأُولِي الْأَبْصَارِ

وَاللَّهُ خَلَقَ كُلَّ دَابَّةٍ مِنْ مَاءٍ ۖ فَمِنْهُمْ مَنْ يَمْشِي عَلَىٰ بَطْنِهِ وَمِنْهُمْ مَنْ يَمْشِي عَلَىٰ رِجْلَيْنِ وَمِنْهُمْ مَنْ يَمْشِي عَلَىٰ أَرْبَعٍ ۚ يَخْلُقُ اللَّهُ مَا يَشَاءُ ۚ إِنَّ اللَّهَ عَلَىٰ كُلِّ شَيْءٍ قَدِيرٌ قَدْ أَنْزَلْنَا آيَاتٍ مُبَيِّنَاتٍ ۚ وَاللَّهُ يَهْدِي مَنْ يَشَاءُ إِلَىٰ صِرَاطٍ مُسْتَقِيمٍ

فرقان ۵۳ -۵۴ = همانا اوست که دو دریا را به هم می‌رساند. این یکی شیرین و گوارا و آن یکی شور. بین‌شان انگار دیواری ایجاد می‌کند تا با هم مخلوط نشوند.

وَهُوَ الَّذِي مَرَجَ الْبَحْرَيْنِ هَٰذَا عَذْبٌ فُرَاتٌ وَهَٰذَا مِلْحٌ أُجَاجٌ وَجَعَلَ بَيْنَهُمَا بَرْزَخًا وَحِجْرًا مَحْجُورًا

وَهُوَ الَّذِي خَلَقَ مِنَ الْمَاءِ بَشَرًا فَجَعَلَهُ نَسَبًا وَصِهْرًا ۗ وَكَانَ رَبُّكَ قَدِيرًا

عنکبوت ۱۹-۲۰ = مگر ندیده‌اید که خدا موجودات را چطور پدید آورده؟ و بعد از مرگ دوباره زنده‌شان می‌کند؟ بله، برای خدا آفرینش دوباره آسان است. بگو در گوشه و کنار دنیا سفر کنید و ببینید که خدا موجودات را چطور پدید آورده است. او جهان آخرت را همین‌طور به وجود می‌آورد زیرا خدا از عهدهٔ هر کاری برمی‌آید.

أَوَلَمْ يَرَوْا كَيْفَ يُبْدِئُ اللَّهُ الْخَلْقَ ثُمَّ يُعِيدُهُ ۚ إِنَّ ذَٰلِكَ عَلَى اللَّهِ يَسِيرٌ

قُلْ سِيرُوا فِي الْأَرْضِ فَانْظُرُوا كَيْفَ بَدَأَ الْخَلْقَ ۚ ثُمَّ اللَّهُ يُنْشِئُ النَّشْأَةَ الْآخِرَةَ ۚ إِنَّ اللَّهَ عَلَىٰ كُلِّ شَيْءٍ قَدِيرٌ

روم ۱۷-۱۹ = پاک و منزه است خدا، وقتی از روز وارد شب می‌شوید و از شب وارد روز می‌شوید، نیمه شب و وقتی به وسط ظهر می‌رسید همچنین، در آسمان‌ها و زمین سپاس مخصوص اوست. موجود زنده را از مادهٔ بی‌جان می‌سازد و ماده بی‌جان را از موجود زنده. زمین را بعد از مُردنش زنده می‌کند و شما هم همین‌طور از قبرها بیرون آورده می‌شوید.

فَسُبْحَانَ اللَّهِ حِينَ تُمْسُونَ وَحِينَ تُصْبِحُونَ

وَلَهُ الْحَمْدُ فِي السَّمَاوَاتِ وَالْأَرْضِ وَعَشِيًّا وَحِينَ تُظْهِرُونَ

يُخْرِجُ الْحَيَّ مِنَ الْمَيِّتِ وَيُخْرِجُ الْمَيِّتَ مِنَ الْحَيِّ وَيُحْيِي الْأَرْضَ بَعْدَ مَوْتِهَا ۚ وَكَذَٰلِكَ تُخْرَجُونَ

وَهُوَ الَّذِي مَرَجَ الْبَحْرَيْنِ هَٰذَا عَذْبٌ فُرَاتٌ وَهَٰذَا مِلْحٌ أُجَاجٌ وَجَعَلَ بَيْنَهُمَا بَرْزَخًا وَحِجْرًا مَحْجُورًا

وَهُوَ الَّذِي خَلَقَ مِنَ الْمَاءِ بَشَرًا فَجَعَلَهُ نَسَبًا وَصِهْرًا ۗ وَكَانَ رَبُّكَ قَدِيرًا

روم ۵۰ = به آثار رحمت الهی نگاهی کن که زمین‌های مرده را چطور زنده می‌کند بی شک چنین کسی زنده کنندهٔ مُرده‌ها هم هست زیرا او از عهدهٔ هر کاری برمی‌آید.

فَانْظُرْ إِلَىٰ آثَارِ رَحْمَتِ اللَّهِ كَيْفَ يُحْيِي الْأَرْضَ بَعْدَ مَوْتِهَا ۚ إِنَّ ذَٰلِكَ لَمُحْيِي الْمَوْتَىٰ ۖ وَهُوَ عَلَىٰ كُلِّ شَيْءٍ قَدِيرٌ

صافات ۱۱ = از منکران معاد بپرس : " آفرینش دوباره آن‌ها سخت‌تر است یا آفریده‌های دیگر ما؟ " ما آن‌ها را از اوّل بار از گِلی چسبناک آفریدیم.

فَاسْتَفْتِهِمْ أَهُمْ أَشَدُّ خَلْقًا أَمْ مَنْ خَلَقْنَا ۚ إِنَّا خَلَقْنَاهُمْ مِنْ طِينٍ لَازِبٍ

فصلت ۳۹ = از نشانه‌هایش این است که زمین را بی حال می‌بینی، ولی وقتی سیرابش می‌کنیم به جنب و جوش می‌افتد.

همان کسی که زمین مرده را زنده می‌کند، زنده کنندهٔ مُردگان است. چون از عهدهٔ هر کاری برمی‌آید.

وَمِنْ آيَاتِهِ أَنَّكَ تَرَى الْأَرْضَ خَاشِعَةً فَإِذَا أَنْزَلْنَا عَلَيْهَا الْمَاءَ اهْتَزَّتْ وَرَبَتْ ۚ إِنَّ الَّذِي أَحْيَاهَا لَمُحْيِي الْمَوْتَىٰ ۚ إِنَّهُ عَلَىٰ كُلِّ شَيْءٍ قَدِيرٌ

فصلت ۵۳ = آیه‌ها و نشانه‌هایمان را در گوشه و کنار جهان و در جان‌هایشان به آنان نشان می‌دهیم. تا برایشان روشن شود که خدا حقّ است. برای اثبات حقّانیت خدا همین کافی نیست که او برای هر مخلوقی مشهود است؟

سَنُرِيهِمْ آيَاتِنَا فِي الآفَاقِ وَفِي أَنْفُسِهِمْ حَتَّىٰ يَتَبَيَّنَ لَهُمْ أَنَّهُ الْحَقُّ ۗ أَوَلَمْ يَكْفِ بِرَبِّكَ أَنَّهُ عَلَىٰ كُلِّ شَيْءٍ شَهِيدٌ

بخش
اول

یادآوری به انسان‌ها در مورد شناخت خالق یکتا

فصل سوم: شناخت خداوند از خلقت انسان

چطور خدا را قبول ندارید؟ در حالی که بی جان بودید و خدا به شما زندگی بخشید. بعد از آن شما را می‌میراند. آن وقت شما را به عالم برزخ می‌برد و دست آخر روز قیامت فقط به سوی او برگردانده می‌شوید.

بقره ۲۸

۳ یادآوری به انسان‌ها در مورد شناخت خالق یکتا

شناخت خدا از خلقت انسان

آیات ۶ تا ۸ سوره انفطار می‌فرماید: "ای انسان در برابر خدای بزرگوار چه چیزی تو را پُر رو کرده است؟ همانی که تو را آفریده و خلقت ات را کامل کرده و ویژگی‌هایی متناسب به تو داده است و به هر صورت که خودش صلاح دانسته تو را ساخته است."

يَا أَيُّهَا الْإِنْسَانُ مَا غَرَّكَ بِرَبِّكَ الْكَرِيمِ

الَّذِي خَلَقَكَ فَسَوَّاكَ فَعَدَلَكَ

فِي أَيِّ صُورَةٍ مَا شَاءَ رَكَّبَكَ

خداوند به مراحل و ویژگی‌های خلقت انسان اشاره می‌فرماید و با برشمردن این نعمت‌ها، انسان فراموش‌کار و مغرور را وادار به شناخت خویشتن می‌کند تا با توجه به نعمت‌هایی که سراپای او را در برگرفته است. از مرکب غرور و غفلت پایین بیاید. مشرکان معتقد بودند که خداوند فقط خالق جهان است و هیچ نقشی در ربوبیّت و تدبیر جهان و انسان ندارد و خداوند پس از آفرینش جهان ادارهٔ آن را به بُت‌ها نهاده است.

چنانچه امروزه هم همین‌گونه افکار حاکم شده، که خداوند خالق خلقت است ولی اداره امور را به عهدهٔ خود انسان گذاشته است. و انسان امروز جای بت‌های آن زمان را گرفته است.

اما پیامبر اکرم (صلی الله علیه و آله) به پیروی از وحی فرمودند: "همان کسی که خالق

جهان است مدبّر و ربّ آن نیز هست و باید خدا را از هرگونه شرک در ربوبیّت مبّرا دانست و برای نشان دادن هماهنگی خالقیّت خداوند با ربونیّت او به سه جَنبه از ربونیّت خدا اشاره می کند:

۱- ربوبیّت خداوند در آفرینش موجودات و هماهنگ کردن اجزای آن‌ها و نظم دقیق در ساماندهی اجزای آن قرار داد. خداوند فقط خالق نیست بلکه نظام بخشِ هستی و موجودات نیز هست.

۲- در مرحلهٔ بعدی به ربوبیّت خداوند در تعیین برنامه زندگی و هدایت تکوینی موجودات بسوی آن اشاره کرده و می‌فرماید: " او همان خدایی است که برای آفریدگان حدّی معین کرده است و آن‌ها را به آنچه برایشان تقدیر کرده هدایت نمود." [1]

۳- و نیز ربوبیّت خداوند در کلیه مراحل آفرینش تکامل و مرگ موجودات را یادآور می‌شود و در این خصوص به رویش و فرسایش گیاهان مثال زده و می‌فرماید: "او خدایی است که علوفه چراگاه‌ها را رویانید و سپس آن‌ها را خشک و تیرگون ساخت." [2]
و اینک آیه‌های قرآن کریم در مورد انسان:

بقره ۲۸-۲۹ = چطور خدا را قبول ندارید؟ در حالی که بی جان بودید و خدا به شما زندگی بخشید. بعد از آن شما را می‌میراند. آن وقت شما را به عالم برزخ می برد و دست آخر، روز قیامت فقط بسوی او برگردانده می‌شوید.

كَيْفَ تَكْفُرُونَ بِاللَّهِ وَكُنْتُمْ أَمْوَاتًا فَأَحْيَاكُمْ ۖ ثُمَّ يُمِيتُكُمْ ثُمَّ يُحْيِيكُمْ ثُمَّ إِلَيْهِ تُرْجَعُونَ

هُوَ الَّذِي خَلَقَ لَكُمْ مَا فِي الْأَرْضِ جَمِيعًا ثُمَّ اسْتَوَىٰ إِلَى السَّمَاءِ فَسَوَّاهُنَّ سَبْعَ سَمَاوَاتٍ ۚ وَهُوَ بِكُلِّ شَيْءٍ عَلِيمٌ

بقره ۳۰-۳۴ = وقتی خدا به فرشتگان گفت: " من در زمین نماینده‌ای می گذارم" آنان با تعجّب و نگرانی گفتند: "یعنی کسی را نمایندهٔ خود در زمین می کنی که در

۱. (سوره اعلی ۳) وَالَّذِي قَدَّرَ فَهَدَىٰ
۲. (سوره اعلی ۴ و ۵) وَالَّذِي أَخْرَجَ الْمَرْعَىٰ، فَجَعَلَهُ غُثَاءً أَحْوَىٰ

آن فساد و خون‌ریزی راه می‌اندازد؟ در حالی که ما تو را از سر سپاس به پاکی یاد می‌کنیم و از هر عیبی به دور می‌دانیم." خدا پاسخ داد: "من چیزی می‌دانم که شما نمی‌دانید"

پس از آفرینش آدم، خدا تمام حقایق عالم را به او یاد داد بعد آن‌ها را به فرشتگان نشان داد و گفت: "اگر راست می‌گویید از حقیقت این‌ها به من خبر بدهید. فرشتگان با اعتراف به ناتوانی گفتند: "خدایا تو پاکی، جز آنچه تو یادمان داده‌ای هیچ علمی نداریم! در واقع فقط تو دانای کار درستی." خدا فرمود: "ای آدم فرشتگان را از حقایق عالم آگاه کن." همین که آدم به حقایق عالم آشنایشان کرد، خدا فرمود: "مگر به شما نگفتم که من اسرار آسمان‌ها و زمین را می‌دانم و می‌دانم چه‌ها مطرح می‌کنید چه‌ها کتمان" وقتی هم به فرشتگان فرمان دادیم "در برابر آدم سجده کنید" همه سجده کردند جز ابلیس که خودداری کرد و کبر ورزید اصلاً او بی‌دین بود.

وَإِذْ قَالَ رَبُّكَ لِلْمَلَائِكَةِ إِنِّي جَاعِلٌ فِي الْأَرْضِ خَلِيفَةً ۖ قَالُوا أَتَجْعَلُ فِيهَا مَنْ يُفْسِدُ فِيهَا وَيَسْفِكُ الدِّمَاءَ وَنَحْنُ نُسَبِّحُ بِحَمْدِكَ وَنُقَدِّسُ لَكَ ۖ قَالَ إِنِّي أَعْلَمُ مَا لَا تَعْلَمُونَ

وَعَلَّمَ آدَمَ الْأَسْمَاءَ كُلَّهَا ثُمَّ عَرَضَهُمْ عَلَى الْمَلَائِكَةِ فَقَالَ أَنْبِئُونِي بِأَسْمَاءِ هَٰؤُلَاءِ إِنْ كُنْتُمْ صَادِقِينَ، قَالُوا سُبْحَانَكَ لَا عِلْمَ لَنَا إِلَّا مَا عَلَّمْتَنَا ۖ إِنَّكَ أَنْتَ الْعَلِيمُ الْحَكِيمُ

قَالَ يَا آدَمُ أَنْبِئْهُمْ بِأَسْمَائِهِمْ ۖ فَلَمَّا أَنْبَأَهُمْ بِأَسْمَائِهِمْ قَالَ أَلَمْ أَقُلْ لَكُمْ إِنِّي أَعْلَمُ غَيْبَ السَّمَاوَاتِ وَالْأَرْضِ وَأَعْلَمُ مَا تُبْدُونَ وَمَا كُنْتُمْ تَكْتُمُونَ

وَإِذْ قُلْنَا لِلْمَلَائِكَةِ اسْجُدُوا لِآدَمَ فَسَجَدُوا إِلَّا إِبْلِيسَ أَبَىٰ وَاسْتَكْبَرَ وَكَانَ مِنَ الْكَافِرِينَ

انعام ۹۵-۹۸ = خدا دانه و هسته را می‌شکافد. موجود زنده را از دل مادهٔ بی‌جان بیرون می‌کشد. مادهٔ بی‌جان را از موجود زنده. این است خدا. پس چرا از مسیر حقّ به انحراف کشیده می‌شوید.

هم او شکافندهٔ شب است. برای بیرون کشیدن سپیده دم و شب را مایهٔ آرامش کرده و خورشید و ماه را معیاری برای محاسبهٔ زمان، این است اندازه‌گیری آن شکست ناپذیر.

هم اوست که ستاره‌ها و سیاره‌ها را برایتان علامت‌هایی کرده تا در تاریکی‌های صحرا و دریا راهتان را پیدا کنید. بله، نشانه‌هایمان را توضیح می‌دهیم برای مردم خوش فهم.

اوست کسی که همه‌تان را از یک انسان به وجود آورده بعضی‌هایتان به دنیا آمده‌اند و بعضی‌های دیگر به دنیا خواهند آمد. بله، نشانه‌هایمان را توضیح می‌دهیم برای مردم خوش فکر.

إِنَّ اللَّهَ فَالِقُ الْحَبِّ وَالنَّوَىٰ ۖ يُخْرِجُ الْحَيَّ مِنَ الْمَيِّتِ وَمُخْرِجُ الْمَيِّتِ مِنَ الْحَيِّ ۚ ذَٰلِكُمُ اللَّهُ ۖ فَأَنَّىٰ تُؤْفَكُونَ

فَالِقُ الْإِصْبَاحِ وَجَعَلَ اللَّيْلَ سَكَنًا وَالشَّمْسَ وَالْقَمَرَ حُسْبَانًا ۚ ذَٰلِكَ تَقْدِيرُ الْعَزِيزِ الْعَلِيمِ

وَهُوَ الَّذِي جَعَلَ لَكُمُ النُّجُومَ لِتَهْتَدُوا بِهَا فِي ظُلُمَاتِ الْبَرِّ وَالْبَحْرِ ۗ قَدْ فَصَّلْنَا الْآيَاتِ لِقَوْمٍ يَعْلَمُونَ

اعراف ۶-۱۰ = در آخرت مردمی را که پیامبران بسوی ایشان فرستاده شدند، حتماً بازخواست می‌کنیم و از خود پیامبران هم دربارۀ مردم حتماً می‌پرسیم، بعد با آگاهی کامل گزارش یک عمر زندگی‌شان را حتماً به خودشان می‌دهیم چون در هیچ صحنه‌ای غایب نبوده‌ام. **تنها وسیله سنجش کارها، در آن روز حق است.** آنانی که کارهایشان را با ارزش و نزدیک به حق است خوشبخت هستند و آن‌هایی که کارهایشان بی ارزش و دور از حق است، سرمایۀ عمرشان را با نپذیرفتن آیه‌ها و نشانه‌های ما از کف داده‌اند.

در زمین به شما سکونت و اختیار عمل دادیم و در آن وسایل زندگی در اختیارتان گذاشتیم، حیف که کمتر شکر می‌کنید.

فَلَنَسْأَلَنَّ الَّذِينَ أُرْسِلَ إِلَيْهِمْ وَلَنَسْأَلَنَّ الْمُرْسَلِينَ

فَلَنَقُصَّنَّ عَلَيْهِمْ بِعِلْمٍ ۖ وَمَا كُنَّا غَائِبِينَ

وَالْوَزْنُ يَوْمَئِذٍ الْحَقُّ ۚ فَمَنْ ثَقُلَتْ مَوَازِينُهُ فَأُولَٰئِكَ هُمُ الْمُفْلِحُونَ

وَمَنْ خَفَّتْ مَوَازِينُهُ فَأُولَٰئِكَ الَّذِينَ خَسِرُوا أَنْفُسَهُمْ بِمَا كَانُوا بِآيَاتِنَا يَظْلِمُونَ

وَلَقَدْ مَكَّنَّاكُمْ فِي الْأَرْضِ وَجَعَلْنَا لَكُمْ فِيهَا مَعَايِشَ ۗ قَلِيلًا مَا تَشْكُرُونَ

یونس ۴۷ = برای هر ملّتی پیامبری آمد. وقتی پیام الهی را ابلاغ می‌کرد با قبول گروهی از مردم و امتناع گروهی دیگر، عادلانه و بی‌آنکه به آن‌ها ستم شود بینشان داوری می‌شد.

وَلِكُلِّ أُمَّةٍ رَسُولٌ ۖ فَإِذَا جَاءَ رَسُولُهُمْ قُضِيَ بَيْنَهُمْ بِالْقِسْطِ وَهُمْ لَا يُظْلَمُونَ

رعد ۱۱ = در طول زندگی، فرشتگان در خدمت انسان‌اند تا از هر طرف به فرمان خدا او را از گزند حوادث حفظ کنند.

خدا ناز و نعمت هیچ ملّتی را به بلا و فلاکت تغییر نمی‌دهد مگر آنکه خودشان رفتارشان را تغییر بدهند. اگر خدا به خاطر رفتار زشت ملّتی بدشان را بخواهد گرفتار شدنشان برو و برگرد ندارد و جز خدا کسی و کاری نخواهند داشت.

لَهُ مُعَقِّبَاتٌ مِنْ بَيْنِ يَدَيْهِ وَمِنْ خَلْفِهِ يَحْفَظُونَهُ مِنْ أَمْرِ اللَّهِ ۗ إِنَّ اللَّهَ لَا يُغَيِّرُ مَا بِقَوْمٍ حَتَّىٰ يُغَيِّرُوا مَا بِأَنْفُسِهِمْ ۗ وَإِذَا أَرَادَ اللَّهُ بِقَوْمٍ سُوءًا فَلَا مَرَدَّ لَهُ ۚ وَمَا لَهُمْ مِنْ دُونِهِ مِنْ وَالٍ

اسرا ۹۹ = آیا نمی‌بینید؟ خدایی که می‌تواند آسمان‌ها و زمین به این بزرگی را بیافریند. حتماً می‌تواند در قیامت هم مثل این بدن‌هایشان را بیافریند؟ البته خدا برای آفرینش دوباره‌شان وقت معیّنی در نظر گرفته که شکّی در آن نیست اما این بدکارها غیر از ناشکری کار دیگری بلد نیستند.

أَوَلَمْ يَرَوْا أَنَّ اللَّهَ الَّذِي خَلَقَ السَّمَاوَاتِ وَالْأَرْضَ قَادِرٌ عَلَىٰ أَنْ يَخْلُقَ مِثْلَهُمْ وَجَعَلَ لَهُمْ أَجَلًا لَا رَيْبَ فِيهِ فَأَبَى الظَّالِمُونَ إِلَّا كُفُورًا

مؤمنون ۱۲-۱۶ = البته آدم را از گِل خالص آفریدیم، نسل او را هم از ذرّه‌ای ناچیز

می‌آفرینیم و در جایی امن یعنی در رحم مادر قرارش می‌دهیم. سپس آن ذرّه را به لخته خون تبدیل می‌کنیم. بعد آن را به صورت تکه گوشتی در می‌آوریم آن وقت آن را در قالب استخوانی نرم و نازک می‌رویانیم و بر استخوان‌ها لایه ای از گوشت می‌پوشانیم در پایان هم به او جان می‌دهیم.

آفرین به خدا بهترین آفریننده‌ها، سپس شما بعد از به دنیا آمدن و مدتی زندگانی در دنیا، حتماً می‌میرید، سرانجام در روز قیامت دوباره زنده می‌شوید.

وَلَقَدْ خَلَقْنَا الْإِنْسَانَ مِنْ سُلَالَةٍ مِنْ طِينٍ

ثُمَّ جَعَلْنَاهُ نُطْفَةً فِي قَرَارٍ مَكِينٍ

ثُمَّ خَلَقْنَا النُّطْفَةَ عَلَقَةً فَخَلَقْنَا الْعَلَقَةَ مُضْغَةً فَخَلَقْنَا الْمُضْغَةَ عِظَامًا فَكَسَوْنَا الْعِظَامَ لَحْمًا ثُمَّ أَنْشَأْنَاهُ خَلْقًا آخَرَ ۚ فَتَبَارَكَ اللَّهُ أَحْسَنُ الْخَالِقِينَ

ثُمَّ إِنَّكُمْ بَعْدَ ذَٰلِكَ لَمَيِّتُونَ

ثُمَّ إِنَّكُمْ يَوْمَ الْقِيَامَةِ تُبْعَثُونَ

انبیا ۳۴-۳۵ = تا به حال به هیچ بشری عمر جاودان ندادیم،... هر کسی طعم مرگ را می‌چشد با اتفاق‌های بد و خوب امتحان‌تان می‌کنیم و آخر کار هم فقط به سوی ما برمی‌گردانندتان.

وَمَا جَعَلْنَا لِبَشَرٍ مِنْ قَبْلِكَ الْخُلْدَ ۖ أَفَإِنْ مِتَّ فَهُمُ الْخَالِدُونَ

كُلُّ نَفْسٍ ذَائِقَةُ الْمَوْتِ ۗ وَنَبْلُوكُمْ بِالشَّرِّ وَالْخَيْرِ فِتْنَةً ۖ وَإِلَيْنَا تُرْجَعُونَ

مومنون ۷۸-۸۰ = اوست که به شما نعمت گوش و چشم و عقل عنایت فرمود. اما حیف که کمتر شُکر می‌کنید. اوست که شما را وابسته به زمین آفرید و سرانجام دسته جمعی به محضرش برده می‌شوید. اوست که شما را به دنیا آورد و از دنیا می‌برد. رفت و آمد شب و روز هم دست اوست. پس چرا عقلتان را به کار نمی‌اندازید؟

وَهُوَ الَّذِي أَنْشَأَ لَكُمُ السَّمْعَ وَالْأَبْصَارَ وَالْأَفْئِدَةَ ۚ قَلِيلًا مَا تَشْكُرُونَ

وَهُوَ الَّذِي ذَرَأَكُمْ فِي الْأَرْضِ وَإِلَيْهِ تُحْشَرُونَ

وَهُوَ الَّذِي يُحْيِي وَيُمِيتُ وَلَهُ اخْتِلَافُ اللَّيْلِ وَالنَّهَارِ ۚ أَفَلَا تَعْقِلُونَ

فرقان ۵۸-۵۶ = تو را فقط مژده دهنده و هشدار دهنده فرستاده‌ایم. بگو: "برای رساندن قرآن از شما مزدی نمی‌خواهم که همین برایم بس است که هر کس می‌خواهد با عمل به دستورهایش به طرف خدا راه بیافتد. بر آن زنده‌ای که هرگز نمی‌میرد تکیه و توکّل کن و از سر سپاس به پاکی یادش کن. همین بس که او از گناهان بندگانش آگاه است.

وَمَا أَرْسَلْنَاكَ إِلَّا مُبَشِّرًا وَنَذِيرًا

قُلْ مَا أَسْأَلُكُمْ عَلَيْهِ مِنْ أَجْرٍ إِلَّا مَنْ شَاءَ أَنْ يَتَّخِذَ إِلَىٰ رَبِّهِ سَبِيلًا

وَتَوَكَّلْ عَلَى الْحَيِّ الَّذِي لَا يَمُوتُ وَسَبِّحْ بِحَمْدِهِ ۚ وَكَفَىٰ بِهِ بِذُنُوبِ عِبَادِهِ خَبِيرًا

شعراء ۲-۴ = این است آیه‌های کتابی که معلوم است کلام خداست. نکند خودت را هلاک کنی از اینکه کافران ایمان نمی‌آورند اگر بخواهیم می‌توانیم چنان معجزه‌ای از آسمان برایشان بفرستیم که با آن گردن بِنَهند و به زور ایمان بیاورند.

تِلْكَ آيَاتُ الْكِتَابِ الْمُبِينِ ، لَعَلَّكَ بَاخِعٌ نَفْسَكَ أَلَّا يَكُونُوا مُؤْمِنِينَ

إِنْ نَشَأْ نُنَزِّلْ عَلَيْهِمْ مِنَ السَّمَاءِ آيَةً فَظَلَّتْ أَعْنَاقُهُمْ لَهَا خَاضِعِينَ

لقمان ۲۸ = آفرینش همه شما و دوباره زنده کردن‌تان برای خدا به آسانی آفرینش و دوباره زنده کردن یک نفر است. او شنوای آگاه است.

مَا خَلْقُكُمْ وَلَا بَعْثُكُمْ إِلَّا كَنَفْسٍ وَاحِدَةٍ ۗ إِنَّ اللَّهَ سَمِيعٌ بَصِيرٌ

فاطر ۴۴-۴۵ = مگر به گوشه و کنار دنیا سفر نکرده‌اند تا ببینند آخر عاقبت کسانی

که قبل از آن‌ها زندگی می کردند چه شد؟ با وجودی که قوی‌تر از این‌ها بودند، محال است چیزی در آسمان‌ها و زمین بتواند، حریف خدا بشود. چون که خدا دانای توانا است.

اگر خدا مردم را به سزای کارهای زشت شان مجازات می‌کرد، هیچ موجود زنده‌ای روی زمین باقی نمی‌ماند. ولی تا موقع مرگ حتمی مهلت‌شان می‌دهد. موقعی هم که اجل‌شان برسد هر کسی را متناسب با گناهانش مجازات می کند زیرا او حال بندگانش را می‌بیند.

أَوَلَمْ يَسِيرُوا فِي الْأَرْضِ فَيَنْظُرُوا كَيْفَ كَانَ عَاقِبَةُ الَّذِينَ مِنْ قَبْلِهِمْ وَكَانُوا أَشَدَّ مِنْهُمْ قُوَّةً ۚ وَمَا كَانَ اللَّهُ لِيُعْجِزَهُ مِنْ شَيْءٍ فِي السَّمَاوَاتِ وَلَا فِي الْأَرْضِ ۚ إِنَّهُ كَانَ عَلِيمًا قَدِيرًا

وَلَوْ يُؤَاخِذُ اللَّهُ النَّاسَ بِمَا كَسَبُوا مَا تَرَكَ عَلَىٰ ظَهْرِهَا مِنْ دَابَّةٍ وَلَٰكِنْ يُؤَخِّرُهُمْ إِلَىٰ أَجَلٍ مُسَمًّى ۖ فَإِذَا جَاءَ أَجَلُهُمْ فَإِنَّ اللَّهَ كَانَ بِعِبَادِهِ بَصِيرًا

یس ۷۷-۷۹ = مگر انسان نمی‌بیند که ما او را از ذرّه‌ای ناچیز آفریده‌ایم. و او به جای دوستی با ما، یک دفعه دشمن سرسخت می‌شود؟ و در حالی که آفرینش خودش را فراموش کرده است. استخوان پوسیده‌ای به رخ ما می‌کِشد و می گوید: "این استخوان‌ها را چه کسی دوباره زنده می کند آن هم وقتی پوسیده باشد؟" بگو: "همان کسی زنده‌اش می کند، که اول بار آفریده‌اش. او حال هر مخلوقی را می‌داند.

أَوَلَمْ يَرَ الْإِنْسَانُ أَنَّا خَلَقْنَاهُ مِنْ نُطْفَةٍ فَإِذَا هُوَ خَصِيمٌ مُبِينٌ

وَضَرَبَ لَنَا مَثَلًا وَنَسِيَ خَلْقَهُ ۖ قَالَ مَنْ يُحْيِي الْعِظَامَ وَهِيَ رَمِيمٌ

قُلْ يُحْيِيهَا الَّذِي أَنْشَأَهَا أَوَّلَ مَرَّةٍ ۖ وَهُوَ بِكُلِّ خَلْقٍ عَلِيمٌ

شوری ۸ = اگر خدا می‌خواست، به زور همه انسان‌ها را گروهی یکپارچه می‌کرد. بی هیچ اختلافی. ولی خدا هر که را لایق بداند مشمول لطف خودش می کند و بدکارهای نالایق یار و یاوری ندارند.

وَلَوْ شَاءَ اللَّهُ لَجَعَلَهُمْ أُمَّةً وَاحِدَةً وَلَٰكِنْ يُدْخِلُ مَنْ يَشَاءُ فِي رَحْمَتِهِ ۚ وَالظَّالِمُونَ مَا لَهُمْ مِنْ وَلِيٍّ وَلَا نَصِيرٍ

ق ۱۷-۲۱ = حواس‌تان باشد، دو فرشته همراه انسان هستند تا یکی کارهای خوبش را ثبت کند و آن یکی کارهای بدش را. هر حرفی می‌زند در کنارش مراقبی آماده است برای ثبت کردن، وقت از خود بی‌خود شدن در وقت مرگ، حقایق را جلوی چشم می‌آورد: "این همان است که از آن فرار می‌کردی"

إِذْ يَتَلَقَّى الْمُتَلَقِّيَانِ عَنِ الْيَمِينِ وَعَنِ الشِّمَالِ قَعِيدٌ

مَا يَلْفِظُ مِنْ قَوْلٍ إِلَّا لَدَيْهِ رَقِيبٌ عَتِيدٌ

وَجَاءَتْ سَكْرَةُ الْمَوْتِ بِالْحَقِّ ۖ ذَٰلِكَ مَا كُنْتَ مِنْهُ تَحِيدُ

وَنُفِخَ فِي الصُّورِ ۚ ذَٰلِكَ يَوْمُ الْوَعِيدِ

وَجَاءَتْ كُلُّ نَفْسٍ مَعَهَا سَائِقٌ وَشَهِيدٌ

ذاریات ۵۶-۵۸ = جن و انس را آفریدم، فقط برای اینکه مرا بندگی کنند. نه از آن‌ها رزق و روزی می‌خواهم. نه می‌خواهم که به من غذا بدهند. چون فقط خدا روزی دهنده است و قدرتمند و نیرومند.

وَمَا خَلَقْتُ الْجِنَّ وَالْإِنْسَ إِلَّا لِيَعْبُدُونِ

مَا أُرِيدُ مِنْهُمْ مِنْ رِزْقٍ وَمَا أُرِيدُ أَنْ يُطْعِمُونِ

إِنَّ اللَّهَ هُوَ الرَّزَّاقُ ذُو الْقُوَّةِ الْمَتِينُ

ملک ۱۳-۱۴ = حرف‌هایتان را چه پنهان کنید چه آشکار، او از هر چه در دل می‌گذرد به خوبی خبر دارد. مگر همان که همه را آفریده است از حالشان باخبر نیست با آن که او نکته سنج آگاه است.

وَأَسِرُّوا قَوْلَكُمْ أَوِ اجْهَرُوا بِهِ ۖ إِنَّهُ عَلِيمٌ بِذَاتِ الصُّدُورِ

أَلَا يَعْلَمُ مَنْ خَلَقَ وَهُوَ اللَّطِيفُ الْخَبِيرُ

بخش
اول

یادآوری به انسان‌ها در مورد شناخت خالق یکتا

فصل چهارم: شناخت خدا در خلقت آسمان‌ها و زمین

"به شگفتی‌های آفرینش در آسمان‌ها و زمین خوب نگاه کنید که چطور به ایمان آوردن دعوتتان می‌کنند"
سوره یونس ۱۰۱

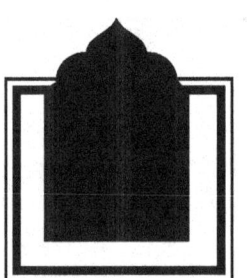

۴ یادآوری به انسان‌ها در مورد شناخت خالق یکتا

شناخت خدا در خلقت آسمان‌ها و زمین

در آیه ۱۶۴ سوره، بقره قرآن اشاره به آفرینش آسمان‌ها و زمین دارد. همهٔ هماهنگی میان عناصر طبیعت و اجزای هستی و قوانین حاکم بر آن‌ها همه نشان‌دهنده حاکمیّت و قدرت و ارادهٔ خدای یگانه است، و این نشان می‌دهد، **که شناخت طبیعت یکی از راه های خداشناسی است.** که شناخت او قدرت، حکمت و یکتایی او را در بر دارد و اینکه خداوند نظیر، مانند و شبیه ندارد.

هم طبیعت هم صنعت دست ساخت انسان از اوست **و هر موجودی در جهانِ هستی آیه‌ای از این کتاب خداوند در طبیعت است. و تنها خردمندان از "نگاه هستی" درس خداشناسی می گیرند.**

إِنَّ فِي خَلْقِ السَّمَاوَاتِ وَالْأَرْضِ وَاخْتِلَافِ اللَّيْلِ وَالنَّهَارِ وَالْفُلْكِ الَّتِي تَجْرِي فِي الْبَحْرِ بِمَا يَنْفَعُ النَّاسَ وَمَا أَنْزَلَ اللَّهُ مِنَ السَّمَاءِ مِنْ مَاءٍ فَأَحْيَا بِهِ الْأَرْضَ بَعْدَ مَوْتِهَا وَبَثَّ فِيهَا مِنْ كُلِّ دَابَّةٍ وَتَصْرِيفِ الرِّيَاحِ وَالسَّحَابِ الْمُسَخَّرِ بَيْنَ السَّمَاءِ وَالْأَرْضِ لَآيَاتٍ لِقَوْمٍ يَعْقِلُونَ

در آیه ۳۱ سوره بقره می‌فرمایند: " و خداوند همه اسماء یعنی حقایق و اسرار و علم هستی را به آدم آموخت، خداوند اسماء و اسرار عالم هستی را از نام اولیای خود تا جمادات را به آدم تعلیم داد و به تعبیر امام صادق (علیه السلام) در تفسیر مجمع البیان آمده است: " تمام زمین‌ها، کوه‌ها، درّه‌ها، بستر رودخانه‌ها و همین فرش زمین که در زیر پای ماست به آدم شناسانده شد."

وَعَلَّمَ آدَمَ الْأَسْمَاءَ كُلَّهَا ثُمَّ عَرَضَهُمْ عَلَى الْمَلَائِكَةِ فَقَالَ أَنْبِئُونِي بِأَسْمَاءِ هَٰؤُلَاءِ إِنْ كُنْتُمْ صَادِقِينَ

بنابراین:

۱- معلم واقعی خداست و قلم و بیان و کتاب و استاد زمینه‌های تعلیم هستند.

۲- برتری انسان بر فرشتگان به خاطر علم است.

۳- انسان برای دریافت تمام علوم، استعداد و لیاقت دارد.

۴- فرشتگان عبادت بیشتری داشته و آدم علمی بیشتری دارد.

رابطه مقام خلافت با علم بیشتر از عبادت است. سپس عالم خلقت آئینه خدا و ظلّ خدا و نمایندهٔ خداست، و در منتهای حسن و زیبایی و در حدّ اعلای جلال و فرّ و شکوه است.

بقره ۲۱-۲۲ = مردم، برای اینکه مراقب رفتارتان باشید. خدایی را بندگی کنید که شما و قبلی‌های شما را آفرید، همان که زمین را فرش زیر پای‌تان کرد و آسمان را سقف بالای سرتان و از آسمان برف و باران می‌فرستد تا به برکتش محصولاتی کشاورزی را برای خود و خوراک‌تان پرورش بدهد. **پس برای خدا همتایانی قرار ندهید. خودتان هم خوب می‌دانید که خدا همتایی ندارد.**

يَا أَيُّهَا النَّاسُ اعْبُدُوا رَبَّكُمُ الَّذِي خَلَقَكُمْ وَالَّذِينَ مِنْ قَبْلِكُمْ لَعَلَّكُمْ تَتَّقُونَ

الَّذِي جَعَلَ لَكُمُ الْأَرْضَ فِرَاشًا وَالسَّمَاءَ بِنَاءً وَأَنْزَلَ مِنَ السَّمَاءِ مَاءً فَأَخْرَجَ بِهِ مِنَ الثَّمَرَاتِ رِزْقًا لَكُمْ ۖ فَلَا تَجْعَلُوا لِلَّهِ أَنْدَادًا وَأَنْتُمْ تَعْلَمُونَ

بقره ۱۶۴ = نشانه‌هایی از یکتایی خدا، آفرینش آسمان‌ها و زمین، رفت و آمد شب و روز، کشتی‌هایی در دریاها برای منافع انسان‌ها عبور و مرور می‌کنند، برف و بارانی که خدا از میان ابرها می‌فرستد تا به برکتش زمین را بعد از مُردنش زنده کند، گونه‌های جانوری که روی زمین پراکنده است و گردش بادها و ابرهای معلّق بین آسمان‌ها و زمین، **این نشانه‌ها برای مردمی است که، عقلشان را به کار می‌اندازد.**

إِنَّ فِي خَلْقِ السَّمَاوَاتِ وَالْأَرْضِ وَاخْتِلَافِ اللَّيْلِ وَالنَّهَارِ وَالْفُلْكِ الَّتِي تَجْرِي فِي الْبَحْرِ بِمَا يَنْفَعُ النَّاسَ وَمَا أَنْزَلَ اللَّهُ مِنَ السَّمَاءِ مِنْ مَاءٍ فَأَحْيَا بِهِ الْأَرْضَ بَعْدَ مَوْتِهَا وَبَثَّ فِيهَا مِنْ كُلِّ دَابَّةٍ وَتَصْرِيفِ الرِّيَاحِ وَالسَّحَابِ الْمُسَخَّرِ بَيْنَ السَّمَاءِ وَالْأَرْضِ لَآيَاتٍ لِقَوْمٍ يَعْقِلُونَ

إِنَّ فِي خَلْقِ السَّمَاوَاتِ وَالْأَرْضِ وَاخْتِلَافِ اللَّيْلِ وَالنَّهَارِ وَالْفُلْكِ الَّتِي تَجْرِي فِي الْبَحْرِ بِمَا يَنْفَعُ النَّاسَ وَمَا أَنْزَلَ اللَّهُ مِنَ السَّمَاءِ مِنْ مَاءٍ فَأَحْيَا بِهِ الْأَرْضَ بَعْدَ مَوْتِهَا وَبَثَّ فِيهَا مِنْ كُلِّ دَابَّةٍ وَتَصْرِيفِ الرِّيَاحِ وَالسَّحَابِ الْمُسَخَّرِ بَيْنَ السَّمَاءِ وَالْأَرْضِ لَآيَاتٍ لِقَوْمٍ يَعْقِلُونَ

انعام ۹۹ =و هم اوست که از آسمان، برف و باران می‌فرستد، به برکتش، گیاهان گوناگون می‌رویانیم و به آن‌ها برگ و ساقه می‌دهیم و از درون ساقه، دانه های روی هم چیده شده در می‌آوریم، از شکوفه نخل خرما، خوشه‌های بهم پیوسته و آویزان بیرون می‌کشیم و باغ‌هایی از انواع انگور و درختان زیتون و انار پدید می‌آوریم که بعضی در شکل و رنگ و طعم و بو شبیه به هم هستند و بعضی مختلف. میوه دادَن این درختان و طرز رسیدن آن‌ها را خوب تماشا کنید. در آفرینش همه این‌ها نشانه‌هایی از یکتایی خداست برای مردم با ایمان.

وَهُوَ الَّذِي أَنْزَلَ مِنَ السَّمَاءِ مَاءً فَأَخْرَجْنَا بِهِ نَبَاتَ كُلِّ شَيْءٍ فَأَخْرَجْنَا مِنْهُ خَضِرًا نُخْرِجُ مِنْهُ حَبًّا مُتَرَاكِبًا وَمِنَ النَّخْلِ مِنْ طَلْعِهَا قِنْوَانٌ دَانِيَةٌ وَجَنَّاتٍ مِنْ أَعْنَابٍ وَالزَّيْتُونَ وَالرُّمَّانَ مُشْتَبِهًا وَغَيْرَ مُتَشَابِهٍ ۗ انْظُرُوا إِلَىٰ ثَمَرِهِ إِذَا أَثْمَرَ وَيَنْعِهِ ۚ إِنَّ فِي ذَٰلِكُمْ لَآيَاتٍ لِقَوْمٍ يُؤْمِنُونَ

یونس ۵-۶ = اوست که خورشید را درخشان و ماه را تابان کرده است و ماه را به شکل‌های مختلفی در آورده است. تا شمارش سال‌ها و حساب و کتاب کارها را بدانید. خدا این‌ها را فقط بر اساس حکمت آفریده است. او نشانه‌هایش را برای مردم خوش فهم بیان می‌کند.

هُوَ الَّذِي جَعَلَ الشَّمْسَ ضِيَاءً وَالْقَمَرَ نُورًا وَقَدَّرَهُ مَنَازِلَ لِتَعْلَمُوا عَدَدَ السِّنِينَ وَالْحِسَابَ ۚ مَا خَلَقَ اللَّهُ ذَٰلِكَ إِلَّا بِالْحَقِّ ۚ يُفَصِّلُ الْآيَاتِ لِقَوْمٍ يَعْلَمُونَ

إِنَّ فِي اخْتِلَافِ اللَّيْلِ وَالنَّهَارِ وَمَا خَلَقَ اللَّهُ فِي السَّمَاوَاتِ وَالْأَرْضِ لَآيَاتٍ لِقَوْمٍ يَتَّقُونَ

یونس ۱۰۱ = بگو به شگفتی‌های آفرینش در آسمان‌ها و زمین خوب نگاه کنید که چطور به ایمان آوردن دعوت‌تان می‌کنند.

این نشانه‌ها و آن هشدارها برای جماعتی که ایمان نمی‌آورند چه سودی دارد؟

قُلِ انْظُرُوا مَاذَا فِي السَّمَاوَاتِ وَالْأَرْضِ ۚ وَمَا تُغْنِي الآيَاتُ وَالنُّذُرُ عَنْ قَوْمٍ لَا يُؤْمِنُونَ

قُلِ انْظُرُوا مَاذَا فِي السَّمَاوَاتِ وَالْأَرْضِ ۚ وَمَا تُغْنِي الآيَاتُ وَالنُّذُرُ عَنْ قَوْمٍ لَا يُؤْمِنُونَ

هود ۷ = همه اوست که آسمان‌ها و زمین را و آنچه میان آن دو است، در طول شش مرحله آفرید و فرمان‌روایی‌اش در جهان اساس آگاهی است.

هدف از آفرینش این بوده که امتحان‌تان کند تا ببیند کدام‌تان بهتر رفتار می‌کنید...

وَهُوَ الَّذِي خَلَقَ السَّمَاوَاتِ وَالْأَرْضَ فِي سِتَّةِ أَيَّامٍ وَكَانَ عَرْشُهُ عَلَى الْمَاءِ لِيَبْلُوَكُمْ أَيُّكُمْ أَحْسَنُ عَمَلًا ۗ وَلَئِنْ قُلْتَ إِنَّكُمْ مَبْعُوثُونَ مِنْ بَعْدِ الْمَوْتِ لَيَقُولَنَّ الَّذِينَ كَفَرُوا إِنْ هَٰذَا إِلَّا سِحْرٌ مُبِينٌ

رعد ۲-۴ = خداست که آسمان‌ها را با ستون های نامرئی برپا کرده است. آن وقت بر مقام فرمان‌روایی جهان تکیه زده است. خورشید و ماه را هم در خدمتتان گذاشته است. هر کدام‌شان مدتی معیّن در مدار خود می‌گردد. کار جهان را اداره می‌کند. بله، آیه‌ها و نشانه‌هایش را توضیح می‌دهد. تا به دیدار خدا یقین پیدا کنید.

هم اوست که خشکی‌های زمین را گسترش داد و روی آن کوه‌ها و رودها را پدید آورد... انواع میوه‌ها را هم روی زمین آفرید. او شب‌ها و روزها را در طول سال کم کم بلند و کوتاه می‌کند. در این همه تنوّع نشانه‌هایی از یکتائی خداست، برای مردمی که فکرشان را به کار می‌اندازند. روی زمین باغ‌های متعدّد انگور و کشتزارها و درختان خرما، به صورت چند تنه از یک ریشه، یا یک تنه از یک ریشه، پرورش پیدا می‌کند **با آنکه همه از یک آب و خاک سیراب می‌شوند. هر یکی‌شان محصولی**

با خاصّیت جدا دارد. در این تضادِ شگفت نشانه‌هایی از یکتای خداست برای مردمی که عقلشان را به کار می‌اندازند.

اللَّهُ الَّذِي رَفَعَ السَّمَاوَاتِ بِغَيْرِ عَمَدٍ تَرَوْنَهَا ۖ ثُمَّ اسْتَوَىٰ عَلَى الْعَرْشِ ۖ وَسَخَّرَ الشَّمْسَ وَالْقَمَرَ ۖ كُلٌّ يَجْرِي لِأَجَلٍ مُسَمًّى ۚ يُدَبِّرُ الْأَمْرَ يُفَصِّلُ الْآيَاتِ لَعَلَّكُمْ بِلِقَاءِ رَبِّكُمْ تُوقِنُونَ

وَهُوَ الَّذِي مَدَّ الْأَرْضَ وَجَعَلَ فِيهَا رَوَاسِيَ وَأَنْهَارًا ۖ وَمِنْ كُلِّ الثَّمَرَاتِ جَعَلَ فِيهَا زَوْجَيْنِ اثْنَيْنِ ۖ يُغْشِي اللَّيْلَ النَّهَارَ ۚ إِنَّ فِي ذَٰلِكَ لَآيَاتٍ لِقَوْمٍ يَتَفَكَّرُونَ

وَفِي الْأَرْضِ قِطَعٌ مُتَجَاوِرَاتٌ وَجَنَّاتٌ مِنْ أَعْنَابٍ وَزَرْعٌ وَنَخِيلٌ صِنْوَانٌ وَغَيْرُ صِنْوَانٍ يُسْقَىٰ بِمَاءٍ وَاحِدٍ وَنُفَضِّلُ بَعْضَهَا عَلَىٰ بَعْضٍ فِي الْأُكُلِ ۚ إِنَّ فِي ذَٰلِكَ لَآيَاتٍ لِقَوْمٍ يَعْقِلُونَ

طه ۶-۸ = آسمان‌ها و زمین و آنچه میان آن‌ها و آنچه در زیر زمین است. فقط متعلّق به اوست. حرف دلت را به زبان بیاوری یا نیاوری، خدا خاطرات پنهانی تو را می‌دانند و حتی پنهان‌تر از آن را هم، جز خدا هیچ معبودی نیست و بهترین نام‌ها مخصوص اوست.

لَهُ مَا فِي السَّمَاوَاتِ وَمَا فِي الْأَرْضِ وَمَا بَيْنَهُمَا وَمَا تَحْتَ الثَّرَىٰ

وَإِنْ تَجْهَرْ بِالْقَوْلِ فَإِنَّهُ يَعْلَمُ السِّرَّ وَأَخْفَى، اللَّهُ لَا إِلَٰهَ إِلَّا هُوَ ۖ لَهُ الْأَسْمَاءُ الْحُسْنَىٰ

انبیا ۱۶ = آسمان‌ها و زمین را و آنچه میان آن‌ها است برای سرگرمی نیافریده‌ایم که بخواهد بی حساب و کتاب باشد.

وَمَا خَلَقْنَا السَّمَاءَ وَالْأَرْضَ وَمَا بَيْنَهُمَا لَاعِبِينَ

انبیا ۳۰-۳۳ = آیا کافران نمی‌دانند که در آغاز آفرینش آسمان‌ها و زمین به هم چسبیده بودند و ما از هم جدایشان کردیم؟ هر موجود زنده‌ای را هم به آب وابسته کردیم، پس چرا باور نمی‌کنند اداره جهان به دست ماست.

در زمین کوه‌هایی ریشه‌دار گذاشتیم تا زمین با لرزه‌های دائمی‌اش زندگی مردم را به

هم نریزد و در آن راه‌هایی پهناور گذاشتیم تا مردم راحت به مقصدشان برسند. آسمان را هم مثل سقفی قرار دادیم و از دسترس شیاطین حفظش کردیم.

کافران به نشانه‌های ما در آسمان بی‌اعتنایند. **اوست کسی که شب و روز و خورشید و ماه را آفریده است. که هر یک‌شان در مداری حرکت می‌کنند.**

أَوَلَمْ يَرَ الَّذِينَ كَفَرُوا أَنَّ السَّمَاوَاتِ وَالْأَرْضَ كَانَتَا رَتْقًا فَفَتَقْنَاهُمَا ۖ وَجَعَلْنَا مِنَ الْمَاءِ كُلَّ شَيْءٍ حَيٍّ ۖ أَفَلَا يُؤْمِنُونَ

وَجَعَلْنَا فِي الْأَرْضِ رَوَاسِيَ أَنْ تَمِيدَ بِهِمْ وَجَعَلْنَا فِيهَا فِجَاجًا سُبُلًا لَعَلَّهُمْ يَهْتَدُونَ

وَجَعَلْنَا السَّمَاءَ سَقْفًا مَحْفُوظًا ۖ وَهُمْ عَنْ آيَاتِهَا مُعْرِضُونَ

وَهُوَ الَّذِي خَلَقَ اللَّيْلَ وَالنَّهَارَ وَالشَّمْسَ وَالْقَمَرَ ۖ كُلٌّ فِي فَلَكٍ يَسْبَحُونَ

روم ۲۵-۲۷ = از نشانه‌هایش این است که آسمان و زمین به فرمان او برپاست. بعد با صدای شیپور قیامت، وقتی فراخوانِ بیرون آمدن از زمین بدهد، که یک‌دفعه همه از قبرها خارج می‌شوید.

وَمِنْ آيَاتِهِ أَنْ تَقُومَ السَّمَاءُ وَالْأَرْضُ بِأَمْرِهِ ۚ ثُمَّ إِذَا دَعَاكُمْ دَعْوَةً مِنَ الْأَرْضِ إِذَا أَنْتُمْ تَخْرُجُونَ

وَلَهُ مَنْ فِي السَّمَاوَاتِ وَالْأَرْضِ ۖ كُلٌّ لَهُ قَانِتُونَ

وَهُوَ الَّذِي يَبْدَأُ الْخَلْقَ ثُمَّ يُعِيدُهُ وَهُوَ أَهْوَنُ عَلَيْهِ ۚ وَلَهُ الْمَثَلُ الْأَعْلَىٰ فِي السَّمَاوَاتِ وَالْأَرْضِ ۚ وَهُوَ الْعَزِيزُ الْحَكِيمُ

یس ۳۳-۴۰ = در زمین‌های مرده نشانه‌ای از یکتایی خداست. برای کافران، زمین را زنده می‌کنیم و از دلش دانه‌های مختلفی می‌رویانیم تا از آن تغذیه کنند. باغ‌های خرما و انواع انگور در آن پدید می‌آوریم و چشمه‌ها در آن می‌جوشانیم تا از میوه آن باغ‌ها استفاده کنند در حالی که خودشان میوه‌ها را به عمل نیاورده‌اند. پس چرا شکر نمی‌کنند؟

شگفتا کسی که همه نرها و ماده‌ها را آفرید، از نباتات و حیوانات گرفته تا خود انسان‌ها و موجودات ناشناخته.

وَآيَةٌ لَهُمُ الْأَرْضُ الْمَيْتَةُ أَحْيَيْنَاهَا وَأَخْرَجْنَا مِنْهَا حَبًّا فَمِنْهُ يَأْكُلُونَ

وَجَعَلْنَا فِيهَا جَنَّاتٍ مِنْ نَخِيلٍ وَأَعْنَابٍ وَفَجَّرْنَا فِيهَا مِنَ الْعُيُونِ

لِيَأْكُلُوا مِنْ ثَمَرِهِ وَمَا عَمِلَتْهُ أَيْدِيهِمْ ۖ أَفَلَا يَشْكُرُونَ

سُبْحَانَ الَّذِي خَلَقَ الْأَزْوَاجَ كُلَّهَا مِمَّا تُنْبِتُ الْأَرْضُ وَمِنْ أَنْفُسِهِمْ وَمِمَّا لَا يَعْلَمُونَ

وَآيَةٌ لَهُمُ اللَّيْلُ نَسْلَخُ مِنْهُ النَّهَارَ فَإِذَا هُمْ مُظْلِمُونَ

وَالشَّمْسُ تَجْرِي لِمُسْتَقَرٍّ لَهَا ۚ ذَٰلِكَ تَقْدِيرُ الْعَزِيزِ الْعَلِيمِ

لَا الشَّمْسُ يَنْبَغِي لَهَا أَنْ تُدْرِكَ الْقَمَرَ وَلَا اللَّيْلُ سَابِقُ النَّهَارِ ۚ وَكُلٌّ فِي فَلَكٍ يَسْبَحُونَ

یس ۸۱-۸۳ = کسی که آسمان‌ها و زمین را آفریده است. مگر نمی‌تواند مثل بدن‌هایشان را بیافریند؟ چرا می‌تواند زیرا او آفریننده‌ی داناست. وقتی چیزی را بخواهد فقط تا فرمان بدهد "باش" به سرعت به وجود می‌آید، منزّه است که واقعیت‌های پشت صحنه هر موجودی دست اوست و آخر سر هم به سوی او برتان می‌گردانند.

أَوَلَيْسَ الَّذِي خَلَقَ السَّمَاوَاتِ وَالْأَرْضَ بِقَادِرٍ عَلَىٰ أَنْ يَخْلُقَ مِثْلَهُمْ ۚ بَلَىٰ وَهُوَ الْخَلَّاقُ الْعَلِيمُ

فَسُبْحَانَ الَّذِي بِيَدِهِ مَلَكُوتُ كُلِّ شَيْءٍ وَإِلَيْهِ تُرْجَعُونَ

و حال ببینیم به فرمایش قرآن کریم این خدای خالق و آفریننده جهان‌های عاشق چه کسانی است و چه کسانی را شامل عشقش نمی‌داند ؟[1]

آل عمران ۱۳۴ = خدا نیکوکاران را دوست دارد.

...وَاللّهُ يُحِبُّ الْمُحْسِنِينَ.

بقره ۲۲۲ = خدا توبه‌کنندگان و پاک‌کنندگان را دوست دارد.

...إِنّ اللّهَ يُحِبُّ التّوّابِينَ وَيُحِبُّ الْمُتَطَهِّرِينَ.

آل عمران ۱۴۶ = خدا صابرین را دوست دارد.

...وَاللّهُ يُحِبُّ الصّابِرِينَ.

آل عمران ۱۵۹ = قطعا خدا کسانی را که توکّل می‌کنند دوست دارد.

... عَلَى اللّهِ ۚ إِنّ اللّهَ يُحِبُّ الْمُتَوَكِّلِينَ.

مائده ۱۳ = قطعاً خدا نیک‌کاران را دوست دارد.

...إِنّ اللّهَ يُحِبُّ الْمُحْسِنِينَ.

توبه ۴ = قطعاً خدا پرهیزکاران را دوست دارد.

...إِنّ اللّهَ يُحِبُّ الْمُتّقِينَ.

حجرات ۹ = قطعاً خدا قسط‌دهندگان (بخشندگان) را دوست دارد.

...إِنّ اللّهَ يُحِبُّ الْمُقْسِطِينَ

[1] (قوانین کیهان/سودابه مقدسی بیات)

انفال ۵۸ = قطعاً خدا افراد خائن را دوست ندارد.

...إِنَّ اللّهَ لَا يُحِبُّ الْخَائِنِينَ.

حج ۳۸ = قطعاً خداوند هیچ خیانتکار ناسپاسی را دوست ندارد.

...إِنَّ اللّهَ لَا يُحِبُّ كُلَّ خَوَّانٍ كَفُورٍ }

بقره ۱۹۰ = قطعاً خداوند متجاوزی و ظالمی را دوست ندارد.

...إِنَّ اللّهَ لَا يُحِبُّ الْمُعْتَدِينَ }

نسا ۳۶ = قطعاً خدا کسی که تکبّر و فخر فروش باشد را دوست ندارد.

...إِنَّ اللّهَ لَا يُحِبُّ مَنْ كَانَ مُخْتَالًا فَخُورًا }

قصص ۷۷ = قطعاً خدا فسادکنندگان را دوست ندارد.

....إِنَّ اللّهَ لَا يُحِبُّ الْمُفْسِدِينَ.

لقمان ۱۸ = قطعاً خدا هیچ متکبر و مغرور را دوست ندارد.

....إِنَّ اللّهَ لَا يُحِبُّ كُلَّ مُخْتَالٍ فَخُورٍ.

در پایان این بخش خداوند را یاد می‌کنیم، از دعای امام سجاد (علیه السلام) :

"سپاس خدای تعالی و بلند مرتبه که هستی او اول و آخر ندارد و آغاز و انجام بر او متصوّر نیست و هستی او بر هر قبل و بعد زمانی افاضه وجود کرده است و بر همهٔ قبلیّت‌ها و بعدیّت ها احاطه وجود دارد.

آن یگانهٔ هستی که دیدهٔ بینندگان از دیدنش قاصر و فهم و اندیشهٔ توصیف‌کنندگان از نعمت و وصفش عاجزند ولی در عین آن به چشم بصیرت نورش بر همه پیدا و پیداترین

است. **عالم آفرینش را بی‌تمثال و بی‌سابقه فکری به قدرت کامل و مشیّت الهی خود بدین نظم زیبا و نظام بیافرید و به راه محبّت و عشق و اشتیاق برانگیخت که همه عوالم آسمان‌ها و زمین و جهان‌های بی‌انتهای غیب و مشهود همه طبق خواست خدا و مشیّت الهی به سمت کمال خود در حرکت‌اند.** و برای هر یک در حیات او اجلی معیّن کرد و بر زندگانی وی مدتی مقرّر داشت. تا سرانجام به‌جانب منزلی دعوتش فرموده‌اند رهسپار شود. **تا در آن عالم خدای متعال به عدل و احسان آنان را که ظالم و بدکارند به کیفر کردار بدشان برساند و آنان که نیکوکارند پاداش نیکو اعطا کند. که کار خدا عدل و احسان است.**

و ستایش مخصوص خداست که خود را به ما شناسانید و از نعمت بی‌نهایت "شکرش" بهره‌ای به ما الهام کرد و از درهای نامنتهای علم، برخی را بر ما گشود و خود ما را راهنمایی نمود. خدا را حمد می‌گوییم برای هر نعمتی که از او به‌ما عطا شده. حمدی که ما را به مقام طاعتش واصل گردانید و موجب عفو و سبب رضا و خشنودی و وسیله مغفرت و آمرزش او گردد. حمدی که به واسطه آن سعادت یابیم و در زمرهٔ دوستان خدا باشیم."

[1] {صحیفه سجادیه دعای اول ترجمه الهی قمشه‌ای}

بخش دوم
سفارشات خداوند برای آگاه شدن انسان‌ها در مورد بشر، خلقت و قیامت

مقدمه

سفارشات خداوند برای آگاه شدن انسان‌ها در مورد بشر، خلقت و قیامت

مقدمه بخش دوم

حرکت کرات و ماه دارای برنامه و زمان‌بندی دقیقی است، که می‌تواند در برنامه عبادت و نظم امور زندگی مردم مؤثر باشد. نظم جمادات و کُرّات آسمانی برای انتظام امور انسان‌ها جهت‌گیری شده‌اند. شرط انصاف نیست که ما موجوداتی بی‌نظم و بی‌حساب و رها شده باشیم. حفظ وقت و مراعات نظم در کارها و عبادت یکی از مصادیق تقوا و فلاح است.

رستگاری نهایت تکامل است و به فرمودهٔ قرآن برای شناخت زمان و نظم امور و چگونگی تغییرات ماه باید از راهش وارد شوید و مطالعه کنید. راه شناخت تغییرات جَوّی، تحصیلات و به دست آوردن علم است.

حضرت رسول اکرم (صلی الله علیه و آله) می‌فرمودند: "در بهار تفکّر زیاد بکنید" واقعاً اگر با دیدی ظاهربین فقط به این همه زیبایی‌ها نگاه نکنیم و به عمق وجود این زیبایی‌ها بنگریم فقط همین ما را به خدا می‌رساند و به عظمت خدا و قدرت خدا بیشتر پی می‌بریم. ولی این همه عظمت، و این همه بزرگی واقعاً همین‌طور بیهوده آفریده شده؟ قرآن بارها ما را به تفکّر در مورد این مسئله دعوت می‌کند و می‌فرماید این جهان و این همه آفریده‌های بزرگ بیهوده خلق نشده‌اند. غرض بسیار بزرگی در این همه خلقت با عظمت وجود دارد و آن رسیدن به مقام معرفت و بندگی خدا و در نتیجه رسیدن به سعادت همیشگی است

جهان آفرینش برای انسان مسخّر شده و انسان برای شناسایی خدا و بندگی او آفریده شده. ، هر علمی را اگر با دید باز و عمیق دنبال کنید به خدا می‌رسید.

همه علم‌ها خود اثبات وجود خداست. علم اصلاً از همین نظمی که حاکم بر تمامی ذرّات جهان هستی وجود دارد به وجود آمده است.

از آیات و روایات و کتب آسمانی استفاده می‌شود که جهان روزی را در پیش دارد که در آن روز تمام کشورهای کوچک و بزرگ به یک کشور تبدیل می‌شود، مرزهای جغرافیایی کشورها برداشته می‌شود و حکومت واحد جهانی بر اساس عدالت و آزادی تشکیل می‌گردد و بر تمام جهان یک دین و آیین و یک قانون و یک رهبر حکومت می‌کند. برای پاسخ به این سؤال که دین آینده جهان چیست به سراغ قرآن و روایات می‌رویم.

در سوره توبه آیه ۳۳ در مورد جهانی شدن اسلام و غلبه این دین مبین در سایر ادیان چنین آمده : "اوست خداوندی که پیامبرش را با هدایت و دین حقّ فرستاد تا او را بر همهٔ ادیان غالب گرداند هرچند که مشرکان کراهت داشته باشند."

هُوَ الَّذِي أَرْسَلَ رَسُولَهُ بِالْهُدَىٰ وَدِينِ الْحَقِّ لِيُظْهِرَهُ عَلَى الدِّينِ كُلِّهِ وَلَوْ كَرِهَ الْمُشْرِكُونَ

در سوره نور آیه ۵۵ می‌فرماید: "خدا به کسانی از شما که ایمان آورده و کارهای شایسته کرده‌اند، وعده داده است که خلافت روی زمین را به آن‌ها خواهد بخشید. همان‌گونه که به پیشینیان آن‌ها خلافت روی زمین را بخشید و دین و آئینی را که برای آن‌ها پسندید پا برجا و مستقر کند."

وَعَدَ اللَّهُ الَّذِينَ آمَنُوا مِنْكُمْ وَعَمِلُوا الصَّالِحَاتِ لَيَسْتَخْلِفَنَّهُمْ فِي الْأَرْضِ كَمَا اسْتَخْلَفَ الَّذِينَ مِنْ قَبْلِهِمْ وَلَيُمَكِّنَنَّ لَهُمْ دِينَهُمُ الَّذِي ارْتَضَىٰ لَهُمْ وَلَيُبَدِّلَنَّهُمْ مِنْ بَعْدِ خَوْفِهِمْ أَمْنًا ۚ يَعْبُدُونَنِي لَا يُشْرِكُونَ بِي شَيْئًا ۚ وَمَنْ كَفَرَ بَعْدَ ذَٰلِكَ فَأُولَٰئِكَ هُمُ الْفَاسِقُونَ

و در سوره مائده آیه ۳می‌فرماید: " امروز دین شما را برایتان کامل و نعمت خود را بر شما تمام گردانیدیم و اسلام را برای شما به عنوان آئینی برگزیدم."

حُرِّمَتْ عَلَيْكُمُ الْمَيْتَةُ وَالدَّمُ وَلَحْمُ الْخِنْزِيرِ وَمَا أُهِلَّ لِغَيْرِ اللَّهِ بِهِ وَالْمُنْخَنِقَةُ وَالْمَوْقُوذَةُ وَالْمُتَرَدِّيَةُ وَالنَّطِيحَةُ وَمَا أَكَلَ السَّبُعُ إِلَّا مَا ذَكَّيْتُمْ وَمَا ذُبِحَ عَلَى النُّصُبِ وَأَنْ تَسْتَقْسِمُوا

بِالْأَزْلَامِ ۚ ذَٰلِكُمْ فِسْقٌ ۗ الْيَوْمَ يَئِسَ الَّذِينَ كَفَرُوا مِنْ دِينِكُمْ فَلَا تَخْشَوْهُمْ وَاخْشَوْنِ ۚ الْيَوْمَ أَكْمَلْتُ لَكُمْ دِينَكُمْ وَأَتْمَمْتُ عَلَيْكُمْ نِعْمَتِي وَرَضِيتُ لَكُمُ الْإِسْلَامَ دِينًا ۚ فَمَنِ اضْطُرَّ فِي مَخْمَصَةٍ غَيْرَ مُتَجَانِفٍ لِإِثْمٍ ۙ فَإِنَّ اللَّهَ غَفُورٌ رَحِيمٌ

آنچه از این آیات بر می‌آید. این است که اسلام بر تمام ادیان غالب خواهد شد و در زمین مستقر و پا برجا می‌شود. خداوند در قرآن کریم از زبان حضرت ابراهیم (علیه السلام) و حضرت اسماعیل و پیامبر اکرم (صلی الله علیه و آله) و حواریّون حضرت عیسی و فرزندان یعقوب و... به هنگام بحث از گروندگان به آیین حقّ با لفظ "اسلام" و "مسلم" و "مسلمین" یاد فرموده، چنانچه در سوره آل عمران آیه ۱۹ می‌فرماید: "همانا دین نزد خدا اسلام است."

إِنَّ الدِّينَ عِنْدَ اللَّهِ الْإِسْلَامُ ۗ وَمَا اخْتَلَفَ الَّذِينَ أُوتُوا الْكِتَابَ إِلَّا مِنْ بَعْدِ مَا جَاءَهُمُ الْعِلْمُ بَغْيًا بَيْنَهُمْ ۗ وَمَنْ يَكْفُرْ بِآيَاتِ اللَّهِ فَإِنَّ اللَّهَ سَرِيعُ الْحِسَابِ

در سوره حج آیه ۷۸ می‌فرماید: "آیین پدرتان ابراهیم بود، که قبلاً شما را مسلمان نامید."

وَجَاهِدُوا فِي اللَّهِ حَقَّ جِهَادِهِ ۚ هُوَ اجْتَبَاكُمْ وَمَا جَعَلَ عَلَيْكُمْ فِي الدِّينِ مِنْ حَرَجٍ ۚ مِلَّةَ أَبِيكُمْ إِبْرَاهِيمَ ۚ هُوَ سَمَّاكُمُ الْمُسْلِمِينَ مِنْ قَبْلُ وَفِي هَٰذَا لِيَكُونَ الرَّسُولُ شَهِيدًا عَلَيْكُمْ وَتَكُونُوا شُهَدَاءَ عَلَى النَّاسِ ۚ فَأَقِيمُوا الصَّلَاةَ وَآتُوا الزَّكَاةَ وَاعْتَصِمُوا بِاللَّهِ هُوَ مَوْلَاكُمْ ۖ فَنِعْمَ الْمَوْلَىٰ وَنِعْمَ النَّصِيرُ

و در سوره نمل آیه ۴۳ می‌فرماید: " با سلیمان برای خداوندی که پروردگار عالمیان است. اسلام آوردم." (از زبان بلقیس)

وَصَدَّهَا مَا كَانَتْ تَعْبُدُ مِنْ دُونِ اللَّهِ ۖ إِنَّهَا كَانَتْ مِنْ قَوْمٍ كَافِرِينَ

و در سوره آل عمران آیه ۵۲ از زبان حواریّون حضرت عیسی (علیه السلام) می‌فرماید: "ما یاوران خداییم به خدا ایمان آوردیم و تو گواه باش که ما اسلام آوردیم."

فَلَمَّا أَحَسَّ عِيسَىٰ مِنْهُمُ الْكُفْرَ قَالَ مَنْ أَنْصَارِي إِلَى اللَّهِ ۖ قَالَ الْحَوَارِيُّونَ نَحْنُ أَنْصَارُ اللَّهِ آمَنَّا بِاللَّهِ وَاشْهَدْ بِأَنَّا مُسْلِمُونَ

و آیات ۸۴ و ۸۵ سوره آل عمران و آیه ۳۶ سوره ذاریات، ۱۳۳ سوره بقره و آیه‌های ۲۱ و ۳۳ سوره فصلّت از تمامی این آیات استفاده می‌شود که همه شرایع آسمانی در زبان صاحب شریعت "اسلام" نام داشته است، اگر چه ما آن‌ها را به نام‌های یهودیّت، مسحیّت و غیر آن می‌شناسیم.

سوره آل عمران آیات ۸۴ و ۸۵:

قُلْ آمَنَّا بِاللَّهِ وَمَا أُنْزِلَ عَلَيْنَا وَمَا أُنْزِلَ عَلَىٰ إِبْرَاهِيمَ وَإِسْمَاعِيلَ وَإِسْحَاقَ وَيَعْقُوبَ وَالْأَسْبَاطِ وَمَا أُوتِيَ مُوسَىٰ وَعِيسَىٰ وَالنَّبِيُّونَ مِنْ رَبِّهِمْ لَا نُفَرِّقُ بَيْنَ أَحَدٍ مِنْهُمْ وَنَحْنُ لَهُ مُسْلِمُونَ

وَمَنْ يَبْتَغِ غَيْرَ الْإِسْلَامِ دِينًا فَلَنْ يُقْبَلَ مِنْهُ وَهُوَ فِي الآخِرَةِ مِنَ الْخَاسِرِينَ

سوره ذاریات آیه ۳۶:

فَمَا وَجَدْنَا فِيهَا غَيْرَ بَيْتٍ مِنَ الْمُسْلِمِينَ

سوره بقره آیه ۱۳۳:

أَمْ كُنْتُمْ شُهَدَاءَ إِذْ حَضَرَ يَعْقُوبَ الْمَوْتُ إِذْ قَالَ لِبَنِيهِ مَا تَعْبُدُونَ مِنْ بَعْدِي قَالُوا نَعْبُدُ إِلَٰهَكَ وَإِلَٰهَ آبَائِكَ إِبْرَاهِيمَ وَإِسْمَاعِيلَ وَإِسْحَاقَ إِلَٰهًا وَاحِدًا وَنَحْنُ لَهُ مُسْلِمُونَ

سوره فصلت آیات ۲۱و۳۳:

وَقَالُوا لِجُلُودِهِمْ لِمَ شَهِدْتُمْ عَلَيْنَا ۖ قَالُوا أَنْطَقَنَا اللَّهُ الَّذِي أَنْطَقَ كُلَّ شَيْءٍ وَهُوَ خَلَقَكُمْ أَوَّلَ مَرَّةٍ وَإِلَيْهِ تُرْجَعُونَ

وَمَنْ أَحْسَنُ قَوْلًا مِمَّنْ دَعَا إِلَى اللَّهِ وَعَمِلَ صَالِحًا وَقَالَ إِنَّنِي مِنَ الْمُسْلِمِينَ

هیچ منافاتی هم ندارد که نام کلّی ادیان آسمانی در نزد خدای تعالی همان اسلام بوده است. زیرا ریشهٔ همه ادیان آسمانی یکی است و آن ریشهٔ گسترده‌ای است که از زمان حضرت آدم ابوالبشر توسط پیک وحی بر دل پیامبران درخشیده و با رسالت خاتم الانبیاء که درود خدا بر او و خاندانش باد به اوج کمال و تمام رسیده است. و هدیه است که اسلام آن را به مدنیّت بشر اهداء کرده است.

اسلام آمده است تا همهٔ امّت‌ها و ملّت‌ها را متّحد ساخته، آن‌ها را به یک ملّت و امّت تبدیل نماید. و اساس همهٔ تضادها و برخوردها و اختلاف‌ها را که از کفر و شرک مایه می‌گیرد از ریشه بخشکاند و تمام اختلاف‌ها و قومیت‌ها، نژادها، ملی و وطنی، جغرافیایی و حتّی اختلاف‌های دینی را از میان ببرد تا جایی که همه در برابر خدای تعالی خاضع شوند و تنها خدای یگانه را بپرستند. و در سایهٔ حکومت، یک دینی و یک رهبری و قانون و با خوشبختی و سعادت زندگی کنند.

منکران معاد می‌گویند: "بعد از آنکه جسم انسان از بین رفت چگونه ممکن است این بدن با همهٔ جزئیات و اعضای گوناگونش دوباره زنده شود و همهٔ دقت‌ها و پیچیدگی‌هایی که اکنون در جسم انسان وجود دارد، در بدن جدید رعایت گردد؟"

خداوند سبحان در پاسخ به این سؤال به آفرینش آسمان‌ها و زمین اشاره نموده و با مقایسه آن با آفرینش جسم انسان می‌فرمایند: "ای منکران رستاخیز آیا آفرینش شما پیچیده‌تر و دشوارتر است یا آفرینش آسمان پر ستاره‌ای که خدا آن را به شکل و هیأت خاص ساخته است؟

نظم شگفت انگیزی که بر آسمان ها حاکم است به گونه‌ایست که هر چیزی با اندازه‌گیری دقیق در جای خود قرار دارد و اجرام آسمان‌ها و هم چون ماه و خورشید و ستارگان آن‌چنان دقیق در مسیر تعیین شده حرکت می‌کنند.

بعد از آفرینش آسمان به خلقت زمین و ظرافت‌ها و پیچیدگی‌های که در آن به کار رفته است اشاره می‌کند و به هدف از آفرینش پیچیدهٔ آسمان‌ها و زمین می‌فرماید: "خداوند

این همه را برای آن آفریده تا شما انسان‌ها بتوانید نیازهای زندگی خود و حیوانات‌تان را برآورده سازید."

مَتَاعًا لَكُمْ وَلِأَنْعَامِكُمْ

پس خداوندی که برای تأمین نیازمندی‌های مادی و محدود انسان آسمان‌ها و زمین را با این عظمت و با توجه به ریزه‌کاری‌های بسیار طراحی و ساماندهی کرده است، به راحتی قادر است، جسم انسان را برای زندگی اُخروی و نامحدود دوباره بسازد و انسان‌ها را دوباره زنده کند و اقتضای ربّوبیّت او این است که روزی انسان‌ها را به پاداش اعمال نیک و کیفر گناهانشان برساند پس بدون تردید چنین روزی فرا خواهد رسید.

به فرمودهٔ قرآن قبل از برپایی آن روز موعود یعنی قیامت شِش حادثه بزرگ اتفاق می‌افتد:

۱- خورشید در هم می‌پیچد و از بین می‌رود. (سوره شمس _ تکویر ۱)

بِسْمِ اللَّهِ الرَّحْمَٰنِ الرَّحِيمِ إِذَا الشَّمْسُ كُوِّرَتْ

۲- با متلاشی شدن خورشید سیارات منظومه شمسی که نور خود را از خورشید می‌گیرند، نیز تیره و تار می‌شوند و حرکات منظم آن‌ها مختل می‌شود. (تکویر ۲)

وَإِذَا النُّجُومُ انْكَدَرَتْ

۳-زمین از مدار خود خارج شده و توازن و آرامش آن مختل می‌شود.

۴- کوه‌ها به جنبش و حرکت در می‌آیند که مهار و استوانهٔ زمین هستند. بدین ترتیب لرزش‌های شدید زمین، کوه‌ها را نیز به لرزش در آورده و از جا کنده می‌شوند. (تکویر ۳)

۱. (نازعات ۳۳)

وَإِذَا الْجِبَالُ سُيِّرَتْ

۵- شدت هول و وحشت آن روز به قدری است که هر انسانی نفیس‌ترین اموال خود را فراموش می‌کند و از شدت وحشت دور هم جمع می‌شوند. (تکویر ۵)

وَإِذَا الْوُحُوشُ حُشِرَتْ

۶-و دریاها برافروخته شده و طغیان می‌کنند.

بعد از شش تحول عظیم مقدمات رستاخیز رخ می‌دهد:

وَإِذَا النُّفُوسُ زُوِّجَتْ

نخست هر روحی به جسم خود بازگردانده می‌شود و آمادهٔ پاسخگویی به اعمال خود می‌شود .(تکویر ۷)

وَإِذَا النُّفُوسُ زُوِّجَتْ

به دادگاه عدل الهی فراخوانده می‌شوند و به خاطر اعمال ناشایست و ظلم‌هایی که مرتکب شده بودند محاکمه و مجازات می‌شوند. (روز قضاوت)

خداوند ریشه رفتار کافران را بی‌توجّهی و عدم اعتقاد به روز قیامت می‌داند و به همین جهت حقوق دیگران را نادیده گرفته و خود را از دیگران برتر می‌دانند و حقوق مردم را ناجوانمردانه پایمال می‌کنند و همین امر موجب خشم و غضب خداوند نسبت به این افراد ظالم و ستمگر می‌شود. به همین جهت سوال می‌فرماید: " آیا آنان گمان نمی‌برند که روزی برای محاسبه اعمالشان برانگیخته می‌شوند."

فجار کسانی هستند که به واسطه کثرت گناهان و کفر و بی‌ایمانی کاملاً از دایره

۱. (سوره مطففین ۵) لِيَوْمٍ عَظِيمٍ

انسانیّت خارج شده‌اند. منشأ و علت تکذیب روز جزا این نیست که دلایل و استدلال‌هایی مربوط به معاد آن‌ها را قانع نکرده است. بلکه مشکل اصلی این است که آن‌ها به گناه و تجاوز به حقوق دیگران عادت کرده‌اند و گناه شیوه‌ی عادی زندگی‌شان شده است. **چرا که تنها افراد تجاوزگر و گناه پیشه، روز رستاخیز را انکار می‌کنند.**[1]

هنگامی که آیات قرآن بر آن‌ها تلاوت می‌شود می‌گویند: " این‌ها افسانه‌هایی است که پیشینیان ساخته و پرداخته‌اند."[2]

بیان این مسئله مهم است که زندگی انسان محدود به دنیا نیست، و او در آخرین مرحلهٔ زندگی خود به ناچار باید با خدا ملاقات کند و پاسخگوی اعمال خود باشد و آن را هنگامی می‌داند که زمین و آسمان آخرین منزل خود را طی نموده و کاملاً متلاشی شوند. در این هنگام انسان‌ها به ملاقات خدا خواهند شتافت و گروهی با مِهر خدا را ملاقات می‌کنند و گروهی با قهر با خدا مواجه می‌شوند. بنابراین ملاقات انسان با خدا با پایان یافتن عمر زمین و آسمان است. قرآن در مورد آن روز می‌فرماید: " و هنگامی که زمین از مدار خود خارج شده و به سویی کشیده شود و آنچه در درون دارد بیرون افکند و از درون تهی گردد..."[3]

به کار بردن این عبارت در مورد آسمان و زمین نشان‌گر آن است که همه هستی گوش به فرمان و تسلیم خداوند است. **و هر چیزی بنابر قانون الهی روزی باید به نقطه پایان خود برسد و انسان نیز به عنوان یکی از مخلوقات خداوند تابع قوانین و سنت‌های الهی است.** و همان‌گونه که آسمان و زمین روزی به کمال نهایی خود می‌رسند، انسان نیز روزی به آخرین مرحله کمال خود خواهد رسید با این تفاوت که انسان در این مرحله از بین نمی‌رود، بلکه به ملاقات خدا می‌شتابد هم چنان که می‌فرماید: " ای انسان به یقین تو با جدیت به سوی پروردگارت در حرکتی و سرانجام

۱. (سوره مطففین ۱۲) وَمَا يُكَذِّبُ بِهِ إِلَّا كُلُّ مُعْتَدٍ أَثِيمٍ
۲. (سوره مطففین ۱۳) إِذَا تُتْلَىٰ عَلَيْهِ آيَاتُنَا قَالَ أَسَاطِيرُ الْأَوَّلِينَ
۳. (سوره انشقاق ۳و۴) وَإِذَا الْأَرْضُ مُدَّتْ. وَأَلْقَتْ مَا فِيهَا وَتَخَلَّتْ

او را دیدار می‌کنی."

منظور از ملاقات با خدا این است که انسان سرانجام در محکمه‌ای حضور می‌یابد، که در آن هیچ حکمی جز حکم خدا جاری نیست و هیچ مانعی بر سر راه اجرای حکم وجود ندارد. کافران گمان می‌کردند چنانچه امروزه نیز چنین تصوراتی دارند که زندگی دنیا پایان خط سیر زندگی انسان است و هیچ‌گاه به جهان دیگری منتقل نمی‌شوند و برای حساب و جزا به سوی پروردگار باز نمی‌گردند. پس خداوند می‌فرماید: " ای انسان تو در حال حرکت به سوی ملاقات با خدا هستی." یعنی این دنیا پایان زندگی انسان نیست. ولی کافران با دل بستن به دنیای زودگذر از ملاقات با خدا در آخرت غفلت می‌کنند و به ارتکاب گناهان و انس گرفتن با دنیا مشغول هستند و خدای سبحان بعد از این همه دلایل روشن و واضح برای تحوّل جهان مادی انسان هم جزئی از آن است. از سر تعجّب از پیامبر (صلی الله علیه و آله) سؤال می‌کند: " این‌ها را چه می‌شود که به این حقیقت ایمان نمی‌آورند و در برابر آن تسلیم نمی‌شوند."

و با این حال این که از پیامبر (صلی الله علیه و آله) می‌خواهد که این حقایق را به همگان یادآور شود یادآور شود. که اگر خداوند از تو می‌خواهد که تنها به تذکر و یادآوری حقایق بسنده کنید. از این جهت است که **اصولاً امور اعتقادی و عاطفی قابل اجبار نیست و می‌فرماید:" تو نمی‌توانی آن‌ها را بر پذیرش دین مجبور کنی."** بنابراین لزومی ندارد به افرادی که از حقّ روی گرداند و کسانی که کفر ورزیده‌اند. اصرار کرده و آن‌ها را به سوی خدا دعوت کنند.

و آنگاه برای دل‌داری پیامبر و تهدید کافران می‌فرماید: "بازگشت آن‌ها به سوی ماست و حساب اعمال‌شان بر عهده ما خواهد بود."

۱. (سوره انشقاق ۶) يَا أَيُّهَا الْإِنْسَانُ إِنَّكَ كَادِحٌ إِلَىٰ رَبِّكَ كَدْحًا فَمُلَاقِيهِ
۲. (سوره انشقاق ۲۱و۲۲) وَإِذَا قُرِئَ عَلَيْهِمُ الْقُرْآنُ لَا يَسْجُدُونَ بَلِ الَّذِينَ كَفَرُوا يُكَذِّبُونَ
۳. (سوره غاشیه ۲۳) إِلَّا مَنْ تَوَلَّىٰ وَكَفَرَ
۴. (سوره غاشیه ۲۶) ثُمَّ إِنَّ عَلَيْنَا حِسَابَهُمْ

بخش دوم
سفارشات خداوند برای آگاه شدن انسان‌ها در مورد بشر، خلقت و قیامت

فصل اول: سفارشات خداوند در مورد بشر

"خدا شما را از شکم مادرانتان بیرون می‌آورد، در حالی که چیزی نمی‌دانستید و به شما نعمت گوش چشم و عقل داد تا با آن‌ها حقایق را بفهمید و برای آن شکر کنید."
(سوره نحل ۸۷)

۱ سفارشات خداوند برای آگاه شدن انسانها در مورد بشر، خلقت و قیامت

فصل اول: سفارشات خداوند در مورد بشر

انعام ۲ و ۳ = هم اوست که شما را از گِل آفرید و مدتی برای زندگی‌تان مشخص کرد. البته مدت قطعی عمرتان را خدا می‌داند و بس.[1]

هُوَ الَّذِي خَلَقَكُمْ مِنْ طِينٍ ثُمَّ قَضَىٰ أَجَلًا ۖ وَأَجَلٌ مُسَمًّى عِنْدَهُ ۖ ثُمَّ أَنْتُمْ تَمْتَرُونَ

وَهُوَ اللَّهُ فِي السَّمَاوَاتِ وَفِي الْأَرْضِ ۖ يَعْلَمُ سِرَّكُمْ وَجَهْرَكُمْ وَيَعْلَمُ مَا تَكْسِبُونَ

آن وقت شما در یکتایی‌اش شک و شبهه می‌کنید؟ او یگانه خدای آسمان‌ها و زمین است که هم ظاهر و هم باطن‌تان را می‌داند و هم کارهای خوب و یا بدتان را می‌داند.

یونس ۱۹ = انسان‌های نخستین[2] مردمی خدا پرست بودند. که کم کم دچار اختلافات عقیده‌ای شدند. در نتیجه گروهی خداپرست ماندند و گروهی هم بت پرست شدند. اگر خدا مقدر نکرده بود که مردم مدتی در زمین زندگی کنند. با نابودی بت پرست‌ها حتماً به اختلافاتشان خاتمه می‌داد.

وَمَا كَانَ النَّاسُ إِلَّا أُمَّةً وَاحِدَةً فَاخْتَلَفُوا ۚ وَلَوْلَا كَلِمَةٌ سَبَقَتْ مِنْ رَبِّكَ لَقُضِيَ بَيْنَهُمْ فِيمَا فِيهِ يَخْتَلِفُونَ. **بنی اسرائیل (اسراء) ۱۳-۱۵** = در قیامت پروندۀ اعمال هر کسی را بیرون می‌کشیم و جلوی رویش باز می‌کنیم: "بخوان پروندۀ اعمالت را همین بس که امروز، خودت حسابرس خودت باشی." هر که در راه درست قدم بردارد، سودش

[1] (اجل دو گونه است: ۱- اجل معلّق، غیر حتمی و تغییر پذیر است. ۲- اجل مسمّا، حتمی و تغییر ناپذیر. اجل معلّق، مرگ زودرس است و عجل مسمّا، مرگ طبیعی به جز حوادث و بلایا، برخی گناهان، مثل قطع رحم و عاق والدین نیز مرگ طبیعی را به مرگ زودرس تبدیل می‌کنند.)مترجم قرآن صفحه ۱۲۸

[2] (انسان‌های نخستین یعنی مردمی که از زمان حضرت آدم تا زمان حضرت نوح زندگی می‌کردند.)

به جیب خودش می‌رود و هر که به بیراهه برود، دودش به چشم خودش می‌رود. **کسی بار گناه کسی را بر دوش نمی‌کشد. البته تا پیامبری را برای اتمام حجت نفرستاده‌ایم، هیچ ملتی را مجازات نکرده‌ایم.**

وَكُلَّ إِنْسَانٍ أَلْزَمْنَاهُ طَائِرَهُ فِي عُنُقِهِ ۖ وَنُخْرِجُ لَهُ يَوْمَ الْقِيَامَةِ كِتَابًا يَلْقَاهُ مَنْشُورًا

اقْرَأْ كِتَابَكَ كَفَىٰ بِنَفْسِكَ الْيَوْمَ عَلَيْكَ حَسِيبًا

مَنِ اهْتَدَىٰ فَإِنَّمَا يَهْتَدِي لِنَفْسِهِ ۖ وَمَنْ ضَلَّ فَإِنَّمَا يَضِلُّ عَلَيْهَا ۚ وَلَا تَزِرُ وَازِرَةٌ وِزْرَ أُخْرَىٰ ۗ وَمَا كُنَّا مُعَذِّبِينَ حَتَّىٰ نَبْعَثَ رَسُولًا

غافر ۲۱ -۲۲ = مگر به گوشه و کنار دنیا سفر نکرده‌اند تا ببینند آخر عاقبت کسانی که قبل از آن‌ها زندگی می‌کرده‌اند چه شده؟ روی زمین، آن‌ها خیلی قوی‌تر و پیشرفته‌تر از این‌ها بودند. خدا هم به سزای گناهانشان گیرشان انداخت و در برابر خدا حمایت‌کننده‌ای نداشتند. این عذاب برای آن بود که پیامبران‌شان دلیل‌های روشنی برای ایشان آوردند، ولی آن‌ها نپذیرفتند خدا هم گریبان‌شان را گرفت. آخر او نیرومند است و مجازاتش شدید.

أَوَلَمْ يَسِيرُوا فِي الْأَرْضِ فَيَنْظُرُوا كَيْفَ كَانَ عَاقِبَةُ الَّذِينَ كَانُوا مِنْ قَبْلِهِمْ ۚ كَانُوا هُمْ أَشَدَّ مِنْهُمْ قُوَّةً وَآثَارًا فِي الْأَرْضِ فَأَخَذَهُمُ اللَّهُ بِذُنُوبِهِمْ وَمَا كَانَ لَهُمْ مِنَ اللَّهِ مِنْ وَاقٍ

ذَٰلِكَ بِأَنَّهُمْ كَانَتْ تَأْتِيهِمْ رُسُلُهُمْ بِالْبَيِّنَاتِ فَكَفَرُوا فَأَخَذَهُمُ اللَّهُ ۚ إِنَّهُ قَوِيٌّ شَدِيدُ الْعِقَابِ.

فصلت ۶-۸ = بگو: " من آدمی هستم مثل شما، با این فرق که به من وحی می‌شود. معبودتان معبودی یگانه است. پس در پرستش او ثابت قدم باشید و از او آمرزش بخواهید."

وای بر مشرکان، همان کسانی که صدقه نمی‌دهند و آخرت را باور ندارند، در مقابل مسلمانانی که کارهای خوب کرده‌اند، پاداشی بی پایان در انتظارشان است.

قُلْ إِنَّمَا أَنَا بَشَرٌ مِثْلُكُمْ يُوحَىٰ إِلَيَّ أَنَّمَا إِلَٰهُكُمْ إِلَٰهٌ وَاحِدٌ فَاسْتَقِيمُوا إِلَيْهِ وَاسْتَغْفِرُوهُ ۗ وَوَيْلٌ

لِلْمُشْرِكِينَ

آل عمران ۱۴۹-۱۵۰ = مسلمانان اگر از بی دین‌ها فرمان ببرید، شما را به دوران غم‌بار گذشته می‌برند و از دین اسلام بر می‌گردانند، در نتیجه سرمایهٔ عمرتان را می‌بازید، به آن‌ها تکیه نکنید و بلکه خدا همه کارهٔ شماست و او بهترین یاری دهنده است.

يَا أَيُّهَا الَّذِينَ آمَنُوا إِنْ تُطِيعُوا الَّذِينَ كَفَرُوا يَرُدُّوكُمْ عَلَىٰ أَعْقَابِكُمْ فَتَنْقَلِبُوا خَاسِرِينَ

بَلِ اللَّهُ مَوْلَاكُمْ ۖ وَهُوَ خَيْرُ النَّاصِرِينَ

آل عمران ۱۸۰ = کسانی که بخل ورزیدند از نعمت‌هایی که خدا از سر لطفش به آن‌ها داده است، به نیازمندان نمی‌دهد. خیال نکنند که این کار به سودشان است اتفاقاً به ضررشان تمام می‌شود. تا روز قیامت چیزهایی که درباره‌اش بخیل بودند، طوق لعنتی می‌شود بر گردن‌شان آخر سر هم فقط خدا وارث آسمان‌ها و زمین است. خدا از کارهای‌تان آگاه است.

وَلَا يَحْسَبَنَّ الَّذِينَ يَبْخَلُونَ بِمَا آتَاهُمُ اللَّهُ مِنْ فَضْلِهِ هُوَ خَيْرًا لَهُمْ ۖ بَلْ هُوَ شَرٌّ لَهُمْ ۖ سَيُطَوَّقُونَ مَا بَخِلُوا بِهِ يَوْمَ الْقِيَامَةِ ۗ وَلِلَّهِ مِيرَاثُ السَّمَاوَاتِ وَالْأَرْضِ ۗ وَاللَّهُ بِمَا تَعْمَلُونَ خَبِيرٌ

انعام ۸۴-۸۷ = به ابراهیم، اسحاق و یعقوب را بخشیدیم و دست تک تک‌شان را گرفتیم. البته قبل از آن به نوح کمک کرده بودیم. از نسل ابراهیم هم دست این‌ها را گرفتیم. داوود ، سلیمان، ایوب، یوسف، موسی و هارون، بله به درستکاران اینطور پاداش می‌دهیم. دست زکریّا، یحیی، عیسی و الیاس را هم گرفتیم. آنان جزوه شایستگان بودند. دست اسماعیل، یسع، یونس و لوط را هم گرفتیم و همگی‌شان را بر جهانیان برتری دادیم و نیز گروهی را از پدران و فرزندان و برادران‌شان را برتری دادیم و آن‌ها را برگزیدیم و به راه درست زندگی سوقشان دادیم.

وَوَهَبْنَا لَهُ إِسْحَاقَ وَيَعْقُوبَ ۚ كُلًّا هَدَيْنَا ۚ وَنُوحًا هَدَيْنَا مِنْ قَبْلُ ۖ وَمِنْ ذُرِّيَّتِهِ دَاوُودَ وَسُلَيْمَانَ

وَأَيُّوبَ وَيُوسُفَ وَمُوسَىٰ وَهَارُونَ ۚ وَكَذَٰلِكَ نَجْزِي الْمُحْسِنِينَ

وَزَكَرِيَّا وَيَحْيَىٰ وَعِيسَىٰ وَإِلْيَاسَ ۖ كُلٌّ مِنَ الصَّالِحِينَ

وَإِسْمَاعِيلَ وَالْيَسَعَ وَيُونُسَ وَلُوطًا ۚ وَكُلًّا فَضَّلْنَا عَلَى الْعَالَمِينَ

وَمِنْ آبَائِهِمْ وَذُرِّيَّاتِهِمْ وَإِخْوَانِهِمْ ۖ وَاجْتَبَيْنَاهُمْ وَهَدَيْنَاهُمْ إِلَىٰ صِرَاطٍ مُسْتَقِيمٍ

انعام ۱۶۱-۱۶۴ = بگو: " خدا مرا به راه درست زندگی برده است. به دین مستحکم، همان دین ابراهیم میانه‌رو. بله، او هرگز بت پرست نبود." بگو: " نماز و عبادت‌هایم و زندگی‌ام و مرگم همه برای خداست، که صاحب اختیار جهانیان است. درحالی که هیچ‌گونه شریکی ندارد. به من دستور داده شده که این‌طور باشم. بله من سرآمدِ مسلمانان‌ام." بالاخره بگو: " با آنکه صاحب اختیار همه چیز است دنبال خدایی غیر از او باشم؟ **هر که کاری بکند فقط به عهدهٔ خودش است و کسی بار گناه کسی را بر دوش نمی‌کشد** دست آخر بسوی خداست برگشت‌تان. بعد با خبرتان می‌کند از هر چیزی که سرش اختلاف داشته‌اید.

قُلْ إِنَّنِي هَدَانِي رَبِّي إِلَىٰ صِرَاطٍ مُسْتَقِيمٍ دِينًا قِيَمًا مِلَّةَ إِبْرَاهِيمَ حَنِيفًا ۚ وَمَا كَانَ مِنَ الْمُشْرِكِينَ

قُلْ إِنَّ صَلَاتِي وَنُسُكِي وَمَحْيَايَ وَمَمَاتِي لِلَّهِ رَبِّ الْعَالَمِينَ

لَا شَرِيكَ لَهُ ۖ وَبِذَٰلِكَ أُمِرْتُ وَأَنَا أَوَّلُ الْمُسْلِمِينَ

قُلْ أَغَيْرَ اللَّهِ أَبْغِي رَبًّا وَهُوَ رَبُّ كُلِّ شَيْءٍ ۚ وَلَا تَكْسِبُ كُلُّ نَفْسٍ إِلَّا عَلَيْهَا ۚ وَلَا تَزِرُ وَازِرَةٌ وِزْرَ أُخْرَىٰ ۚ ثُمَّ إِلَىٰ رَبِّكُمْ مَرْجِعُكُمْ فَيُنَبِّئُكُمْ بِمَا كُنْتُمْ فِيهِ تَخْتَلِفُونَ

لَا شَرِيكَ لَهُ ۖ وَبِذَٰلِكَ أُمِرْتُ وَأَنَا أَوَّلُ الْمُسْلِمِينَ

قُلْ أَغَيْرَ اللَّهِ أَبْغِي رَبًّا وَهُوَ رَبُّ كُلِّ شَيْءٍ ۚ وَلَا تَكْسِبُ كُلُّ نَفْسٍ إِلَّا عَلَيْهَا ۚ وَلَا تَزِرُ وَازِرَةٌ وِزْرَ أُخْرَىٰ ۚ ثُمَّ إِلَىٰ رَبِّكُمْ مَرْجِعُكُمْ فَيُنَبِّئُكُمْ بِمَا كُنْتُمْ فِيهِ تَخْتَلِفُونَ

اعراف ۲۹- ۳۰ = بگو "خدا به رعایتِ عدالت و اعتدال دستور داده است. و به اینکه در هر نمازی با تمام وجودتان به خدا توجه کنید و از تَه دل صدایش بزنید." همان‌طور که اول بار آفریده‌تان دوباره در حالی زنده می‌شوید که طبق لیاقت افراد دست عده‌ای را گرفته است و عده‌ای هم به حال خودشان رها شده‌اند. زیرا زیر چتر دوستی شیطان‌ها رفته بودند نه خدا. تازه خیال هم می‌کردند در راه درست هستند.

قُلْ أَمَرَ رَبِّي بِالْقِسْطِ ۖ وَأَقِيمُوا وُجُوهَكُمْ عِنْدَ كُلِّ مَسْجِدٍ وَادْعُوهُ مُخْلِصِينَ لَهُ الدِّينَ ۚ كَمَا بَدَأَكُمْ تَعُودُونَ

فَرِيقًا هَدَىٰ وَفَرِيقًا حَقَّ عَلَيْهِمُ الضَّلَالَةُ ۗ إِنَّهُمُ اتَّخَذُوا الشَّيَاطِينَ أَوْلِيَاءَ مِنْ دُونِ اللَّهِ وَيَحْسَبُونَ أَنَّهُمْ مُهْتَدُونَ

نحل ۴۵-۴۷ = کسانی که با حیله‌گری مرتکب کارهای زشت می‌شوند، آیا مطمئن‌اند که خدا آن‌ها را در قعر زمین فرو نمی‌برد؟ یا از جایی که فکرش را هم نمی‌کنند عذاب سراغ‌شان نمی‌آید؟ یا با همان پیشرفت‌های مادی‌شان طوری عذاب‌شان نمی‌کند که دیگر نتوانند حریف خدا بشوند؟ یا با عذابی هشداردهنده گرفتارشان می‌کند تا به خود بیایند. آخر خدا دلسوز مهربان است.

أَفَأَمِنَ الَّذِينَ مَكَرُوا السَّيِّئَاتِ أَنْ يَخْسِفَ اللَّهُ بِهِمُ الْأَرْضَ أَوْ يَأْتِيَهُمُ الْعَذَابُ مِنْ حَيْثُ لَا يَشْعُرُونَ

أَوْ يَأْخُذَهُمْ فِي تَقَلُّبِهِمْ فَمَا هُمْ بِمُعْجِزِينَ

أَوْ يَأْخُذَهُمْ عَلَىٰ تَخَوُّفٍ فَإِنَّ رَبَّكُمْ لَرَءُوفٌ رَحِيمٌ**نحل ۵۳-۵۶** = هر نعمتی که در اختیار شماست از طرف خداست، تا مشکلات به سراغتان می‌آید. رو به خدا فریاد می‌کشید اما همین که مشکلات‌تان را برطرف می‌کند، عده‌ای از شما علت دیگری را برطرف کنندهٔ مشکلات می‌پندارید! آخرش هم نعمت‌هایی را که به آن‌ها داده‌ایم ناشکری می‌کنند...

در رسیدن آن چه روزی‌شان کرده‌ایم علت‌هایی را سهیم می‌دانند که از تأثیرات‌شان

اطلاع دقیقی ندارند به خدا قسم به خاطر این دروغ‌بافی‌هایتان بازخواست می‌شوید.

وَمَا بِكُمْ مِنْ نِعْمَةٍ فَمِنَ اللَّهِ ۖ ثُمَّ إِذَا مَسَّكُمُ الضُّرُّ فَإِلَيْهِ تَجْأَرُونَ

ثُمَّ إِذَا كَشَفَ الضُّرَّ عَنْكُمْ إِذَا فَرِيقٌ مِنْكُمْ بِرَبِّهِمْ يُشْرِكُونَ

لِيَكْفُرُوا بِمَا آتَيْنَاهُمْ ۚ فَتَمَتَّعُوا ۖ فَسَوْفَ تَعْلَمُونَ

وَيَجْعَلُونَ لِمَا لَا يَعْلَمُونَ نَصِيبًا مِمَّا رَزَقْنَاهُمْ ۗ تَاللَّهِ لَتُسْأَلُنَّ عَمَّا كُنْتُمْ تَفْتَرُونَ

نحل ۷۱ = خدا بعضی‌تان را از نظر استقلال مالی، بر بعضی دیگر برتری داده است. کسانی که این ویژگی را دارند حاضر نیستند این حق‌شان را به زیردستان‌شان واگذارند تا همه از نظر استقلال مالی با هم برابر باشند. آیا این‌ها این نعمت الهی را انکار می‌کنند؟

وَاللَّهُ فَضَّلَ بَعْضَكُمْ عَلَىٰ بَعْضٍ فِي الرِّزْقِ ۚ فَمَا الَّذِينَ فُضِّلُوا بِرَادِّي رِزْقِهِمْ عَلَىٰ مَا مَلَكَتْ أَيْمَانُهُمْ فَهُمْ فِيهِ سَوَاءٌ ۚ أَفَبِنِعْمَةِ اللَّهِ يَجْحَدُونَ

نحل ۸۲-۸۳ = اگر با وجود این همه نعمت، باز سرپیچی کردند غم مخور وظیفه شما فقط رساندن صریح پیام الهی است. نعمت‌های خدا را می‌شناسند. اما نادیده‌اش می‌گیرند و بیشترشان ناشکر اند.

فَإِنْ تَوَلَّوْا فَإِنَّمَا عَلَيْكَ الْبَلَاغُ الْمُبِينُ

يَعْرِفُونَ نِعْمَتَ اللَّهِ ثُمَّ يُنْكِرُونَهَا وَأَكْثَرُهُمُ الْكَافِرُونَ

بنی اسرائیل (اسرا) ۲۰-۲۱ = برای هر دو گروه دنیا طلب و آخرت خواه زمینه رسیدن به خواسته‌هایشان را فراهم می‌کنیم. استفاده از موقعیتی که خدا آماده می‌کند برای کسی ممنوع نیست.

ببین مردم را چطور با تلاش‌های دنیایی‌شان بر همدیگر برتری می‌دهیم. مسلماً

تلاش‌های مربوط به آخرت را در سطحی عالی‌تر و با برتری‌هایی بیشتر پاداش می‌دهیم.

كُلًّا نُمِدُّ هَٰؤُلَاءِ وَهَٰؤُلَاءِ مِنْ عَطَاءِ رَبِّكَ ۚ وَمَا كَانَ عَطَاءُ رَبِّكَ مَحْظُورًا

انْظُرْ كَيْفَ فَضَّلْنَا بَعْضَهُمْ عَلَىٰ بَعْضٍ ۚ وَلَلْآخِرَةُ أَكْبَرُ دَرَجَاتٍ وَأَكْبَرُ تَفْضِيلًا

حج ۵-۱۱ = ای مردم، اگر درباره زنده شدن بعد از مرگ شک دارید. ببینید که ما جدّتان آدم را از خاک آفریده ایم، شما را هم در چند مرحله می‌آفرینیم از ذرّه‌ای ناچیز و بعدش از لخته خون، آن وقت از تکه گوشتی کامل یا ناقص، با این سیر تکاملی به شما ثابت می کنیم که زنده شدنِ مرده ها ممکن است.

جنین‌هایی را که صلاح بدانیم، حدود نه ماه در شکم مادران نگه می‌داریم، بعد شما را بصورت نوزاد به دنیا می‌آوریم کم کم بزرگ‌تان می‌کنیم تا به جوانی برسید. بعضی‌هایتان در میانسالی از دنیا می روند و بعضی‌هایتان به سخت ترین دورهٔ زندگی یعنی پیری می‌رسید تا بعد ار عمری کسب معلومات، دچار حواس برتی بشوند.

زمین را در زمستان خشک و بی روح می‌بینی ولی وقتی از برف و باران سیرابش می‌کنیم به جنب و جوش می‌افتد و انواع گیاهان را می‌رویاند.

این قدرت‌نمایی‌ها از سر آن است که خدا حقیقتی آشکار است و دائم بی‌جان‌ها را جان می‌دهد و از عهدهٔ هر کاری بر می‌آید.

قیامت بی‌هیچ شکی آمدنی است و خدا تک‌تک آن‌هایی را که در قبرها هستند. دوباره زنده می‌کند. عده‌ای هم هستندکه دربارهٔ این قدرت خدا چون و چرا می‌کنند. آن هم بدون دلیل عقلی یا الهام درونی یا استفاده به کتاب روشن‌گر آسمانی، تازه قیافهٔ روشن‌فکری هم می‌گیرند، تا مردم را از راه خدا به در کنند. این جماعت در همین دنیا رسوا می‌شوند و در آخرت هم مزهٔ عذاب سوزان جهنم را به آن‌ها می‌چشانیم. این عذاب تقاص همان کارهایی است که قبلاً کرده‌اند. وگرنه خدا به بندگان کمترین ظلمی نمی‌کند.

بعضی‌ها هم هستند که خدا را با منفعت‌طلبی می‌پرستند. اگر خیری به آن‌ها برسد دلگرم به آن‌اند و اگر به شرّی دچار شوند به هم می‌ریزند! این‌ها نه دنیا دارند نه آخرت این است همان ورشکستگی جبران‌ناپذیر.

يَا أَيُّهَا النَّاسُ إِنْ كُنْتُمْ فِي رَيْبٍ مِنَ الْبَعْثِ فَإِنَّا خَلَقْنَاكُمْ مِنْ تُرَابٍ ثُمَّ مِنْ نُطْفَةٍ ثُمَّ مِنْ عَلَقَةٍ ثُمَّ مِنْ مُضْغَةٍ مُخَلَّقَةٍ وَغَيْرِ مُخَلَّقَةٍ لِنُبَيِّنَ لَكُمْ ۚ وَنُقِرُّ فِي الْأَرْحَامِ مَا نَشَاءُ إِلَىٰ أَجَلٍ مُسَمًّى ثُمَّ نُخْرِجُكُمْ طِفْلًا ثُمَّ لِتَبْلُغُوا أَشُدَّكُمْ ۖ وَمِنْكُمْ مَنْ يُتَوَفَّىٰ وَمِنْكُمْ مَنْ يُرَدُّ إِلَىٰ أَرْذَلِ الْعُمُرِ لِكَيْلَا يَعْلَمَ مِنْ بَعْدِ عِلْمٍ شَيْئًا ۚ وَتَرَى الْأَرْضَ هَامِدَةً فَإِذَا أَنْزَلْنَا عَلَيْهَا الْمَاءَ اهْتَزَّتْ وَرَبَتْ وَأَنْبَتَتْ مِنْ كُلِّ زَوْجٍ بَهِيجٍ

ذَٰلِكَ بِأَنَّ اللَّهَ هُوَ الْحَقُّ وَأَنَّهُ يُحْيِي الْمَوْتَىٰ وَأَنَّهُ عَلَىٰ كُلِّ شَيْءٍ قَدِيرٌ

وَأَنَّ السَّاعَةَ آتِيَةٌ لَا رَيْبَ فِيهَا وَأَنَّ اللَّهَ يَبْعَثُ مَنْ فِي الْقُبُورِ

وَمِنَ النَّاسِ مَنْ يُجَادِلُ فِي اللَّهِ بِغَيْرِ عِلْمٍ وَلَا هُدًى وَلَا كِتَابٍ مُنِيرٍ

ثَانِيَ عِطْفِهِ لِيُضِلَّ عَنْ سَبِيلِ اللَّهِ ۖ لَهُ فِي الدُّنْيَا خِزْيٌ ۖ وَنُذِيقُهُ يَوْمَ الْقِيَامَةِ عَذَابَ الْحَرِيقِ

وَمِنَ النَّاسِ مَنْ يَعْبُدُ اللَّهَ عَلَىٰ حَرْفٍ ۖ فَإِنْ أَصَابَهُ خَيْرٌ اطْمَأَنَّ بِهِ ۖ وَإِنْ أَصَابَتْهُ فِتْنَةٌ انْقَلَبَ عَلَىٰ وَجْهِهِ خَسِرَ الدُّنْيَا وَالْآخِرَةَ ۚ ذَٰلِكَ هُوَ الْخُسْرَانُ الْمُبِينُ

سجده ۱۲ = کاش این گناه‌کارها را آن وقتی می‌دیدی که در محضر خدا سرافکنده‌اند و التماس می‌کنند: "خدایا حقایق را دیدیم و شنیدیم به دنیا ما را برگردان تا کارهای خوب بکنیم، ما دیگر قیامت را باور کرده‌ایم."

وَلَوْ تَرَىٰ إِذِ الْمُجْرِمُونَ نَاكِسُو رُءُوسِهِمْ عِنْدَ رَبِّهِمْ رَبَّنَا أَبْصَرْنَا وَسَمِعْنَا فَارْجِعْنَا نَعْمَلْ صَالِحًا إِنَّا مُوقِنُونَ

سبا ۲۸ = تو را فقط برای این فرستادیم که بامژده رساندن و هشدار دادن، بازدارنده مردم از گناه باشی. ولی بیشتر مردم نمی‌دانند، که اگر معبود دیگری داشتند باید برایشان پیامبری می‌فرستاد.

وَمَا أَرْسَلْنَاكَ إِلَّا كَافَّةً لِلنَّاسِ بَشِيرًا وَنَذِيرًا وَلَٰكِنَّ أَكْثَرَ النَّاسِ لَا يَعْلَمُونَ

سبا ۳۴-۳۸ = در هر شهری که پیامبر هشدار دهنده‌ای فرستادیم مرفّه‌هان گفتند: "دینی که مأمور رساندنش هستید ما باور نمی‌کنیم." و اضافه کردند: "ما اموال و اولاد بیشتری داریم همین نشانهٔ نزدیکی ما به خداست. در آخرت هم عذاب نمی‌شویم." بگو: "خدا روزیِ هر که را صلاح بداند زیاد یا کم می‌کند و ربطی ندارد به نزدیکی یا دوری از خدا، ولی بیشتر مردم این حقیقت را نمی‌دانند.

"وَمَا أَرْسَلْنَا فِي قَرْيَةٍ مِنْ نَذِيرٍ إِلَّا قَالَ مُتْرَفُوهَا إِنَّا بِمَا أُرْسِلْتُمْ بِهِ كَافِرُونَ

وَقَالُوا نَحْنُ أَكْثَرُ أَمْوَالًا وَأَوْلَادًا وَمَا نَحْنُ بِمُعَذَّبِينَ

قُلْ إِنَّ رَبِّي يَبْسُطُ الرِّزْقَ لِمَنْ يَشَاءُ وَيَقْدِرُ وَلَٰكِنَّ أَكْثَرَ النَّاسِ لَا يَعْلَمُونَ

وَمَا أَمْوَالُكُمْ وَلَا أَوْلَادُكُمْ بِالَّتِي تُقَرِّبُكُمْ عِنْدَنَا زُلْفَىٰ إِلَّا مَنْ آمَنَ وَعَمِلَ صَالِحًا فَأُولَٰئِكَ لَهُمْ جَزَاءُ الضِّعْفِ بِمَا عَمِلُوا وَهُمْ فِي الْغُرُفَاتِ آمِنُونَ

وَالَّذِينَ يَسْعَوْنَ فِي آيَاتِنَا مُعَاجِزِينَ أُولَٰئِكَ فِي الْعَذَابِ مُحْضَرُونَ

فاطر ۲۳-۲۴ = تو هشدار دهنده‌ای و بس ما تو را به حقّ فرستادیم تا مژده‌رسان و هشداردهنده باشی. هر ملّتی آمده، هشدار دهنده‌ای در میانشان بوده است.

إِنْ أَنْتَ إِلَّا نَذِيرٌ

إِنَّا أَرْسَلْنَاكَ بِالْحَقِّ بَشِيرًا وَنَذِيرًا ۚ وَإِنْ مِنْ أُمَّةٍ إِلَّا خَلَا فِيهَا نَذِيرٌ

زُمر ۴۹ = وقتی انسان مشکلی برایش پیش بیاید، ما را صدا می‌زند ولی همین که از طرف خودمان نعمتی به او مرحمت کنیم می‌گوید: "این با شَمّ اقتصادی، خودم گیرم آمده است." نه، بلکه آزمایش است از طرف خداوند، ولی بیشترشان سِّرَش را نمی‌دانند.

فَإِذَا مَسَّ الْإِنْسَانَ ضُرٌّ دَعَانَا ثُمَّ إِذَا خَوَّلْنَاهُ نِعْمَةً مِنَّا قَالَ إِنَّمَا أُوتِيتُهُ عَلَىٰ عِلْمٍ ۚ بَلْ هِيَ فِتْنَةٌ وَلَٰكِنَّ أَكْثَرَهُمْ لَا يَعْلَمُونَ

غافر ۵۷-۵۹ = با اینکه آفرینش آسمان‌ها و زمین باشکوه‌تر از آفرینش انسان است، بیشتر مردم نمی‌دانند نه کور دل با بینا یکی است، و نه مؤمنان درستکار با بدکارها، حیف که کمتر به خود می‌آیید. **قیامت حتماً آمدنی است و شکی در آن نیست ولی بیشتر مردم باورش نمی‌کنند.**

لَخَلْقُ السَّمَاوَاتِ وَالْأَرْضِ أَكْبَرُ مِنْ خَلْقِ النَّاسِ وَلَٰكِنَّ أَكْثَرَ النَّاسِ لَا يَعْلَمُونَ

وَمَا يَسْتَوِي الْأَعْمَىٰ وَالْبَصِيرُ وَالَّذِينَ آمَنُوا وَعَمِلُوا الصَّالِحَاتِ وَلَا الْمُسِيءُ ۚ قَلِيلًا مَا تَتَذَكَّرُونَ

إِنَّ السَّاعَةَ لَآتِيَةٌ لَا رَيْبَ فِيهَا وَلَٰكِنَّ أَكْثَرَ النَّاسِ لَا يُؤْمِنُونَ

غافر ۷۸ = از تو پیامبرانی را فرستادیم. که داستان عدّه‌ای از آن را برایت گفته‌ایم و داستان عدّه‌ای دیگر را برایت نگفته‌ایم، بنای هیچ پیامبری این نیست که بی‌اجازهٔ خدا عذاب بیاورد. **وقتی فرمان حتمی خدا برسد عادلانه داوری خواهد شد و آنجاست که اهل باطل می‌بینند. سرمایهٔ عمرشان بر باد رفته است.**

وَلَقَدْ أَرْسَلْنَا رُسُلًا مِنْ قَبْلِكَ مِنْهُمْ مَنْ قَصَصْنَا عَلَيْكَ وَمِنْهُمْ مَنْ لَمْ نَقْصُصْ عَلَيْكَ ۗ وَمَا كَانَ لِرَسُولٍ أَنْ يَأْتِيَ بِآيَةٍ إِلَّا بِإِذْنِ اللَّهِ ۚ فَإِذَا جَاءَ أَمْرُ اللَّهِ قُضِيَ بِالْحَقِّ وَخَسِرَ هُنَالِكَ الْمُبْطِلُونَ

جاثیه ۲۲ = خدا آسمان‌ها و زمین را بر اساس حکمت آفرید تا تک تک افراد بی آن که به آن‌ها ستم شود، به جزای کارهایشان برسند.

وَخَلَقَ اللَّهُ السَّمَاوَاتِ وَالْأَرْضَ بِالْحَقِّ وَلِتُجْزَىٰ كُلُّ نَفْسٍ بِمَا كَسَبَتْ وَهُمْ لَا يُظْلَمُونَ

معارج ۱۹-۲۸ = انسان نوعاً کم ظرفیت است. وقتی شرّی به او برسد، بی‌تابی می‌کند و وقتی خیری به او برسد بُخل می‌ورزد. مگر نمازگزارانی که نماز را همیشه

می‌خوانند و در اموال‌شان سهم مشخصی برای محرومان و فقیران کنار می‌گذارند، باور به روز جزا را در عمل نشان می‌دهند و از عذاب خدا در هراسند. آخر عذاب خدا چیزی نیست که بتوانند از آن در امان بمانند.

إِنَّ الْإِنْسَانَ خُلِقَ هَلُوعًا

إِذَا مَسَّهُ الشَّرُّ جَزُوعًا

وَإِذَا مَسَّهُ الْخَيْرُ مَنُوعًا

إِلَّا الْمُصَلِّينَ

الَّذِينَ هُمْ عَلَىٰ صَلَاتِهِمْ دَائِمُونَ

وَإِذَا مَسَّهُ الْخَيْرُ مَنُوعًا

إِلَّا الْمُصَلِّينَ

الَّذِينَ هُمْ عَلَىٰ صَلَاتِهِمْ دَائِمُونَ

وَالَّذِينَ فِي أَمْوَالِهِمْ حَقٌّ مَعْلُومٌ

لِلسَّائِلِ وَالْمَحْرُومِ

وَالَّذِينَ يُصَدِّقُونَ بِيَوْمِ الدِّينِ

وَالَّذِينَ هُمْ مِنْ عَذَابِ رَبِّهِمْ مُشْفِقُونَ

إِنَّ عَذَابَ رَبِّهِمْ غَيْرُ مَأْمُونٍ

معارج ۳۲-۳۵ = این نمازگزاران در امانت‌داری مواظب‌اند و سر قول‌شان می‌ایستند و هر وقت لازم باشد حاضرم شهادت به حقّ بدهند و نمازش آن را با آداب و شرایطش

می خوانند. آن‌ها در باغ های بهشتی شایسته احترام هستند.

وَالَّذِينَ هُمْ لِأَمَانَاتِهِمْ وَعَهْدِهِمْ رَاعُونَ

وَالَّذِينَ هُمْ بِشَهَادَاتِهِمْ قَائِمُونَ

وَالَّذِينَ هُمْ عَلَىٰ صَلَاتِهِمْ يُحَافِظُونَ ، أُولَٰئِكَ فِي جَنَّاتٍ مُكْرَمُونَ

انسان ۲۷-۲۸ = مردم گناه‌کار و بی دین دو دستی به دنیای زودگذر چسبیده‌اند و به روز طاقت فرسای قیامت بی‌اعتنایند .

إِنَّ هَٰؤُلَاءِ يُحِبُّونَ الْعَاجِلَةَ وَيَذَرُونَ وَرَاءَهُمْ يَوْمًا ثَقِيلًا

نَحْنُ خَلَقْنَاهُمْ وَشَدَدْنَا أَسْرَهُمْ ۖ وَإِذَا شِئْنَا بَدَّلْنَا أَمْثَالَهُمْ تَبْدِيلًا

طارق ۱- ۱۰ = به آسمان قسم و به ستارهٔ شب چه می‌دانی چیست ستارهٔ شب؟ ستاره‌ای درخشان است به آن قسم که هر کسی نگهبانی دارد.

انسان باید ببینید که از چه چیزی آفریده شده است از چکّه آبی ناچیز آفریده شده که از میان ستون فقرات و استخوان‌های سینه بیرون می‌آید. خدا می‌تواند بعد از مرگ هم زنده‌اش کند روزی که آشکار شود اسرار، آن وقت انسان نتوان دارد و نه یار.

بِسْمِ اللَّهِ الرَّحْمَٰنِ الرَّحِيمِ

وَالسَّمَاءِ وَالطَّارِقِ

وَمَا أَدْرَاكَ مَا الطَّارِقُ

النَّجْمُ الثَّاقِبُ

إِنْ كُلُّ نَفْسٍ لَمَّا عَلَيْهَا حَافِظٌ

فَلْيَنْظُرِ الْإِنْسَانُ مِمَّ خُلِقَ

خُلِقَ مِنْ مَاءٍ دَافِقٍ

يَخْرُجُ مِنْ بَيْنِ الصُّلْبِ وَالتَّرَائِبِ

إِنَّهُ عَلَىٰ رَجْعِهِ لَقَادِرٌ

يَوْمَ تُبْلَى السَّرَائِرُ

فَمَا لَهُ مِنْ قُوَّةٍ وَلَا نَاصِرٍ

تین ۱-۸ = به تین و زیتون قسم، به کوه سینا قسم، به شهر امن و آرام مکّه قسم، که انسان‌ها را به بهترین شکل آفریده‌ایم بعد آن‌ها را به خاطر دچار شدن انحطاط اعتقادی و اخلاقی به طرف جهنم می‌کشانیم، مگر کسانی که اسلام بیاورند و کارهای خوب بکنند که برایشان پاداشی بی پایان است، با این حال دربارهٔ روز جزا چه کسی به تو نسبت دروغ می‌دهد؟ مگر خدا عادل‌تر از همه داوران نیست؟

بِسْمِ اللَّهِ الرَّحْمَٰنِ الرَّحِيمِ

وَالتِّينِ وَالزَّيْتُونِ

وَطُورِ سِينِينَ

وَهَٰذَا الْبَلَدِ الْأَمِينِ

لَقَدْ خَلَقْنَا الْإِنْسَانَ فِي أَحْسَنِ تَقْوِيمٍ

ثُمَّ رَدَدْنَاهُ أَسْفَلَ سَافِلِينَ

إِلَّا الَّذِينَ آمَنُوا وَعَمِلُوا الصَّالِحَاتِ فَلَهُمْ أَجْرٌ غَيْرُ مَمْنُونٍ

فَمَا يُكَذِّبُكَ بَعْدُ بِالدِّينِ

أَلَيْسَ اللَّهُ بِأَحْكَمِ الْحَاكِمِينَ

لقمان ۲۰ = مگر نمی‌بینید که خدا تمام مواد و موجودات را در آسمان‌ها و زمین در اختیارتان گذاشته است و شما را غرق نعمت‌های ظاهری و باطنی خودش کرده است.

أَلَمْ تَرَوْا أَنَّ اللَّهَ سَخَّرَ لَكُمْ مَا فِي السَّمَاوَاتِ وَمَا فِي الْأَرْضِ وَأَسْبَغَ عَلَيْكُمْ نِعَمَهُ ظَاهِرَةً وَبَاطِنَةً ۗ وَمِنَ النَّاسِ مَنْ يُجَادِلُ فِي اللَّهِ بِغَيْرِ عِلْمٍ وَلَا هُدًى وَلَا كِتَابٍ مُنِيرٍ

ق ۱۶ = البته انسان را ما آفریده‌ایم و وسوسه‌های درونی‌اش را خوب می‌دانیم چون که ما از رگ گردن به او نزدیکتریم.

وَلَقَدْ خَلَقْنَا الْإِنْسَانَ وَنَعْلَمُ مَا تُوَسْوِسُ بِهِ نَفْسُهُ ۖ وَنَحْنُ أَقْرَبُ إِلَيْهِ مِنْ حَبْلِ الْوَرِيدِ

مرسلات ۲۰-۲۸ = مگر شما را از چکّه آبی ناچیز نیافریدیم و آن را در جایی مطمئن یعنی در رحم مادر تا مدتی معین نگذاشتیم؟ بعد ویژگی‌های خاصّی به او نداده‌ایم؟ و از عهده این کار به خوبی برنیامده‌ایم آن روز وای بر منکر آن قیامت. مگر زمین را محل گنجایش زنده‌ها و مردها نکردیم؟ و کوه‌های ریشه دار نگذاشتیم و آبی گوارا را به شما ننوشاندیم؟ آن روز وای بر منکران قیامت.

أَلَمْ نَخْلُقْكُمْ مِنْ مَاءٍ مَهِينٍ، فَجَعَلْنَاهُ فِي قَرَارٍ مَكِينٍ إِلَىٰ قَدَرٍ مَعْلُومٍ، فَقَدَرْنَا فَنِعْمَ الْقَادِرُونَ، وَيْلٌ يَوْمَئِذٍ لِلْمُكَذِّبِينَ، أَلَمْ نَجْعَلِ الْأَرْضَ كِفَاتًا، أَحْيَاءً وَأَمْوَاتًا، وَجَعَلْنَا فِيهَا رَوَاسِيَ شَامِخَاتٍ وَأَسْقَيْنَاكُمْ مَاءً فُرَاتًا، وَيْلٌ يَوْمَئِذٍ لِلْمُكَذِّبِينَ.

بخش دوم
سفارشات خداوند برای آگاه شدن انسان‌ها در مورد بشر، خلقت و قیامت

فصل دوم: سفارشات خداوند در مورد خلقت

"هم در رفت و آمد شب و روز، در برف و بارانی که خدا از آسمان می‌فرستد، تا به برکتش زمین را بعد از مردنش زنده کند، و هم در گردش بادها، نشانه‌هایی از یکتایی خدا برای مردمی است، که عقل‌شان را به کار می‌اندازد."
(سوره جاثیه ۵)

۲ سفارشات خداوند برای آگاه شدن انسانها در مورد بشر، خلقت و قیامت

سفارشات خداوند در مورد خلقت

فصلت ۹-۱۲ = "بگو چرا شما وجود کسی را انکار می‌کنید. که زمین را در دو مرحله آفرید و برایش همتایانی قرار می‌دهید؟ چنین کسی صاحب جهانیان است. در زمین و روی آن کوه‌هایی استوار پدید آورد، و زمین را سرشار از برکت کرد و در تمام فصل‌های چهارگانه به اندازهٔ نیاز همه موجودات مواد غذایی آفرید. آن وقت به آفرینش آسمان پرداخت، در حالی که آسمان از تودهٔ گازی فشرده تشکیل شده بود. به آسمان و زمین فرمان داد خواسته و ناخواسته به صحنه وجود بیایند." گفتند: "ما همه با کمال میل آمدیم." آن توده گازی را در دو مرحله به صورت هفت آسمان منظم ساخت و کارهای هر آسمان را به فرشتگان همان آسمان وحی کرد. آسمان دنیا را هم با چراغ ستاره‌ها چشم نوا ساختیم و از دسترسی شیطان حفظ‌اش کردیم این است اندازه‌گیری آن شکست ناپذیر دانا.

قُلْ أَئِنَّكُمْ لَتَكْفُرُونَ بِالَّذِي خَلَقَ الْأَرْضَ فِي يَوْمَيْنِ وَتَجْعَلُونَ لَهُ أَنْدَادًا ۚ ذَٰلِكَ رَبُّ الْعَالَمِينَ

وَجَعَلَ فِيهَا رَوَاسِيَ مِنْ فَوْقِهَا وَبَارَكَ فِيهَا وَقَدَّرَ فِيهَا أَقْوَاتَهَا فِي أَرْبَعَةِ أَيَّامٍ سَوَاءً لِلسَّائِلِينَ

ثُمَّ اسْتَوَىٰ إِلَى السَّمَاءِ وَهِيَ دُخَانٌ فَقَالَ لَهَا وَلِلْأَرْضِ ائْتِيَا طَوْعًا أَوْ كَرْهًا قَالَتَا أَتَيْنَا طَائِعِينَ

فَقَضَاهُنَّ سَبْعَ سَمَاوَاتٍ فِي يَوْمَيْنِ وَأَوْحَىٰ فِي كُلِّ سَمَاءٍ أَمْرَهَا ۚ وَزَيَّنَّا السَّمَاءَ الدُّنْيَا بِمَصَابِيحَ وَحِفْظًا ۚ ذَٰلِكَ تَقْدِيرُ الْعَزِيزِ الْعَلِيمِ

جاثیه ۱۲-۱۳ = خدا دریاها را به خدمت‌تان در آورده است، تا کشتی‌ها بخواست

او در آن حرکت کنند و بتوانند از نعمت‌های بیش از اندازهٔ او بهره‌مند شوید، و تا شکر کنید.

او همه مخلوقاتش را در آسمان‌ها و زمین به خدمتتان در آورده است. در این کار نشانه‌هایی از یکتایی خداست برای مردمی که فکرشان را به کار می‌اندازد.

اللَّهُ الَّذِي سَخَّرَ لَكُمُ الْبَحْرَ لِتَجْرِيَ الْفُلْكُ فِيهِ بِأَمْرِهِ وَلِتَبْتَغُوا مِنْ فَضْلِهِ وَلَعَلَّكُمْ تَشْكُرُونَ

وَسَخَّرَ لَكُمْ مَا فِي السَّمَاوَاتِ وَمَا فِي الْأَرْضِ جَمِيعًا مِنْهُ ۚ إِنَّ فِي ذَٰلِكَ لَآيَاتٍ لِقَوْمٍ يَتَفَكَّرُونَ

احقاف ۳ = آسمان‌ها و زمین و آنچه را میان آن‌هاست. بر اساس حکمت و برای مدتی معیّن آفریده‌ایم. ولی بی‌دین‌ها از هشدارهایی که به آن‌ها می‌دهند رو برمی‌گردانند.

مَا خَلَقْنَا السَّمَاوَاتِ وَالْأَرْضَ وَمَا بَيْنَهُمَا إِلَّا بِالْحَقِّ وَأَجَلٍ مُسَمًّى ۚ وَالَّذِينَ كَفَرُوا عَمَّا أُنْذِرُوا مُعْرِضُونَ

الرحمن ۱-۱۳ = خدای رحمان قرآن را یاد می‌دهد، انسان را می‌آفریند، و به او حرف زدن می‌آموزد، خورشید و ماه با حسابی دقیق می‌گردند، و گیاهان و درختان در برابر خدا سجده می‌کنند. خدا هم آسمان را برافراشته و هم وسایل اندازه‌گیری را وضع کرده است. شما هم در کشیدن کالاها کم و زیاد نکنید و دقیق وزن کنید و با دست‌کاری ترازوها کم نفروشید. **زمین را برای زندگی مردم آماده کرده در آن میوه‌های گوناگون است و نخل‌های خرما با خوشه‌های پوشیده در پوسته و دانه‌های سبوس‌دار و گیاهان خوشبو، خوب شما جن و انس کدام از نعمت‌های خدا را انکار می‌کنید؟**

الرَّحْمَٰنُ

عَلَّمَ الْقُرْآنَ

خَلَقَ الْإِنْسَانَ

عَلَّمَهُ الْبَيَانَ

الشَّمْسُ وَالْقَمَرُ بِحُسْبَانٍ

وَالنَّجْمُ وَالشَّجَرُ يَسْجُدَانِ

وَالسَّمَاءَ رَفَعَهَا وَوَضَعَ الْمِيزَانَ

أَلَّا تَطْغَوْا فِي الْمِيزَانِ

وَأَقِيمُوا الْوَزْنَ بِالْقِسْطِ وَلَا تُخْسِرُوا الْمِيزَانَ

وَالْأَرْضَ وَضَعَهَا لِلْأَنَامِ

فِيهَا فَاكِهَةٌ وَالنَّخْلُ ذَاتُ الْأَكْمَامِ

وَالْحَبُّ ذُو الْعَصْفِ وَالرَّيْحَانُ

فَبِأَيِّ آلَاءِ رَبِّكُمَا تُكَذِّبَانِ

یونس۵-۶ =اوست که خورشید را درخشان و ماه را تابان کرده است، و ماه را به شکل‌های مختلفی در آورده، تا شمارش سال‌ها و حساب و کتاب کارها را بدانیم، خدا این‌ها را فقط بر اساس حکمت آفریده است، او نشانه‌هایش را برای مردم خوش فهم بیان می‌کند.

یونس ۱۰۱: بگو به شگفتی‌های آفرینش در آسمان‌ها و زمین خوب نگاه کنید که چطور به ایمان آئردن دعوتتان می کنند.

این نشانه‌ها و آن هشدارها برای جماعتی که ایمان نمی‌آورند چه سودی دارد؟

قُلِ انْظُرُوا مَاذَا فِي السَّمَاوَاتِ وَالْأَرْضِ ۚ وَمَا تُغْنِي الْآيَاتُ وَالنُّذُرُ عَنْ قَوْمٍ لَا يُؤْمِنُونَ

هود ۷ = هم اوست که آسمان‌ها و زمین را و آنچه میان آن دو است، در طول شش مرحله آفرید، و فرمان‌روایی‌اش بر جهان بر اساس آگاهی است.

هدف از آفرینش این بود که امتحان‌تان کند تا ببیند کدامتان بهتر رفتار می‌کنید.

وَهُوَ الَّذِي خَلَقَ السَّمَاوَاتِ وَالْأَرْضَ فِي سِتَّةِ أَيَّامٍ وَكَانَ عَرْشُهُ عَلَى الْمَاءِ لِيَبْلُوَكُمْ أَيُّكُمْ أَحْسَنُ عَمَلًا ۗ وَلَئِنْ قُلْتَ إِنَّكُمْ مَبْعُوثُونَ مِنْ بَعْدِ الْمَوْتِ لَيَقُولَنَّ الَّذِينَ كَفَرُوا إِنْ هَٰذَا إِلَّا سِحْرٌ مُبِينٌ

رعد ۳ = هم اوست که خشکی‌های زمین را گسترش داد، و روی آن کوه‌ها و رودها را پدید آورد. انواع میوه‌ها هم روی زمین آفرید. او شب‌ها و روزها را پدید آورد. او شب‌ها و روزها را در طول سال، کم کم، بلند و کوتاه می‌کند. در این همه تنوع نشانه‌هایی از یکتایی خداست.

وَهُوَ الَّذِي مَدَّ الْأَرْضَ وَجَعَلَ فِيهَا رَوَاسِيَ وَأَنْهَارًا ۖ وَمِنْ كُلِّ الثَّمَرَاتِ جَعَلَ فِيهَا زَوْجَيْنِ اثْنَيْنِ ۖ يُغْشِي اللَّيْلَ النَّهَارَ ۚ إِنَّ فِي ذَٰلِكَ لَآيَاتٍ لِقَوْمٍ يَتَفَكَّرُونَ

انبیا ۳۰-۳۳ = کافران می‌دانند که در آغاز آفرینش آسمان‌ها و زمین به هم چسبیده بودند، و ما از هم جدا شان کردیم؟ هر موجود زنده‌ای را هم به آب وابسته کردیم؟ پس چرا باور نمی‌کنند؟ اداره جهان به دست ماست. در زمین کوه‌هایی ریشه‌دار گذاشتیم تا زمین با لرزه‌های دائمی‌اش زندگی مردم را به هم نریزد و در آن راه‌هایی پهناور گذاشتیم تا مردم راحت به مقصدهایشان برسند. آسمان را هم مثل سقفی قرار دادیم، و از دسترسی شیاطین حفظش کردیم کافران به نشانه‌های ما در آسمان بی‌اعتنایند. **اوست کسی که شب و روز و ماه را آفریده است. که هر یک‌شان در مداری حرکت می‌کند.**

أَوَلَمْ يَرَ الَّذِينَ كَفَرُوا أَنَّ السَّمَاوَاتِ وَالْأَرْضَ كَانَتَا رَتْقًا فَفَتَقْنَاهُمَا ۖ وَجَعَلْنَا مِنَ الْمَاءِ كُلَّ شَيْءٍ حَيٍّ ۖ أَفَلَا يُؤْمِنُونَ

وَجَعَلْنَا فِي الْأَرْضِ رَوَاسِيَ أَنْ تَمِيدَ بِهِمْ وَجَعَلْنَا فِيهَا فِجَاجًا سُبُلًا لَعَلَّهُمْ يَهْتَدُونَ

وَجَعَلْنَا السَّمَاءَ سَقْفًا مَحْفُوظًا ۖ وَهُمْ عَنْ آيَاتِهَا مُعْرِضُونَ

وَهُوَ الَّذِي خَلَقَ اللَّيْلَ وَالنَّهَارَ وَالشَّمْسَ وَالْقَمَرَ ۖ كُلٌّ فِي فَلَكٍ يَسْبَحُونَ

وَجَعَلْنَا السَّمَاءَ سَقْفًا مَحْفُوظًا ۖ وَهُمْ عَنْ آيَاتِهَا مُعْرِضُونَ

وَهُوَ الَّذِي خَلَقَ اللَّيْلَ وَالنَّهَارَ وَالشَّمْسَ وَالْقَمَرَ ۖ كُلٌّ فِي فَلَكٍ يَسْبَحُونَ

روم ۲۳-۲۴ = از نشانه‌های او آفرینش آسمان‌ها و زمین و گوناگونی زبان‌ها و رنگ‌های شماست. در این همه تنوع، برای افراد خوش فهم نشانه‌هایی از یکتایی خداست. از نشانه‌های او این است که برق آسمان را نشان می‌دهد که مایه بیم و امیدتان است. از آسمان هم برف و باران می‌فرستند تا به برکتش زمین را بعد از مردنش زنده کند. در این پدیده‌ها نشانه‌هایی از یکتایی خداست، برای مردمی که عقل شان را به کار می‌اندازد.

وَمِنْ آيَاتِهِ مَنَامُكُمْ بِاللَّيْلِ وَالنَّهَارِ وَابْتِغَاؤُكُمْ مِنْ فَضْلِهِ ۚ إِنَّ فِي ذَٰلِكَ لَآيَاتٍ لِقَوْمٍ يَسْمَعُونَ

وَمِنْ آيَاتِهِ يُرِيكُمُ الْبَرْقَ خَوْفًا وَطَمَعًا وَيُنَزِّلُ مِنَ السَّمَاءِ مَاءً فَيُحْيِي بِهِ الْأَرْضَ بَعْدَ مَوْتِهَا ۚ إِنَّ فِي ذَٰلِكَ لَآيَاتٍ لِقَوْمٍ يَعْقِلُونَ

یس ۳۳-۴۰ = در زمین‌های مرده نشانه‌ای از یکتایی خداست. زمین‌ها را زنده می‌کنیم، و از دلش دانه‌های مختلفی می‌رویانیم تا از آن تغذیه کنند. باغ‌های خرما و انواع انگور در آن پدید می‌آوریم و چشمه‌ها در آن می‌جوشانیم، تا از میوهٔ آن باغ‌ها استفاده کنند، در حالی که خودشان میوه را عمل نیاورده‌اند. پس چرا شکر نمی‌کنند؟ **شگفتا کسی که همه نرها و ماده‌ها را آفرید. از نباتات و حیوانات گرفته تا خود انسان‌ها و موجودات ناشناخته.**

وَآيَةٌ لَهُمُ الْأَرْضُ الْمَيْتَةُ أَحْيَيْنَاهَا وَأَخْرَجْنَا مِنْهَا حَبًّا فَمِنْهُ يَأْكُلُونَ

وَجَعَلْنَا فِيهَا جَنَّاتٍ مِنْ نَخِيلٍ وَأَعْنَابٍ وَفَجَّرْنَا فِيهَا مِنَ الْعُيُونِ

لِيَأْكُلُوا مِنْ ثَمَرِهِ وَمَا عَمِلَتْهُ أَيْدِيهِمْ ۖ أَفَلَا يَشْكُرُونَ

سُبْحَانَ الَّذِي خَلَقَ الْأَزْوَاجَ كُلَّهَا مِمَّا تُنْبِتُ الْأَرْضُ وَمِنْ أَنْفُسِهِمْ وَمِمَّا لَا يَعْلَمُونَ

وَآيَةٌ لَهُمُ اللَّيْلُ نَسْلَخُ مِنْهُ النَّهَارَ فَإِذَا هُمْ مُظْلِمُونَ

وَآيَةٌ لَهُمُ اللَّيْلُ نَسْلَخُ مِنْهُ النَّهَارَ فَإِذَا هُمْ مُظْلِمُونَ

وَالشَّمْسُ تَجْرِي لِمُسْتَقَرٍّ لَهَا ۚ ذَٰلِكَ تَقْدِيرُ الْعَزِيزِ الْعَلِيمِ

وَالْقَمَرَ قَدَّرْنَاهُ مَنَازِلَ حَتَّىٰ عَادَ كَالْعُرْجُونِ الْقَدِيمِ

لَا الشَّمْسُ يَنْبَغِي لَهَا أَنْ تُدْرِكَ الْقَمَرَ وَلَا اللَّيْلُ سَابِقُ النَّهَارِ ۚ وَكُلٌّ فِي فَلَكٍ يَسْبَحُونَ

زمر ۵ = آسمان‌ها و زمین را بر اساس حکمت آفرید. در طول سال مدتی شب‌ها بلند و روزها را کوتاه می‌کند، و مدتی روزها را بلند و شب‌ها را کوتاه. خورشید و ماه را هم در خدمتتان گذاشته است. هر یک از آن‌ها مدتی معیّن در مدار خود می‌گردد. بدانید او شکست ناپذیر آمرزنده است.

خَلَقَ السَّمَاوَاتِ وَالْأَرْضَ بِالْحَقِّ ۖ يُكَوِّرُ اللَّيْلَ عَلَى النَّهَارِ وَيُكَوِّرُ النَّهَارَ عَلَى اللَّيْلِ ۖ وَسَخَّرَ الشَّمْسَ وَالْقَمَرَ ۖ كُلٌّ يَجْرِي لِأَجَلٍ مُسَمًّى ۗ أَلَا هُوَ الْعَزِيزُ الْغَفَّارُ

شوری ۲۸-۲۹ = اوست که باران رحمتش را بعد از آنکه مردم از آمدنش ناامید شده‌اند فرو می‌فرستد، و طبیعت را سرسبز و پربار می‌کند. هم اوست که سروری ستودنی است. از نشانه‌های او است، آفرینش آسمان‌ها و زمین و گونه‌های جانوری که در آن پراکنده است. این همه را او هر زمان اراده کند می‌تواند یک جا جمع کند.

وَهُوَ الَّذِي يُنَزِّلُ الْغَيْثَ مِنْ بَعْدِ مَا قَنَطُوا وَيَنْشُرُ رَحْمَتَهُ ۚ وَهُوَ الْوَلِيُّ الْحَمِيدُ

وَمِنْ آيَاتِهِ خَلْقُ السَّمَاوَاتِ وَالْأَرْضِ وَمَا بَثَّ فِيهِمَا مِنْ دَابَّةٍ ۚ وَهُوَ عَلَىٰ جَمْعِهِمْ إِذَا يَشَاءُ

قَدِيرٌ

ق ۶-۱۱ = مگر آسمان بالای سرشان را نمی‌بینند که آن را چطور برافراشتیم؟ و با خورشید و ماه و ستاره‌ها چشم نوازش کردیم، و هیچ شکافی در آن نیست. در زمین خشکی‌ها را گسترش دادیم و کوه‌های پابرجا را به آن پیچ کردیم و انواع گیاهان با طراوت را در آن رویاندیم. تا مایهٔ بصیرت و به خود آمدن باشد. برای هر بنده‌ای که رو به درگاه خدا بیاورد.

از آسمان برف و بارانی پر برکت فرستادیم تا با آن باغ‌های میوه و غلّه‌های درو گردانی پرورش دهید. نخل‌های بلند قامتِ خرما با خوشه‌های سوار بر هم. تا رزق و روزی بنده‌ها باشد. **با آن آب زمین‌های مرده را زنده می‌کنیم. بله زنده شدن مرده‌ها هم همین طور است.**

أَفَلَمْ يَنْظُرُوا إِلَى السَّمَاءِ فَوْقَهُمْ كَيْفَ بَنَيْنَاهَا وَزَيَّنَّاهَا وَمَا لَهَا مِنْ فُرُوجٍ

وَالْأَرْضَ مَدَدْنَاهَا وَأَلْقَيْنَا فِيهَا رَوَاسِيَ وَأَنْبَتْنَا فِيهَا مِنْ كُلِّ زَوْجٍ بَهِيجٍ

تَبْصِرَةً وَذِكْرَىٰ لِكُلِّ عَبْدٍ مُنِيبٍ

وَنَزَّلْنَا مِنَ السَّمَاءِ مَاءً مُبَارَكًا فَأَنْبَتْنَا بِهِ جَنَّاتٍ وَحَبَّ الْحَصِيدِ

وَالنَّخْلَ بَاسِقَاتٍ لَهَا طَلْعٌ نَضِيدٌ

رِزْقًا لِلْعِبَادِ ۖ وَأَحْيَيْنَا بِهِ بَلْدَةً مَيْتًا ۚ كَذَٰلِكَ الْخُرُوجُ

ذاریات ۴۸-۴۹ = زمین را پهن کردیم و برای زندگی خوب آماده‌اش ساختیم. موجودات را دوقطبی آفریدیم، مثبت و منفی یا نر و ماده شاید به خودتان بیایید.

وَالْأَرْضَ فَرَشْنَاهَا فَنِعْمَ الْمَاهِدُونَ

وَمِنْ كُلِّ شَيْءٍ خَلَقْنَا زَوْجَيْنِ لَعَلَّكُمْ تَذَكَّرُونَ

نحل ۱۲-۱۴ = او روز و خورشید و ماه را در خدمتتان گذاشته است، و به دستورش، ستارگان هم چنین‌اند. در این کار نشانه‌هایی از یکتایی خداست، برای مردمی که عقلشان را به کار می‌اندازد. در زمین هم مواد و معادن رنگارنگ برایتان آفریده است و در اختیارتان گذاشته، در آفرینش این‌ها هم نشانه‌ای از یکتایی خداست، برای مردمی که به خود می‌آیند. هم اوست که دریا را در اختیارتان گذاشته است، تا از دریا گوشت ماهی تر و تازه بخورید و برای زینت‌تان زیورهایی مانند مروارید بیرون بیاورید.

کشتی‌ها را هم می‌بینی که سینه دریا را می‌شکافند، تا از نعمت‌های بیش از اندازه خدا بهره‌مند شوید و تا شاید که شکر کنید.

وَسَخَّرَ لَكُمُ اللَّيْلَ وَالنَّهَارَ وَالشَّمْسَ وَالْقَمَرَ ۖ وَالنُّجُومُ مُسَخَّرَاتٌ بِأَمْرِهِ ۗ إِنَّ فِي ذَٰلِكَ لَآيَاتٍ لِقَوْمٍ يَعْقِلُونَ

وَمَا ذَرَأَ لَكُمْ فِي الْأَرْضِ مُخْتَلِفًا أَلْوَانُهُ ۗ إِنَّ فِي ذَٰلِكَ لَآيَةً لِقَوْمٍ يَذَّكَّرُونَ

وَهُوَ الَّذِي سَخَّرَ الْبَحْرَ لِتَأْكُلُوا مِنْهُ لَحْمًا طَرِيًّا وَتَسْتَخْرِجُوا مِنْهُ حِلْيَةً تَلْبَسُونَهَا وَتَرَى الْفُلْكَ مَوَاخِرَ فِيهِ وَلِتَبْتَغُوا مِنْ فَضْلِهِ وَلَعَلَّكُمْ تَشْكُرُونَ

نحل ۶۶ = چهارپایان هم برای مایهٔ عبرت هستند، از شکم آن‌ها، از بین علفِ هظم شده و خون، شیر خالص بیرون کشیده و در اختیارتان می‌گذاریم که گوارای وجودتان باشد.

وَإِنَّ لَكُمْ فِي الْأَنْعَامِ لَعِبْرَةً ۖ نُسْقِيكُمْ مِمَّا فِي بُطُونِهِ مِنْ بَيْنِ فَرْثٍ وَدَمٍ لَبَنًا خَالِصًا سَائِغًا لِلشَّارِبِينَ

نحل ۶۸-۶۹ = خدا در غریزهٔ زنبور عسل این طور گذاشته است: "در شکاف کوه‌ها، روی درختان، و در کندوها، لانه بسازید و آن وقت از شهر گیاهان تغذیه کنید و با روش‌های آسان و خدادادی شهدها را به عسل تبدیل کنید." از شکم زنبورها عسل

با رنگ و طعم‌های مختلف تولید می‌شود. که درمان خیلی از دردهای مردم در آن است. در این هم نشانه‌ای از یکتایی خداست، برای مردمی که فکرشان را به کار می‌اندازند.

وَأَوْحَىٰ رَبُّكَ إِلَى النَّحْلِ أَنِ اتَّخِذِي مِنَ الْجِبَالِ بُيُوتًا وَمِنَ الشَّجَرِ وَمِمَّا يَعْرِشُونَ

ثُمَّ كُلِي مِنْ كُلِّ الثَّمَرَاتِ فَاسْلُكِي سُبُلَ رَبِّكِ ذُلُلًا ۚ يَخْرُجُ مِنْ بُطُونِهَا شَرَابٌ مُخْتَلِفٌ أَلْوَانُهُ فِيهِ شِفَاءٌ لِلنَّاسِ ۗ إِنَّ فِي ذَٰلِكَ لَآيَةً لِقَوْمٍ يَتَفَكَّرُونَ

فرقان ۵۳ = هم اوست که دو دریا را به هم می‌رساند. این یکی شیرین و گوارا، و آن یکی شور و بدمزه، بین‌شان انگار دیواری ایجاد می‌کند که با هم مخلوط نمی‌شوند.

وَهُوَ الَّذِي مَرَجَ الْبَحْرَيْنِ هَٰذَا عَذْبٌ فُرَاتٌ وَهَٰذَا مِلْحٌ أُجَاجٌ وَجَعَلَ بَيْنَهُمَا بَرْزَخًا وَحِجْرًا مَحْجُورًا

عنکبوت ۲۰ = بگو: "گوشه و کنار دنیا سفر کنید و ببینید که خدا موجودات را چطور پدید آورده است." او جهان آخرت را هم همین‌طور به وجود می‌آورد زیرا خدا از عهده هر کاری برمی‌آید.

قُلْ سِيرُوا فِي الْأَرْضِ فَانْظُرُوا كَيْفَ بَدَأَ الْخَلْقَ ۚ ثُمَّ اللَّهُ يُنْشِئُ النَّشْأَةَ الْآخِرَةَ ۚ إِنَّ اللَّهَ عَلَىٰ كُلِّ شَيْءٍ قَدِيرٌ

لقمان ۲۵-۲۶ = اگر از آن‌ها بپرسی چه کسی آسمان‌ها و زمین را آفریده است. حتماً پاسخ می‌دهند:" خدا" بگو:"الحمدلله" که معترفید." ولی بیشترشان عقل‌شان را به کار نمی‌اندازند. آنچه در آسمان‌ها و زمین است فقط مال خداست زیرا او تنها بی‌نیاز ستودنی است.

وَلَئِنْ سَأَلْتَهُمْ مَنْ خَلَقَ السَّمَاوَاتِ وَالْأَرْضَ لَيَقُولُنَّ اللَّهُ ۚ قُلِ الْحَمْدُ لِلَّهِ ۚ بَلْ أَكْثَرُهُمْ لَا يَعْلَمُونَ ۚ لِلَّهِ مَا فِي السَّمَاوَاتِ وَالْأَرْضِ ۚ إِنَّ اللَّهَ هُوَ الْغَنِيُّ الْحَمِيدُ

بخش
دوم
سفارشات خداوند برای
آگاه شدن انسان‌ها درمورد
بشر، خلقت و قیامت

فصل سوم: سفارشات خداوند در مورد قیامت

همین که در شیپور قیامت بدمید، ناگهان آن‌ها از گورها به طرف خدا می‌شتابند و می‌گویند: "ای وای بر ما چه کسی ما را از قبرهایمان زنده بیرون آورد؟ این همان است که خدای رحمان وعده داده بود، پیامبران هم راست می‌گفتند."
(سوره یس ۵۲)

۳ سفارشات خداوند برای آگاه شدن انسان‌ها

سفارشات خداوند در مورد قیامت

سبا ۳-۶ = بی‌دین‌ها ادعا می‌کنند: " قیامت سراغمان نمی‌آید؟" بگو: "چرا، قسم به خدایی که غیب می‌داند." حتماً سراغتان می‌آید. حتّی ذرّه‌ای در آسمان‌ها و زمین از دید او دور نمی‌ماند و هر چیزی کوچک‌تر از ذرّه یا بزرگ‌تر از آن باشد هم در کتابی آشکار ثبت است. قیامت می‌آید، تا خدا کسانی را پاداش بدهد که ایمان آورده و کارهای خوب کرده‌اند. همانا که آموزش و روزهای بهشتی در انتظارشان است، و تا کسانی را جزا دهد که برای نابودی آیه‌ها و نشانه‌های ما تلاش می‌کنند، و به خیال خودشان می‌خواهند حریف ما بشوند. همانا که عذابی زجرآور ناشی از کارهای بدشان در انتظارشان است. **در برابر آن‌ها کسانی که علم واقعی دارند می‌بینند قرآن که از طرف خدا به سوی تو فرستاده شده، سراسر حقّ است و به راه آن شکست ناپذیر ستودنی راهنمایی می‌کند.**

وَقَالَ الَّذِينَ كَفَرُوا لَا تَأْتِينَا السَّاعَةُ ۖ قُلْ بَلَىٰ وَرَبِّي لَتَأْتِيَنَّكُمْ عَالِمِ الْغَيْبِ ۖ لَا يَعْزُبُ عَنْهُ مِثْقَالُ ذَرَّةٍ فِي السَّمَاوَاتِ وَلَا فِي الْأَرْضِ وَلَا أَصْغَرُ مِنْ ذَٰلِكَ وَلَا أَكْبَرُ إِلَّا فِي كِتَابٍ مُبِينٍ

لِيَجْزِيَ الَّذِينَ آمَنُوا وَعَمِلُوا الصَّالِحَاتِ ۚ أُولَٰئِكَ لَهُمْ مَغْفِرَةٌ وَرِزْقٌ كَرِيمٌ

وَالَّذِينَ سَعَوْا فِي آيَاتِنَا مُعَاجِزِينَ أُولَٰئِكَ لَهُمْ عَذَابٌ مِنْ رِجْزٍ أَلِيمٌ

وَيَرَى الَّذِينَ أُوتُوا الْعِلْمَ الَّذِي أُنْزِلَ إِلَيْكَ مِنْ رَبِّكَ هُوَ الْحَقَّ وَيَهْدِي إِلَىٰ صِرَاطِ الْعَزِيزِ الْحَمِيدِ

یس ۵۴ = شروع قیامت فقط یک فریاد تکان دهنده است. ناگهان همه‌شان در پیشگاه ما احضار می‌شوند. **آنجا به کسی ذرّه‌ای ستم نمی‌شود، و فقط با همان کارهایی مجازات می‌شوید که دائم مشغولش بودید.**

فَالْيَوْمَ لَا تُظْلَمُ نَفْسٌ شَيْئًا وَلَا تُجْزَوْنَ إِلَّا مَا كُنْتُمْ تَعْمَلُونَ

زُمَر ۱۵ = بگو: "ورشکسته‌ها کسانی‌اند که روز قیامت معلوم می‌شود به خودشان و خانواده ایشان چقدر ضرر زده‌اند! بدانید این است همان ورشکستگی جبران ناپذیر!

فَاعْبُدُوا مَا شِئْتُمْ مِنْ دُونِهِ ۗ قُلْ إِنَّ الْخَاسِرِينَ الَّذِينَ خَسِرُوا أَنْفُسَهُمْ وَأَهْلِيهِمْ يَوْمَ الْقِيَامَةِ ۗ أَلَا ذَٰلِكَ هُوَ الْخُسْرَانُ الْمُبِينُ

زمر ۶۹-۷۰ = صحرای محشر با نور خدا روشن می‌شود. کتاب به میان می‌آید و شاهدانِ اعمال را حاضر می‌کنند. **آن وقت منصفانه و بی آن‌که به آن‌ها ستم شود. بین‌شان داوری می‌شود چون کارهای هرکس را به طور کامل به او پس می‌دهند.** تازه خدا می‌داند چه می‌کنند.

وَأَشْرَقَتِ الْأَرْضُ بِنُورِ رَبِّهَا وَوُضِعَ الْكِتَابُ وَجِيءَ بِالنَّبِيِّينَ وَالشُّهَدَاءِ وَقُضِيَ بَيْنَهُمْ بِالْحَقِّ وَهُمْ لَا يُظْلَمُونَ

وَوُفِّيَتْ كُلُّ نَفْسٍ مَا عَمِلَتْ وَهُوَ أَعْلَمُ بِمَا يَفْعَلُونَ

شوری ۱۸ = اعتقادی به قیامت ندارند. عجولانه می‌خواهند که بیایند، ولی کسانی که معتقدند از تصوّر آمدنش در بیم امیداند و می‌دانند که قیامت حق است. **بدانید کسانی که درباره قیامت جرّ و بحث می‌کنند و در نهایت گمراهی‌اند.**

يَسْتَعْجِلُ بِهَا الَّذِينَ لَا يُؤْمِنُونَ بِهَا ۖ وَالَّذِينَ آمَنُوا مُشْفِقُونَ مِنْهَا وَيَعْلَمُونَ أَنَّهَا الْحَقُّ ۗ أَلَا إِنَّ الَّذِينَ يُمَارُونَ فِي السَّاعَةِ لَفِي ضَلَالٍ بَعِيدٍ

جاثیه ۲۴-۲۶ = ادعا می‌کنند : "جز همین زندگی دنیاییِ ما خبری نیست! گروهی از ما می‌میریم و گروهی به دنیا می‌آییم و فقط گردش روزگار است، که ما را

به کام مرگ می‌کشاند." آن‌ها دلیل محکمی برای ادعای‌شان ندارند و فقط حدس و گمان می‌زنند. وقتی آیه‌های روشنگر ما را دربارهٔ معاد برای‌شان می‌خوانند. دلیلی در برابرش ندارند و فقط می‌گویند: "اگر راست می‌گویید که در آن مرده ما را زنده کنید." بگو: "خدا شما را به دنیا آورد و از دنیا می‌برد بعد روز قیامت حتماً جمع‌تان می‌کند." که شکی در آمدنش نیست. زیرا فرمان‌روایی آسمان‌ها و زمین فقط در اختیار خداست. هرچند بیشتر مردم این حقایق را نمی‌دانند. **روزی که قیامت برپا شود اهل باطل سرمایه عمرشان را بر باد رفته می‌بینند.**

مَا هِيَ إِلَّا حَيَاتُنَا الدُّنْيَا نَمُوتُ وَنَحْيَا وَمَا يُهْلِكُنَا إِلَّا الدَّهْرُ ۚ وَمَا لَهُمْ بِذَٰلِكَ مِنْ عِلْمٍ ۖ إِنْ هُمْ إِلَّا يَظُنُّونَ

وَإِذَا تُتْلَىٰ عَلَيْهِمْ آيَاتُنَا بَيِّنَاتٍ مَا كَانَ حُجَّتَهُمْ إِلَّا أَنْ قَالُوا ائْتُوا بِآبَائِنَا إِنْ كُنْتُمْ صَادِقِينَ

قُلِ اللَّهُ يُحْيِيكُمْ ثُمَّ يُمِيتُكُمْ ثُمَّ يَجْمَعُكُمْ إِلَىٰ يَوْمِ الْقِيَامَةِ لَا رَيْبَ فِيهِ وَلَٰكِنَّ أَكْثَرَ النَّاسِ لَا يَعْلَمُونَ

ق ۳۹-۴۴ = در برابر حرف‌های بی‌ربط و آزاردهنده بت پرست‌ها صبوری کن و قبل از طلوع و غروب آفتاب، خدایت را از سر سپاس به پاکی یاد کن. قسمتی از شب و بعد از نمازها هم از سر سپاس به پاکی یادش کن، و گوش به زنگ روزی باش که ندا دهنده از همین نزدیکی‌ها **در شیپور قیامت بدمد. روزی که آن فریاد را همه واضح می‌شنوند.** این است روز بیرون آمدن از قبرها. ماییم که زنده می‌کنیم و می‌میرانیم و به ما ختم می‌شود. آخر عاقبت همه.

روزی که زمین می شکافد تا آن‌ها سریع‌تر از قبرها خارج بشوند! این جمع کردن مردم برایمان راحت است.

فَاصْبِرْ عَلَىٰ مَا يَقُولُونَ وَسَبِّحْ بِحَمْدِ رَبِّكَ قَبْلَ طُلُوعِ الشَّمْسِ وَقَبْلَ الْغُرُوبِ

وَمِنَ اللَّيْلِ فَسَبِّحْهُ وَأَدْبَارَ السُّجُودِ

وَاسْتَمِعْ يَوْمَ يُنَادِ الْمُنَادِ مِنْ مَكَانٍ قَرِيبٍ

يَوْمَ يَسْمَعُونَ الصَّيْحَةَ بِالْحَقِّ ۚ ذَٰلِكَ يَوْمُ الْخُرُوجِ

إِنَّا نَحْنُ نُحْيِي وَنُمِيتُ وَإِلَيْنَا الْمَصِيرُ

يَوْمَ تَشَقَّقُ الْأَرْضُ عَنْهُمْ سِرَاعًا ۚ ذَٰلِكَ حَشْرٌ عَلَيْنَا يَسِيرٌ

طور ۱۵-۱۹ = این هم جادو و جنبل است؟ نمی‌بینید هنوز؟ در این آتش بسوزید و بریان شوید، چه صبر کنید چه نکنید، فرقی به حالتان ندارد. **چون فقط با همان کارهایی مجازات می‌شوید، که دائم مشغولش بودید.** از آن سو، خودمراقبان در باغ‌های پر از درخت‌اند در ناز و نعمت از عطایا و هدایای خدا، خوش و خرّم هستند خدا از عذاب سوزان جهنم حفظشان می‌کند. به پاس کارهای خوبتان بخورید و بیاشامید "نوش جانتان"

أَفَسِحْرٌ هَٰذَا أَمْ أَنْتُمْ لَا تُبْصِرُونَ

اصْلَوْهَا فَاصْبِرُوا أَوْ لَا تَصْبِرُوا سَوَاءٌ عَلَيْكُمْ ۖ إِنَّمَا تُجْزَوْنَ مَا كُنْتُمْ تَعْمَلُونَ

إِنَّ الْمُتَّقِينَ فِي جَنَّاتٍ وَنَعِيمٍ

فَاكِهِينَ بِمَا آتَاهُمْ رَبُّهُمْ وَوَقَاهُمْ رَبُّهُمْ عَذَابَ الْجَحِيمِ

كُلُوا وَاشْرَبُوا هَنِيئًا بِمَا كُنْتُمْ تَعْمَلُونَ

قمر ۱-۳ = ماه شکافت و همین نشان‌های است. که قیامت خیلی نزدیک شده.
اقْتَرَبَتِ السَّاعَةُ وَانْشَقَّ الْقَمَرُ

وَإِنْ يَرَوْا آيَةً يُعْرِضُوا وَيَقُولُوا سِحْرٌ مُسْتَمِرٌّ

۱. (اشاره می‌کند، به معجزهٔ دو نیم شدن ماه به دست مبارک پیامبر (صلی الله علیه و آله) که به درخواست بت پرست‌ها بود. این حادثه نوعی یادآوری هم برای چگونگی وقوع نشانه‌های از قیامت است) مترجم قرآن صفحه ۵۳۸

وَكَذَّبُوا وَاتَّبَعُوا أَهْوَاءَهُمْ ۚ وَكُلُّ أَمْرٍ مُسْتَقِرٌّ

البته بت‌پرست‌ها هر معجزه‌ای ببینند رو برمی‌گرداند، و می‌گویند: "این همان جادوی همیشگی است." پیامبر و معجزه‌هایش را دروغ می‌دانند و تابع میل خودشان هستند. در حالی که ماه همیشه پشت ابر نمی‌ماند

واقعه ۱-۱۱ = قیامت که شروع شود دیگر کسی نمی‌تواند انکارش کند. یا در وقوع شک کند. چون که عالم زیر و رو می‌شود. همان وقت که زمین به شدت به لرزه می‌افتد و کوه‌ها متلاشی می‌شود، و به صورت غبار پخش شده در می‌آید.

شما سه گروه می‌شوید:

گروهی اهل سعادت و خوشبختی. چه مردم خوشبختی!

گروهی اهل شقاوت و بدبختی. چه مردم بدبختی!

و گروه پیشتازِ پیشتازان که بندگان نزدیک به خدا و مقربان‌اند.

إِذَا وَقَعَتِ الْوَاقِعَةُ

لَيْسَ لِوَقْعَتِهَا كَاذِبَةٌ

خَافِضَةٌ رَافِعَةٌ

إِذَا رُجَّتِ الْأَرْضُ رَجًّا

وَبُسَّتِ الْجِبَالُ بَسًّا

فَكَانَتْ هَبَاءً مُنْبَثًّا

وَكُنْتُمْ أَزْوَاجًا ثَلَاثَةً

فَأَصْحَابُ الْمَيْمَنَةِ مَا أَصْحَابُ الْمَيْمَنَةِ

وَأَصْحَابُ الْمَشْأَمَةِ مَا أَصْحَابُ الْمَشْأَمَةِ

وَالسَّابِقُونَ السَّابِقُونَ

أُولَٰئِكَ الْمُقَرَّبُونَ

مجادله ۶ = در روزی که خدا دوباره زنده‌شان می‌کند، و همان طور که برای شما قسم می‌خوردند. برای خدا هم قسم می‌خورند و خیال می‌کنند آنجا هم می‌توانند کارهایشان را پیش ببرند. بدانید آن‌ها همان دروغگویان هستند. **شیطان بر آن‌ها چیره شده و یاد خدا را از دل‌هایشان برده است. آن‌ها حزب شیطان‌اند. بدانید حزب شیطان سرمایهٔ عمرشان را باخته‌اند.**

يَوْمَ يَبْعَثُهُمُ اللَّهُ جَمِيعًا فَيُنَبِّئُهُمْ بِمَا عَمِلُوا ۚ أَحْصَاهُ اللَّهُ وَنَسُوهُ ۚ وَاللَّهُ عَلَىٰ كُلِّ شَيْءٍ شَهِيدٌ

ممتحنه ۳ = روز قیامت، قوم و خویش و بچه‌هایتان به هیچ دردتان نمی‌خورند. چون که خدا بین‌تان جدایی می‌اندازد. ولی او کارهایتان را می‌بیند!

لَنْ تَنْفَعَكُمْ أَرْحَامُكُمْ وَلَا أَوْلَادُكُمْ ۚ يَوْمَ الْقِيَامَةِ يَفْصِلُ بَيْنَكُمْ ۚ وَاللَّهُ بِمَا تَعْمَلُونَ بَصِيرٌ

تحریم۶-۸ = ای مسلمانان، خودتان و خانواده‌تان را از آتش حفظ کنید. که سوخت‌اش ، مردم و بت‌های سنگی‌اند... مسلمانان، خالصانه و واقعی به سوی خدا برگردید. به این امید که خدا گناهانتان را محو کند، و در باغ‌های پر درخت جایتان بدهد. که در آن جوی‌ها روان هستند. در همان روزی که خدا پیامبر و مسلمانان همراهش را خوار و زار نمی‌کند و نورشان جلوی رو و در سمت راست و چپ شان پرتو افشانی می‌کند...

يَا أَيُّهَا الَّذِينَ آمَنُوا قُوا أَنْفُسَكُمْ وَأَهْلِيكُمْ نَارًا وَقُودُهَا النَّاسُ وَالْحِجَارَةُ عَلَيْهَا مَلَائِكَةٌ غِلَاظٌ شِدَادٌ لَا يَعْصُونَ اللَّهَ مَا أَمَرَهُمْ وَيَفْعَلُونَ مَا يُؤْمَرُونَ

يَا أَيُّهَا الَّذِينَ كَفَرُوا لَا تَعْتَذِرُوا الْيَوْمَ إِنَّمَا تُجْزَوْنَ مَا كُنْتُمْ تَعْمَلُونَ

يَا أَيُّهَا الَّذِينَ آمَنُوا تُوبُوا إِلَى اللَّهِ تَوْبَةً نَصُوحًا عَسَىٰ رَبُّكُمْ أَنْ يُكَفِّرَ عَنْكُمْ سَيِّئَاتِكُمْ وَيُدْخِلَكُمْ جَنَّاتٍ تَجْرِي مِنْ تَحْتِهَا الْأَنْهَارُ يَوْمَ لَا يُخْزِي اللَّهُ النَّبِيَّ وَالَّذِينَ آمَنُوا مَعَهُ ۖ نُورُهُمْ يَسْعَىٰ بَيْنَ أَيْدِيهِمْ وَبِأَيْمَانِهِمْ يَقُولُونَ رَبَّنَا أَتْمِمْ لَنَا نُورَنَا وَاغْفِرْ لَنَا ۖ إِنَّكَ عَلَىٰ كُلِّ شَيْءٍ قَدِيرٌ

حاقه ۱ = حادثه حتمی است. چیست آن حادثه حتمی؟ و چه می‌دانی چیست آن حادثه حتمی؟

﴿الْحَاقَّةُ﴾

حاقه ۱۳-۱۹ = وقتی در شیپور قیامت یکباره بدمند و زمین و کوه‌ها را از جا بکنند و یک باره در هم بکوبند. آن روز است که آن واقعهٔ بزرگ واقع می‌شود. آن روز آسمان به سبب سست شدنش به هم می‌ریزد، و فرشتگان در اطراف آسمان آماده مأموریت می‌ایستند. و هشت فرشته بلند مرتبه اداره جهان را آن روز به عهده می‌گیرند. آن روز احضارتان می‌کنند، و چیزی از اسرارتان مخفی نمی‌ماند. هر که نامه اعمالش را به دست راستش بدهند با افتخار می‌گویند: "بیایید کارنامه‌ام را بخوانید. من فکر می‌کردم با حساب و کتاب کارهایم روبرو می‌شوم." پس او در زندگی رضایت بخش غرق می‌شود و در بهشتی متعالی با میوه‌هایی دست یافتنی به پاس کارهایی که در روزگاران گذشته کردید بخورید و بیاشامید." نوش جانتان"

اما آن کسی که کارنامه اعمالش را به دست چپش بدهند با سرافکندگی می‌گوید: "ای کاش کارنامه‌ام را به من نمی‌دادند و حساب و کتاب کارهایم را نمی‌دانستم ای کاش همان مرگ پایان کارم بود

مال و منال‌ام به دردم نخورد و مقام و موقعیت من از دستم رفت.

---

۱. "حاقه" و "قارعه" و "واقعه" از نام‌های قیامت هستند. (مترجم قرآن صفحه ۵۶۶)

فَإِذَا نُفِخَ فِي الصُّورِ نَفْخَةٌ وَاحِدَةٌ

وَحُمِلَتِ الْأَرْضُ وَالْجِبَالُ فَدُكَّتَا دَكَّةً وَاحِدَةً

فَيَوْمَئِذٍ وَقَعَتِ الْوَاقِعَةُ

وَانْشَقَّتِ السَّمَاءُ فَهِيَ يَوْمَئِذٍ وَاهِيَةٌ

وَالْمَلَكُ عَلَىٰ أَرْجَائِهَا ۚ وَيَحْمِلُ عَرْشَ رَبِّكَ فَوْقَهُمْ يَوْمَئِذٍ ثَمَانِيَةٌ

يَوْمَئِذٍ تُعْرَضُونَ لَا تَخْفَىٰ مِنْكُمْ خَافِيَةٌ

فَأَمَّا مَنْ أُوتِيَ كِتَابَهُ بِيَمِينِهِ فَيَقُولُ هَاؤُمُ اقْرَءُوا كِتَابِيَهْ

قیامت ۱-۱۵ = لازم نیست قسم بخورم به روز قیامت، و لازم نیست قسم بخورم به وجدان سرزنش‌گر، که دوباره زنده می‌شوید. **انسان خیال می‌کند استخوان‌های پوسیده‌اش را جمع نمی‌کنیم؟ چرا می‌توانیم حتی سر انگشتانش را بازسازی کنیم. انگیزهٔ انکار قیامت این است، که انسان می‌خواهد، جلویش باز باشد تا گناه کند.** به مسخره می‌گوید: "روز قیامت کی می‌آید؟" وقتی چشم‌ها خیره بماند و ماه تیره و تار بشود و بساط خورشید و ماه برچیده شود. آن روز انسان می‌گویند: "راه فرار کجاست؟" به هیچ وجه پناهگاهی نیست. آن روز مقصد نهایی فقط خداست. **انسان در آن روز از آنچه کرده، و نکرده باخبر می‌شود.** اصلاً خود انسان وضع خودش را خیلی خوب می‌فهمد .هرچند عذر تراشی می‌کند.

لَا أُقْسِمُ بِيَوْمِ الْقِيَامَةِ

وَلَا أُقْسِمُ بِالنَّفْسِ اللَّوَّامَةِ

أَيَحْسَبُ الْإِنْسَانُ أَلَّنْ نَجْمَعَ عِظَامَهُ

بَلَىٰ قَادِرِينَ عَلَىٰ أَنْ نُسَوِّيَ بَنَانَهُ

بَلْ يُرِيدُ الْإِنْسَانُ لِيَفْجُرَ أَمَامَهُ

يَسْأَلُ أَيَّانَ يَوْمُ الْقِيَامَةِ

فَإِذَا بَرِقَ الْبَصَرُ

وَخَسَفَ الْقَمَرُ

وَجُمِعَ الشَّمْسُ وَالْقَمَرُ

يَقُولُ الْإِنْسَانُ يَوْمَئِذٍ أَيْنَ الْمَفَرُّ

كَلَّا لَا وَزَرَ

إِلَىٰ رَبِّكَ يَوْمَئِذٍ الْمُسْتَقَرُّ

يُنَبَّأُ الْإِنْسَانُ يَوْمَئِذٍ بِمَا قَدَّمَ وَأَخَّرَ

بَلِ الْإِنْسَانُ عَلَىٰ نَفْسِهِ بَصِيرَةٌ

وَلَوْ أَلْقَىٰ مَعَاذِيرَهُ

مرسلات ۱۵ = وقتی ستاره‌ها بی نور شوند. وقتی آسمان به هم بریزد. وقتی کوه‌ها متلاشی شوند، و وقتی برای گواهی پیامبران بر کارهای مردم زمانی تعیین شود، این حوادث کی اتفاق می‌افتد؟ روز داوری. **چه می‌دانی روز داوری چیست؟ آن روز وای بر منکران قیامت.**

وَيْلٌ يَوْمَئِذٍ لِلْمُكَذِّبِينَ

نبا ۳۸-۴۰ = در آن روز روح و فرشتگان به صف می‌ایستند و کسی سخن نمی‌گوید. مگر آن‌هایی که خدای رحمان به آن‌ها اجازه بدهد و حرف درست بگویند آمدن چنین روزی حتمی است. پس هرکه می‌خواهد راهی به سوی خدا انتخاب کند. ما

شما را از عذابی نزدیک ترساندیم، روزی که آدمی کارهایی را که قبلاً کرده است می‌بیند و بی‌دین‌ها می‌گویند: "ای کاش به دنیا نیامده بودم و مسئولیتی نداشتم."

يَوْمَ يَقُومُ الرُّوحُ وَالْمَلَائِكَةُ صَفًّا ۖ لَا يَتَكَلَّمُونَ إِلَّا مَنْ أَذِنَ لَهُ الرَّحْمَٰنُ وَقَالَ صَوَابًا

ذَٰلِكَ الْيَوْمُ الْحَقُّ ۖ فَمَنْ شَاءَ اتَّخَذَ إِلَىٰ رَبِّهِ مَآبًا

إِنَّا أَنْذَرْنَاكُمْ عَذَابًا قَرِيبًا يَوْمَ يَنْظُرُ الْمَرْءُ مَا قَدَّمَتْ يَدَاهُ وَيَقُولُ الْكَافِرُ يَا لَيْتَنِي كُنْتُ تُرَابًا

انفطار ۱۷-۱۹ = چه می‌دانی چیست روز جزا؟ باز می‌گویم چه می‌دانی چیست روز جزا؟ همان روزی که از دست کسی برای کسی کاری ساخته نیست و اختیار کارها همه دست خداست.

وَمَا أَدْرَاكَ مَا يَوْمُ الدِّينِ

ثُمَّ مَا أَدْرَاكَ مَا يَوْمُ الدِّينِ

يَوْمَ لَا تَمْلِكُ نَفْسٌ لِنَفْسٍ شَيْئًا ۖ وَالْأَمْرُ يَوْمَئِذٍ لِلَّهِ

انشقاق ۱-۱۴ = وقتی آسمان به هم بریزد و معلوم است که گوش به فرمان صاحبش چنین کند، و وقتی زمین صافِ صاف شود، و هرچه در خودش دارد، بیرون بریزد، و کلاً خالی شود و معلوم است که گوش به فرمان صاحبش چنین کند. آن موقع است که وقت حساب و کتاب فرا می‌رسد. ای انسان تو با همه تلاش و تقلّایت در زندگی آخرش به سوی صاحب اختیارت می‌روی و با او روبرو می‌شوی...

إِذَا السَّمَاءُ انْشَقَّتْ

وَأَذِنَتْ لِرَبِّهَا وَحُقَّتْوَإِذَا الْأَرْضُ مُدَّتْ

وَأَلْقَتْ مَا فِيهَا وَتَخَلَّتْ

وَأَذِنَتْ لِرَبِّهَا وَحُقَّتْ

يَا أَيُّهَا الْإِنْسَانُ إِنَّكَ كَادِحٌ إِلَىٰ رَبِّكَ كَدْحًا فَمُلَاقِيهِ

فَأَمَّا مَنْ أُوتِيَ كِتَابَهُ بِيَمِينِهِ

فَسَوْفَ يُحَاسَبُ حِسَابًا يَسِيرًا

وَيَنْقَلِبُ إِلَىٰ أَهْلِهِ مَسْرُورًا

وَأَمَّا مَنْ أُوتِيَ كِتَابَهُ وَرَاءَ ظَهْرِهِ

فَسَوْفَ يَدْعُو ثُبُورًا

وَيَصْلَىٰ سَعِيرًا

إِنَّهُ كَانَ فِي أَهْلِهِ مَسْرُورًا

إِنَّهُ ظَنَّ أَنْ لَنْ يَحُورَ

فجر ۱۷-۲۲ = بدتر این که به یتیمان محبت نمی‌کنید. و همدیگر را به دادن سهم غذای فقیران تشویق نمی‌کنید. تازه ارث خودتان و یتیمان را بالا می‌کشید، و به مال دنیا علاقه شدیدی دارید. بله، فقر یا ثروت نشانهٔ خوار بودن یا عزیز بودن پیش خدا نیست... آن روز است که انسان به خودش می‌آید. ولی این به خود آمدن دیگر چه سودی برایش دارد. می‌گوید: "ای کاش از قبل برای زندگی آخرتم چیزی فرستاده بودم."كَلَّا ۖ بَلْ لَا تُكْرِمُونَ الْيَتِيمَ

وَلَا تَحَاضُّونَ عَلَىٰ طَعَامِ الْمِسْكِينِ

وَتَأْكُلُونَ التُّرَاثَ أَكْلًا لَمًّا

وَتُحِبُّونَ الْمَالَ حُبًّا جَمًّا

كَلَّا إِذَا دُكَّتِ الْأَرْضُ دَكًّا دَكًّا

وَجَاءَ رَبُّكَ وَالْمَلَكُ صَفًّا صَفًّا

زلزال ۱-۸ = وقتی سراسر زمین را به شدت به لرزه درآورند، و زمین هر چه در خودش دارد، بیرون بریزد، و انسان وحشت زده می‌گوید: "چه اتفاقی دارد برای زمین می‌افتد؟" آن روز است که زمین خبرهایش را می‌گوید، چون خدا به او الهام کرده است، که این کار را بکند. **آن روز است که مردم دسته دسته از قبرها بیرون می‌آیند تا کارهایشان را نشانشان بدهند. آن وقت هرکی به اندازهٔ ذرّه‌ای خوبی کرده است، آن را می‌بینند. و هرکی به اندازهٔ ذرّه‌ای بدی کرده است، آن را می‌بینند.**

بِسْمِ اللَّهِ الرَّحْمَٰنِ الرَّحِيمِ

إِذَا زُلْزِلَتِ الْأَرْضُ زِلْزَالَهَا

وَأَخْرَجَتِ الْأَرْضُ أَثْقَالَهَا

وَقَالَ الْإِنْسَانُ مَا لَهَا

يَوْمَئِذٍ تُحَدِّثُ أَخْبَارَهَا

بِأَنَّ رَبَّكَ أَوْحَىٰ لَهَا

يَوْمَئِذٍ يَصْدُرُ النَّاسُ أَشْتَاتًا لِيُرَوْا أَعْمَالَهُمْ

فَمَنْ يَعْمَلْ مِثْقَالَ ذَرَّةٍ خَيْرًا يَرَهُ

وَمَنْ يَعْمَلْ مِثْقَالَ ذَرَّةٍ شَرًّا يَرَهُ

فَمَنْ يَعْمَلْ مِثْقَالَ ذَرَّةٍ خَيْرًا يَرَهُ

وَمَنْ يَعْمَلْ مِثْقَالَ ذَرَّةٍ شَرًّا يَرَهُ

تکاثر ۱-۸ = زیاده‌خواهی در مال دنیا سرگرم‌تان کرد. تا آنجا که پای‌تان به لب گور رسید. چه خیال خامی، خواهید فهمید، باز می‌گویم: "چه خیال خامی خواهید فهمید." بله، این‌ها خیالی بیش نیست.

اگر به یقین کامل می‌رسیدید. همین الان جهنم را با چشم دل می‌دیدید. البته در قیامت جهنم را حتماً با چشم سر می‌بینید. آن وقت از نعمت‌هایی که خدا به شما داده است. بازخواست می‌شوید.

بِسْمِ اللَّهِ الرَّحْمَٰنِ الرَّحِيمِ

أَلْهَاكُمُ التَّكَاثُرُ

حَتَّىٰ زُرْتُمُ الْمَقَابِرَ

كَلَّا سَوْفَ تَعْلَمُونَ

ثُمَّ كَلَّا سَوْفَ تَعْلَمُونَ

كَلَّا لَوْ تَعْلَمُونَ عِلْمَ الْيَقِينِ

لَتَرَوُنَّ الْجَحِيمَ

ثُمَّ لَتَرَوُنَّهَا عَيْنَ الْيَقِينِ

ثُمَّ لَتُسْأَلُنَّ يَوْمَئِذٍ عَنِ النَّعِيمِ

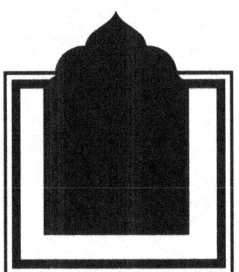

۳
سفارشات خداوند به طایفه بنی‌اسرائیل و اهل کتاب

مقدمه:

پیامبر بگو: "ایمان آورده‌ایم به خدا و به آنچه بر ما فرستاده شده و به آنچه بر ابراهیم، اسماعیل، اسحاق، یعقوب و پیامبران از نسل یعقوب فرستاده شده و به آنچه به موسی و عیسی و به همهٔ پیامبران از طرف خدا داده شده است در اصلِ نبوّت بین هیچ کدامشان فرق نمی‌گذاریم و در برابر خدا کاملاً تسلیم هستیم
سوره آل عمران آیه ۸۴

سفارشات خداوند به طایفه بنی‌اسرائیل و

مقدمه

اختلافاتی که میان پیروان مذاهب مختلف به وجود آمده است. نه به خاطر تعلیمات مذهبیِ آن‌ها بوده است بلکه به خاطر تحریف مذاهب و تعصّب‌های ناروا و آمیختن مذاهب آسمانی که با خرافات صورت گرفته است می‌باشد.

امروزه روح سرکش جمعی انسان‌ها سرچشمهٔ واقعی جنگ‌ها گردیده است. منتها یا در لباس مذهب و یا در لباس مکتب‌های سیاسی و اقتصادی. بنابراین مذهب در این میان گناه‌کار نیست. این افراد سرکش هستند که گناه کارند و آتش جنگ‌ها را به بهانه‌های مختلف و گوناگون شعله‌ور می‌کنند.

مذاهب آسمانی مخصوصاً اسلام بر اثر خاصیّت ضد نژادپرستی و ملیّت پرستی سبب شدند که بسیاری از مرزهای نژادی، جغرافیایی و قبیله‌ای برچیده شوند و جنگ‌هایی که از آن‌ها سرچشمه می‌گرفت طبعاً از میان رفت و به علاوه روح صلح و دوستی و اخلاق و عواطف انسانی که در مورد توجّه همهٔ مذاهب آسمانی بوده است، اثر عمیقی در کم کردن خصومت‌ها و نفرت‌های اقوام مختلف داشته و دارد. جنگ‌هایی که پیامبران و پیروان آن‌ها با ستمگران و استثمارکنندگان همچون فرعون‌ها و نمرودها و... در می‌گرفته است، برای آزاد ساختن طبقات محروم و رنج دیده و تحت ظلم و ستم بوده است. اسرائیل نام دیگر حضرت یعقوب است. که از دو کلمه (اسرا) و (ئیل) ترکیب یافته است. (اسراء) به معنی بنده و (ئیل) به معنای خداوند است.

. اسرائیل در لغت به معنای "بنده خدا" است. تاریخ بنی‌اسرائیل و اسارت آنان به دست فرعونیان و نجات آن‌ها به دست حضرت موسی و بهانه‌گیری و ارتداد آنان یک سرنوشت و تاریخ ویژه‌ای برای این قوم به وجود آورده است. این تاریخ برای مسلمانان

نیز آموزنده و پند آموز است که اگر به هوش نباشند به گفته روایات به همان سرنوشت گرفتار خواهند شد.

در آیه ۴۱ سوره بقره خطاب به دانشمندان یهود می‌فرماید: "قرآن هماهنگ با بشارتی است که در تورات شماست، شما دانشمندان زمانی مُبَلِّغ و منتظر ظهور اسلام بودید، اکنون پیشگامان کفر شده‌اید تا با پیروی شما سایر یهودیان از اسلام آوردن سر باز زنند، آیات الهی را به بهای ناچیز ریاست دنیا نفروشید و از خدا بترسید)

دانشمندان یهود قبل از بعثت پیامبر اسلام، مردم را به ایمان آوردن به آن حضرت و دعوت می‌کردند و بشارت ظهور اسلام را می‌دادند. اما هنگام ظهور حضرت محمد (صلی الله علیه و آله) خودشان ایمان نیاوردند به این علت که نبوّت پیامبر اسلام نشانهٔ انتقال نبوّت از خاندان اسحاق به خاندان اسماعیل فرزند دیگر حضرت ابراهیم بود و یهودیان از نسل اسحاق بودند. بر این جریان حسد ورزیدند و با کمال بی‌شرمی بت‌پرستی را بر آیین توحیدی ترجیح دادند.

در سوره بقره آیه ۴۷ از فرزندان و نسل یعقوب می‌خواهد که برای معرفت بیشتر خداوند و زنده شدن روح شکرگزاری از آن موهبت‌ها و نعمت‌ها یاد کنند و البته برتری و فضیلت بنی‌اسرائیل را نسبت به مردم زمان خودشان بیان می‌کند. ولی در آیه ۱۱۰ سوره آل عمران قرآن در مورد مسلمانان می‌فرماید: "شما بهترین امت‌ها هستید."

و البته قرآن بارها از بهانه‌جویی‌های بی‌مورد و بی‌اعتقادی قوم بنی‌اسرائیل انتقاد می‌کند.

و در آیات بعدی به برخی باورهای غلط یهود اشاره شده است که گمان می‌کردند روز قیامت اجدادشان شفیع آن‌ها خواهند شد. غافل از اینکه در روز قیامت تمام سبب‌ها قطع و نَسَب‌ها محو و زبان عذرخواه بسته می‌شود مال و فرزند و غیره کارایی ندارند و خویشاوندی نیز ثمره‌ای ندارد. قدرت‌ها پوچ می‌شوند، و شفاعت بدون اذن خداوند پذیرفته نمی‌شود و فدیه نیز پذیرفته نمی‌شود.

---

۱. (آیه ۴۷ سوره بقره) یَا بَنِی إِسْرَائِیلَ اذْکُرُوا نِعْمَتِیَ الَّتِی أَنْعَمْتُ عَلَیْکُمْ وَأَنِّی فَضَّلْتُکُمْ عَلَی الْعَالَمِینَ

۳

سفارشات خداوند به طایفه بنی‌اسرائیل و اهل کتاب

فصل اول: خطاب به بنی اسرائیل بابت نعمت‌ها و نجات از فرعونیان

ای بنی‌اسرائیل یادتان بیاید از چنگ فرعونیان نجاتتان دادیم. آن‌ها به شدّت شکنجه‌تان می‌کردند. پسرانتان را به فجیع‌ترین وضع سر می‌بریدند و بانوانتان را برای بهره کشی نگه می‌داشتند...

(سوره بقره آیه ۴۹)

۱

سفارشات خداوند به طایفه بنی‌اسرائیل و اهل کتاب

خطاب به بنی اسرائیل بابت نعمت‌ها و نجات از فرعونیان

"فرعون" عنوان پادشاهان رُم بوده و "کسری" عنوان پادشاهان ایران و "خاقان" عنوان پادشاهان ترک بوده است. فرعون زمانی موسی"رامسیس اول" نام داشت که می‌گویند جدش در موزه قاهره نگهداری می‌شود و در سوره بقره آیه ۴۹ اشاره می‌کند به عذاب‌ها و شکنجه‌ها و کشتن پسران که به دستور فرعون بر مردم مصر می‌نموده و خداوند بر این قوم منّت گذاشت و آن‌ها را با عبور از رود نیل از دست فرعونیان نجات داد و به سه معجزه الهی اشاره دارد:

۱.شکافتن دریا با عصای حضرت موسی (علیه السلام)

۲. نجات بنی اسرائیل

۳. غرق فرعونیان

و اینکه بنی‌اسرائیل بعد از آن همه شکنجه و آزار و بلا به رفاه و نجات رسیدند و سپس یادآور می‌شود که آن‌ها آن همه نعمت‌ها و الطاف الهی را فراموش کرده و به سراغ گوساله‌پرستی رفتند و می‌فرماید: "ولی باز هم بعد از آن انحراف بزرگ از شما درگذشتیم، تا شاید شکر این نعمت‌ها را به جای آورید." یعنی توبهٔ بعد از شرک و ایمان آوردن باز هم مورد بخشش خداوند قرار می‌گیرند. پس عفو الهی خود زمینه‌ای برای شکرگزاری است.

بقره ۴۸-۴۷ = ای بنی‌اسرائیل نعمت‌هایم را که به شما بخشیدم به خاطر بیاورید و اینکه شما را از مردم زمان خودتان برتر ساختم. بترسید از روزی که اصلاً کسی به

درد کسی نخورد و شفاعتی درباره‌شان قبول نکنند و برای نجاتشان از عذاب غرامتی نپذیرفتند و کمکی به آن‌ها نکنند[1]

يَا بَنِي إِسْرَائِيلَ اذْكُرُوا نِعْمَتِيَ الَّتِي أَنْعَمْتُ عَلَيْكُمْ وَأَنِّي فَضَّلْتُكُمْ عَلَى الْعَالَمِينَ

وَاتَّقُوا يَوْمًا لَا تَجْزِي نَفْسٌ عَنْ نَفْسٍ شَيْئًا وَلَا يُقْبَلُ مِنْهَا شَفَاعَةٌ وَلَا يُؤْخَذُ مِنْهَا عَدْلٌ وَلَا هُمْ يُنْصَرُونَ

بقره ۵۳ = فراموش نکنید که به موسی، تورات و جدا کننده حق از باطل دادیم تا هدایت شوید.

وَإِذْ آتَيْنَا مُوسَى الْكِتَابَ وَالْفُرْقَانَ لَعَلَّكُمْ تَهْتَدُونَ

قصص ۴-۵ = بخشی از داستان موسی و فرعون را برای آگاهی و عبرت مردم با ایمان به درستی و با دقت برایت می‌خوانیم:

فرعون در سرزمین مصر برتری جویی کرد و بین مردم آن‌جا تفرقه انداخت و نژاد بنی‌اسرائیل را در فقر و فشار شدید قرار داد. پسرانشان را به بدترین وضع سر می‌بُریدند و بانوانشان را برای بهره‌کشی نگه می‌داشت. او واقعاً اهل فساد بود. ما می‌خواستیم بر بنی‌اسرائیل که سال‌ها دچار محرومیّت شده بودند منّت بگذاریم، آنان را الگوی مردم و وارث سرزمین مصر و شامات کنیم.

إِنَّ فِرْعَوْنَ عَلَا فِي الْأَرْضِ وَجَعَلَ أَهْلَهَا شِيَعًا يَسْتَضْعِفُ طَائِفَةً مِنْهُمْ يُذَبِّحُ أَبْنَاءَهُمْ وَيَسْتَحْيِي نِسَاءَهُمْ ۚ إِنَّهُ كَانَ مِنَ الْمُفْسِدِينَ

وَنُرِيدُ أَنْ نَمُنَّ عَلَى الَّذِينَ اسْتُضْعِفُوا فِي الْأَرْضِ وَنَجْعَلَهُمْ أَئِمَّةً وَنَجْعَلَهُمُ الْوَارِثِينَ

بقره ۵۰-۵۳ = به خاطر بیاورید که دریا را به محض ورودتان شکافتیم و نجاتتان دادیم و فرعون و دارو دسته‌اش را جلوی چشمتان غرق کردیم. یادتان

[1] (بنی اسرائیل بر این باور بودند که روز قیامت اجدادشان شفیع آن‌ها خواهند شد و نجات می‌یابند.)

باشد که برای نزول تورات با موسی چهل شب قرار گذاشتیم، اما در نبود او مشغول گوساله‌پرستی شدید. واقعاً که بد کردید، سپس بعد از آن کار زشت، از سر تقصیرتان گذشتیم تا شکر کنید. فراموش نکنید، که به موسی تورات و جدا کنندهٔ حق از باطل دادیم تا هدایت شوید.

وَإِذْ فَرَقْنَا بِكُمُ الْبَحْرَ فَأَنْجَيْنَاكُمْ وَأَغْرَقْنَا آلَ فِرْعَوْنَ وَأَنْتُمْ تَنْظُرُونَ

وَإِذْ وَاعَدْنَا مُوسَىٰ أَرْبَعِينَ لَيْلَةً ثُمَّ اتَّخَذْتُمُ الْعِجْلَ مِنْ بَعْدِهِ وَأَنْتُمْ ظَالِمُونَ

ثُمَّ عَفَوْنَا عَنْكُمْ مِنْ بَعْدِ ذَٰلِكَ لَعَلَّكُمْ تَشْكُرُونَ

وَإِذْ آتَيْنَا مُوسَى الْكِتَابَ وَالْفُرْقَانَ لَعَلَّكُمْ تَهْتَدُونَ

بقره ۲۱۱ = از بنی‌اسرائیل بپرس که چقدر نعمت و معجزهٔ روشن به آن‌ها داده‌ایم.

سَلْ بَنِي إِسْرَائِيلَ كَمْ آتَيْنَاهُمْ مِنْ آيَةٍ بَيِّنَةٍ ۗ وَمَنْ يُبَدِّلْ نِعْمَةَ اللَّهِ مِنْ بَعْدِ مَا جَاءَتْهُ فَإِنَّ اللَّهَ شَدِيدُ الْعِقَابِ

بنی اسرائیل ۱۰۱-۱۰۲ = به موسی نه معجزهٔ واضح دادیم. از یهودی‌ها دربارهٔ این ماجرا بپرس. موسی برای نجات بنی‌اسرائیل پیش‌شان آمد. فرعون به او گفت: "موسی به احتمال زیاد جادو شده‌ای." گفت: "خودت خوب می‌دانی که این معجزه‌های آگاهی‌بخش را کسی جز صاحب آسمان‌ها و زمین نفرستاده است. فرعون، تویی که به احتمال زیاد در شُرُف نابود شدنی."

وَلَقَدْ آتَيْنَا مُوسَىٰ تِسْعَ آيَاتٍ بَيِّنَاتٍ ۖ فَاسْأَلْ بَنِي إِسْرَائِيلَ إِذْ جَاءَهُمْ فَقَالَ لَهُ فِرْعَوْنُ إِنِّي لَأَظُنُّكَ يَا مُوسَىٰ مَسْحُورًا

۱. (بنی اسرائیل یا فرزندان اسرائیل هم مردم یهودی را شامل می‌شود و هم مردم مسیحی را. زیرا همهٔ آن‌ها فرزندان یعقوب پیامبر هستند و البته با گروهی که امروزه به نام صهیونیست هستند و خود را یهودی می‌دانند فرق دارند)"مترجم قرآن"
۲. (معجزه‌هایی که تا قبل از کوچ بنی اسرائیل به موسی داده شد شامل: اژدها شدن، چوب دستی، درخشان شدن دست، خشکسالی، قحطی، طوفان، ملخ، شپشک، قورباغه و خون)" مترجم قرآن"

قَالَ لَقَدْ عَلِمْتَ مَا أَنْزَلَ هٰؤُلَاءِ إِلَّا رَبُّ السَّمَاوَاتِ وَالْأَرْضِ بَصَائِرَ وَإِنِّي لَأَظُنُّكَ يَا فِرْعَوْنُ مَثْبُورًا

بنی اسرائیل ۱۰۳-۱۰۴ = فرعون تصمیم گرفت تا با تهدید و توطئه موسی و پیروانش را از مصر تبعید کند. ولی ما فرعون و همه دار و دسته‌اش را غرق کردیم. بعد از هلاکتشان به بنی اسرائیل پیام دادیم: "در مصر و شامات ساکن شوید وقتی آخرت فرا رسد. همه شما را دسته جمعی جمع می کنیم."

فَأَرَادَ أَنْ يَسْتَفِزَّهُمْ مِنَ الْأَرْضِ فَأَغْرَقْنَاهُ وَمَنْ مَعَهُ جَمِيعًا

وَقُلْنَا مِنْ بَعْدِهِ لِبَنِي إِسْرَائِيلَ اسْكُنُوا الْأَرْضَ فَإِذَا جَاءَ وَعْدُ الْآخِرَةِ جِئْنَا بِكُمْ لَفِيفًا

مریم ۱۶-۲۱ = داستان مریم را برای مردم بازگو کن: "او از خانوادهٔ خودش کناره گرفت در بخش شرقی مسجد الاقصاء برای عبادت خلوت کرد و بین خودش و دیگران پرده‌ای کشید. جبرئیل را به سویش فرستادیم او در نگاه مریم به صورت جوانی خوش قامت ظاهر شد. مریم با نگرانی گفت: "امیدوارم مراقب رفتارت باشی، من به هر حال از تو به خدا پناه می‌برم." جبرئیل گفت: "من فرستادهٔ خدای تو هستم تا پسری صالح به تو ببخشم." مریم با تعجب پرسید: "آخر چطور ممکن است پسردار شوم؟ با اینکه نه مردی با من ازدواج کرده و نه بدکاره بوده‌ام." جبرئیل گفت: "همین طور است که می گویی. ولی خدا می گوید، این کار برای من ساده است. انجام می‌دهیم تا او را معجزه شگفت‌انگیز برای مردم و مایهٔ برکت خود قرار دهیم. این کاری است حتمی"

وَاذْكُرْ فِي الْكِتَابِ مَرْيَمَ إِذِ انْتَبَذَتْ مِنْ أَهْلِهَا مَكَانًا شَرْقِيًّا

فَاتَّخَذَتْ مِنْ دُونِهِمْ حِجَابًا فَأَرْسَلْنَا إِلَيْهَا رُوحَنَا فَتَمَثَّلَ لَهَا بَشَرًا سَوِيًّا

قَالَتْ إِنِّي أَعُوذُ بِالرَّحْمَٰنِ مِنْكَ إِنْ كُنْتَ تَقِيًّا

قَالَ إِنَّمَا أَنَا رَسُولُ رَبِّكِ لِأَهَبَ لَكِ غُلَامًا زَكِيًّا

قَالَتْ أَنَّىٰ يَكُونُ لِي غُلَامٌ وَلَمْ يَمْسَسْنِي بَشَرٌ وَلَمْ أَكُ بَغِيًّا

قَالَ كَذَٰلِكِ قَالَ رَبُّكِ هُوَ عَلَيَّ هَيِّنٌ ۖ وَلِنَجْعَلَهُ آيَةً لِلنَّاسِ وَرَحْمَةً مِنَّا ۚ وَكَانَ أَمْرًا مَقْضِيًّا

مریم ۲۴-۲۵ = به محض اینکه عیسی به دنیا آمد. مادرش را دل‌داری داد: "نگران نباش، ببین خدا زیر پایت جوی آبی راه انداخت، آن تنه درخت خرما را به طرف خودت تکان بده تا جانِ دوباره بگیرد و برایت خرمایی تر و تازه بریزد."

فَنَادَاهَا مِنْ تَحْتِهَا أَلَّا تَحْزَنِي قَدْ جَعَلَ رَبُّكِ تَحْتَكِ سَرِيًّا

وَهُزِّي إِلَيْكِ بِجِذْعِ النَّخْلَةِ تُسَاقِطْ عَلَيْكِ رُطَبًا جَنِيًّا

غافر ۵۳-۵۴ = در واقع به موسی کتاب راهنما یعنی تورات را دادیم و آن را میان بنی‌اسرائیل به یادگار گذاشتیم که مایهٔ راهنمایی و یادآوری برای خردمندان بود.

وَلَقَدْ آتَيْنَا مُوسَى الْهُدَىٰ وَأَوْرَثْنَا بَنِي إِسْرَائِيلَ الْكِتَابَ، هُدًى وَذِكْرَىٰ لِأُولِي الْأَلْبَابِ

اعراف ۱۶۰ = بنی‌اسرائیل را به دوازده شاخه جداگانه از فرزندان یعقوب تقسیم کردیم. در صحرای سینا وقتی از موسی آب آشامیدنی خواستند، به او وحی کردیم: "با چوب دستی‌ات به آن تخته سنگ بزن." یک دفعه دوازده چشمه از آن جوشید. طوری که هر یک از گروه‌های ۱۲ گانه بنی‌اسرائیل می‌دانست از کدام یک آب بخورد. تازه ابرها را سایه سرشان آوردیم. و برایشان گزانگبین و بلدرچین فرستادیم و گفتیم: "از خوراکی‌های پاک و پاکیزه‌ای بخورید، که روزی‌تان کرده‌ایم." اما ناشکری کردند و در یک کلام، بنی‌اسرائیل به ما بد نمی‌کردند بلکه به خودشان بد می‌کردند."

وَقَطَّعْنَاهُمُ اثْنَتَيْ عَشْرَةَ أَسْبَاطًا أُمَمًا ۚ وَأَوْحَيْنَا إِلَىٰ مُوسَىٰ إِذِ اسْتَسْقَاهُ قَوْمُهُ أَنِ اضْرِبْ بِعَصَاكَ الْحَجَرَ ۖ فَانْبَجَسَتْ مِنْهُ اثْنَتَا عَشْرَةَ عَيْنًا ۖ قَدْ عَلِمَ كُلُّ أُنَاسٍ مَشْرَبَهُمْ ۚ وَظَلَّلْنَا عَلَيْهِمُ الْغَمَامَ وَأَنْزَلْنَا عَلَيْهِمُ الْمَنَّ وَالسَّلْوَىٰ ۖ كُلُوا مِنْ طَيِّبَاتِ مَا رَزَقْنَاكُمْ ۚ وَمَا ظَلَمُونَا وَلَٰكِنْ كَانُوا أَنْفُسَهُمْ يَظْلِمُونَ.

۳
سفارشات خداوند به طایفه بنی‌اسرائیل و اهل کتاب

فصل دوم: سفارش به اهل کتاب بابت ایمان به کتاب‌های خداوند و پیامبرانش

"ای اهل کتاب چرا نشانه‌های محمد (صلی الله علیه و آله) را قبول نمی‌کنید، با اینکه در تورات و انجیل و هم آن نشانه‌ها را دیده‌اید؟ چرا حقّ را وارونه جلوه می‌دهید و حقیقت را آگاهانه کتمان می‌کنید."
(سوره آل عمران ۷۰-۷۱)

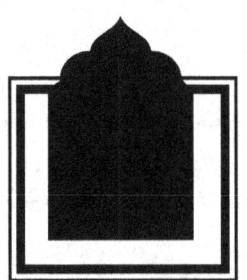

سفارشات خداوند
به طایفه بنی‌اسرائیل و اهل کتاب

۲

سفارش به اهل کتاب بابت ایمان به کتاب‌های خدا و پیامبرانش

خداوند در آیه ۵۳ سوره بقره اشاره به کتاب تورات و فرقان می‌فرماید: "فرقان وسیله‌ای است که حق را از باطل جدا می‌سازد و چون در کتاب آسمانی حقّ از باطل جدا می‌شود، به آن فرقان گفته می‌شود."

در آیات بعدی خداوند به بنی‌اسرائیل سفارش می‌کند. که به خودتان ستم نکنید.زیرا **شرک آوردن نوعی ستم به خویشتن است.**

وَإِذْ آتَيْنَا مُوسَى الْكِتَابَ وَالْفُرْقَانَ لَعَلَّكُمْ تَهْتَدُونَ

توبه کنید و یکدیگر را به قتل نرسانید. قوم موسی بعد از نجات از فرعونیان دو گروه شدند، گروهی برای مناجات و شنیدن کلام خداوند به همراه موسی به کوه طور رفتند ولی وقتی گفتگوی موسی و خداوند را شنیدند گفتند: "از کجا بدانیم این صدای خداست؟ باید خدا را با چشم ببینیم تا بپذیریم." در سوره اعراف ۱۵۴ در مورد کسانی که دیدن خدا را طلب کردند می‌فرماید: "آن‌ها را زمین لرزه گرفت."و شاید صاعقه‌ای که در این آیه مطرح است با زمین‌لرزه بوده و آن‌ها با این صاعقه از دنیا رفتند. ولی در آیه ۵۶ سوره بقره می‌فرماید:"شما را بعد از مرگ دوباره برانگیختیم." زنده کردن مجدّد کسانی که در اثر صاعقه از بین رفتند. به دنبال نگرانی و دعای حضرت موسی (علیه السلام) بود و این نشان می‌دهد. رجعت و معاد امر محالی نیست بعضی از مردگان در همین دنیا زنده شده‌اند.

در **آیه ۷۵ سوره بقره** اشاره به این مسئله دارد، که شناخت حق غیر از قبول حق است، افرادی حق را می‌شناسند ولی حاضر نیستند به آن اقرار کنند از جمله

دانشمندان یهود که خود اقرار دارند حق اسلام را می‌شناسند ولی بعلت لجاجت و انحراف حاضر نبودند آن را قبول کنند.

و در سورهٔ بقره آیه ۸۷ از استمرار خداوند برای هدایت مردم سخن می گوید که پس از موسی پیامبرانی چون داود، سلیمان، یوشع، زکریا و یحیی(علیه السلام) آمدند و بعد از آن بزرگواران خداوند عیسی (علیه السلام) را با دلایلی روشن فرستاد که از سوی روح‌القدس یاری و تأیید می‌شد. ولی بنی‌اسرائیل راه استکبار و گردن‌کشی را پیش گرفتند و به‌جای پذیرش هدایت الهی به تکذیب و قتل انبیاء دست زدند

و اینک آیات قرآن کریم:

بقره ۴۰-۴۶ = ای بنی‌اسرائیل نعمت‌هایی که به شما داده‌ام،را به یاد بیاورید و به تعهّدی که از شما گرفته‌ام پایبند باشید. تا من هم به تعهّدی که به شما داده‌ام پایبند باشم. فقط هم از من حساب ببرید. **همچنین به قرآن ایمان بیاورید که فرستاده‌ام و تأیید کننده همان تورات و انجیل است که در دست شماست.** اولین انکار کننده‌هایش نباشید و آیه‌های مرا به قیمت ناچیز مادّی نفروشید و در حضور من مراقب رفتارتان باشید. **حق را وارونه جلوه ندهید و حقیقت را آگاهانه کتمان نکنید.** نماز را با آدابش بخوانید و صدقه بدهید و با جماعت نمازگزاران رکوع کنید.

با صبر و نماز از خدا کمک بخواهید. البته این کار سختی است مگر برای افراد متواضع، همان کسانی که می‌دانند با صاحب اختیارشان ملاقات می‌کنند و به سویش برمی‌گردند.

يَا بَنِي إِسْرَائِيلَ اذْكُرُوا نِعْمَتِيَ الَّتِي أَنْعَمْتُ عَلَيْكُمْ وَأَوْفُوا بِعَهْدِي أُوفِ بِعَهْدِكُمْ وَإِيَّايَ فَارْهَبُونِ

وَآمِنُوا بِمَا أَنْزَلْتُ مُصَدِّقًا لِمَا مَعَكُمْ وَلَا تَكُونُوا أَوَّلَ كَافِرٍ بِهِ ۖ وَلَا تَشْتَرُوا بِآيَاتِي ثَمَنًا قَلِيلًا وَإِيَّايَ فَاتَّقُونِ

وَلَا تَلْبِسُوا الْحَقَّ بِالْبَاطِلِ وَتَكْتُمُوا الْحَقَّ وَأَنْتُمْ تَعْلَمُونَ

وَأَقِيمُوا الصَّلَاةَ وَآتُوا الزَّكَاةَ وَارْكَعُوا مَعَ الرَّاكِعِينَ

أَتَأْمُرُونَ النَّاسَ بِالْبِرِّ وَتَنْسَوْنَ أَنْفُسَكُمْ وَأَنْتُمْ تَتْلُونَ الْكِتَابَ ۚ أَفَلَا تَعْقِلُونَ

وَاسْتَعِينُوا بِالصَّبْرِ وَالصَّلَاةِ ۚ وَإِنَّهَا لَكَبِيرَةٌ إِلَّا عَلَى الْخَاشِعِينَ

الَّذِينَ يَظُنُّونَ أَنَّهُمْ مُلَاقُو رَبِّهِمْ وَأَنَّهُمْ إِلَيْهِ رَاجِعُونَ

بقره ۷۷-۷۹ = مگر نمی‌دانند، که خدا می‌داند چه‌ها پنهان می‌کنند و چه‌ها آشکار. بعضی از یهودی‌ها بی‌سوادهایی هستند که تصور می‌کنند معارف خدا در حدّ آرزوهای پوچ آن‌هاست.[1]

أَوَلَا يَعْلَمُونَ أَنَّ اللَّهَ يَعْلَمُ مَا يُسِرُّونَ وَمَا يُعْلِنُونَ

وَمِنْهُمْ أُمِّيُّونَ لَا يَعْلَمُونَ الْكِتَابَ إِلَّا أَمَانِيَّ وَإِنْ هُمْ إِلَّا يَظُنُّونَ

فَوَيْلٌ لِلَّذِينَ يَكْتُبُونَ الْكِتَابَ بِأَيْدِيهِمْ ثُمَّ يَقُولُونَ هَٰذَا مِنْ عِنْدِ اللَّهِ لِيَشْتَرُوا بِهِ ثَمَنًا قَلِيلًا ۖ فَوَيْلٌ لَهُمْ مِمَّا كَتَبَتْ أَيْدِيهِمْ وَوَيْلٌ لَهُمْ مِمَّا يَكْسِبُونَ

با خواندنش خیال می‌کردند به آرزوهایشان می‌رسند پس وای بر عالمان‌شان که دست نوشته‌هایی آماده می‌کنند و آن وقت می‌گویند: "این نوشته‌ها از طرف خداست تا با فروختن آن‌ها مبلغ ناچیزی به جیب بزنند. پس وای بر آن‌ها با این دست نوشته‌هایشان و وای بر آن‌ها با چیزی که از این راه به دست می‌آورند.

بقره ۸۹ = همین که از طرف خدا برایشان قرآنی آمد. که تأیید کننده توراتشان بود عمداً باورش نکردند. با اینکه قبل از آمدنش همیشه امید داشتند، که با آن بر بت‌پرست‌ها پیروز بشوند و با اینکه قرآن و پیامبر اسلام را از قبل می‌شناختند لعنت خدا بر چنین بی‌دین‌هایی باد.

۱. (می‌گفتند: خدا گناهانمان را ندید می‌گیرد. یا پیامبران پارتی ما خواهند شد. به فرض که به جهنم برویم. فقط چند روز در آتش می‌مانیم یا ما دوستان خداییم یا بهشت فقط مخصوص ما یهودی‌هاست یا ما نژاد برتریم.)

وَلَمَّا جَاءَهُمْ كِتَابٌ مِنْ عِنْدِ اللَّهِ مُصَدِّقٌ لِمَا مَعَهُمْ وَكَانُوا مِنْ قَبْلُ يَسْتَفْتِحُونَ عَلَى الَّذِينَ كَفَرُوا فَلَمَّا جَاءَهُمْ مَا عَرَفُوا كَفَرُوا بِهِ ۚ فَلَعْنَةُ اللَّهِ عَلَى الْكَافِرِينَ

بقره ۹۱-۹۲ = وقتی به آن‌ها پیشنهاد کنند: "قرآنی را که خدا فرستاده باور کنید." جواب می‌دهند: "ما فقط توراتی را که بر خودمان نازل شده باور می‌کنیم." بله قرآن را باور نمی‌کنند با آن که حق است و تورات آن‌ها را قبول دارد. بگو: "اگر واقعاً تورات را باور داشتید. پس چرا قبل از این پیامبران خدا را می‌کشتید؟ در حقیقت موسی برایتان معجزه‌های روشن آورد، ولی شما در نبود او مشغول گوساله پرستی شدید واقعاً که بد کردید."

وَإِذَا قِيلَ لَهُمْ آمِنُوا بِمَا أَنْزَلَ اللَّهُ قَالُوا نُؤْمِنُ بِمَا أُنْزِلَ عَلَيْنَا وَيَكْفُرُونَ بِمَا وَرَاءَهُ وَهُوَ الْحَقُّ مُصَدِّقًا لِمَا مَعَهُمْ ۗ قُلْ فَلِمَ تَقْتُلُونَ أَنْبِيَاءَ اللَّهِ مِنْ قَبْلُ إِنْ كُنْتُمْ مُؤْمِنِينَ

وَلَقَدْ جَاءَكُمْ مُوسَىٰ بِالْبَيِّنَاتِ ثُمَّ اتَّخَذْتُمُ الْعِجْلَ مِنْ بَعْدِهِ وَأَنْتُمْ ظَالِمُونَ

بقره ۹۷-۱۰۱ = هشدارشان بده "دشمن جبرئیل دشمن خداست. زیرا جبرئیل به فرمان خدا قرآن را بر قلب تو فرستاده است. در حالی که قرآن تـأیید کننده کتاب‌های آسمانیِ موجود است و راهنما و مژده‌ای برای مؤمنان. هر که با خدا، فرشتگانش، پیامبرانش، جبرئیل و میکائیل در بیفتد، بی‌دین است و خدا هم دشمن بی‌دین‌ها است.

البته که آیه‌هایی روشن به سویت فرستادیم و فقط افراد منحرف آن‌ها را رد می‌کنند.

قُلْ مَنْ كَانَ عَدُوًّا لِجِبْرِيلَ فَإِنَّهُ نَزَّلَهُ عَلَىٰ قَلْبِكَ بِإِذْنِ اللَّهِ مُصَدِّقًا لِمَا بَيْنَ يَدَيْهِ وَهُدًى وَبُشْرَىٰ لِلْمُؤْمِنِينَ

مَنْ كَانَ عَدُوًّا لِلَّهِ وَمَلَائِكَتِهِ وَرُسُلِهِ وَجِبْرِيلَ وَمِيكَالَ فَإِنَّ اللَّهَ عَدُوٌّ لِلْكَافِرِينَ

وَلَقَدْ أَنْزَلْنَا إِلَيْكَ آيَاتٍ بَيِّنَاتٍ ۖ وَمَا يَكْفُرُ بِهَا إِلَّا الْفَاسِقُونَ

أَوَكُلَّمَا عَاهَدُوا عَهْدًا نَبَذَهُ فَرِيقٌ مِنْهُمْ ۚ بَلْ أَكْثَرُهُمْ لَا يُؤْمِنُونَ

وَلَمَّا جَاءَهُمْ رَسُولٌ مِنْ عِنْدِ اللَّهِ مُصَدِّقٌ لِمَا مَعَهُمْ نَبَذَ فَرِيقٌ مِنَ الَّذِينَ أُوتُوا الْكِتَابَ كِتَابَ اللَّهِ وَرَاءَ ظُهُورِهِمْ كَأَنَّهُمْ لَا يَعْلَمُونَ

احقاف ۱۰ =... اگر یکی از علمای بنی‌اسرائیل شباهت قرآن را تـأیید کند و به قرآن ایمان بیاورد و شما باز متکبّرانه از پذیرش سر باز بزنید به بیراهه نرفته‌اید؟

قُلْ أَرَأَيْتُمْ إِنْ كَانَ مِنْ عِنْدِ اللَّهِ وَكَفَرْتُمْ بِهِ وَشَهِدَ شَاهِدٌ مِنْ بَنِي إِسْرَائِيلَ عَلَىٰ مِثْلِهِ فَآمَنَ وَاسْتَكْبَرْتُمْ ۖ إِنَّ اللَّهَ لَا يَهْدِي الْقَوْمَ الظَّالِمِينَ

بقره ۱۱۶-۱۱۷ = ادعا می‌کردند خدا برای خودش فرزندی انتخاب کرده است. او منزه است. از این حرف‌ها بلکه هرچه در آسمان‌ها و زمین است. فقط مال اوست و همه گوش به فرمان اویند. او خالق خلاق آسمان‌ها و زمین است و وقتی چیزی را بخواهد فقط تا فرمان بدهد "باش" به سرعت به وجود می‌آید.

وَقَالُوا اتَّخَذَ اللَّهُ وَلَدًا ۗ سُبْحَانَهُ ۖ بَلْ لَهُ مَا فِي السَّمَاوَاتِ وَالْأَرْضِ ۖ كُلٌّ لَهُ قَانِتُونَ

بَدِيعُ السَّمَاوَاتِ وَالْأَرْضِ ۖ وَإِذَا قَضَىٰ أَمْرًا فَإِنَّمَا يَقُولُ لَهُ كُنْ فَيَكُونُ

بقره ۱۳۳ = وقتی مرگ سراغ یعقوب آمد مگر شما یهودی‌ها و مسیحی‌ها حاضر بودید؟ وقتی یعقوب از بچه‌هایش پرسید: "بعد از مُردن من چه کسی را می‌پرستید؟" جواب دادند: "معبود تو و معبود پدرانت ابراهیم و اسماعیل و اسحاق را می‌پرستیم که معبود یکتاست و ما تسلیم محض او هستیم."

أَمْ كُنْتُمْ شُهَدَاءَ إِذْ حَضَرَ يَعْقُوبَ الْمَوْتُ إِذْ قَالَ لِبَنِيهِ مَا تَعْبُدُونَ مِنْ بَعْدِي قَالُوا نَعْبُدُ إِلَٰهَكَ وَإِلَٰهَ آبَائِكَ إِبْرَاهِيمَ وَإِسْمَاعِيلَ وَإِسْحَاقَ إِلَٰهًا وَاحِدًا وَنَحْنُ لَهُ مُسْلِمُونَ

بقره ۱۳۵ = یهودی‌ها به مسلمانان پیشنهاد کردند: "یهودی باشید تا هدایت شوید"

۱. (مقصود این آیه عبدالله بن سلام یکی از علمای بزرگ یهودیان در مدینه بود که به پیامبر (صلی الله علیه و آله) ایمان آورد)

و مسیحی‌ها هم پیشنهاد کردند: "مسیحی باشید تا هدایت شوید" بگو: "نه، بلکه دنباله روی دین ابراهیم میانه‌رو هستیم و او هرگز بت‌پرست نبود"

وَقَالُوا كُونُوا هُودًا أَوْ نَصَارَىٰ تَهْتَدُوا ۗ قُلْ بَلْ مِلَّةَ إِبْرَاهِيمَ حَنِيفًا ۖ وَمَا كَانَ مِنَ الْمُشْرِكِينَ

بقره ۱۳۹-۱۴۰ = بگو: "آیا دربارهٔ خدا با ما چون و چرا می‌کنید با آنکه او خدای ما و شماست و کارهای ما مال خودمان است و کارهای شما مال خودتان. و ماییم که خدا را از ته دل می‌پرستیم. حالا باز هم، شما یهودی‌ها ادعا می‌کنید که ابراهیم، اسماعیل، اسحاق، یعقوب و اسباط یهودی هستند؟" و شما مسیحی‌ها می‌گویید مسیحی هستید؟ بگو: "شما بهتر می‌دانید یا خدا؟"

خدا بر تسلیم محضِ بودن پیامبران در کتاب‌های آسمانی گواهی داده است و چه کسانی بدکارتر از آن‌هایی هستند، که این را مخفی می‌کنند؟ خدا بی‌خبر نیست که چه می‌کنید!

قُلْ أَتُحَاجُّونَنَا فِي اللَّهِ وَهُوَ رَبُّنَا وَرَبُّكُمْ وَلَنَا أَعْمَالُنَا وَلَكُمْ أَعْمَالُكُمْ وَنَحْنُ لَهُ مُخْلِصُونَ

أَمْ تَقُولُونَ إِنَّ إِبْرَاهِيمَ وَإِسْمَاعِيلَ وَإِسْحَاقَ وَيَعْقُوبَ وَالْأَسْبَاطَ كَانُوا هُودًا أَوْ نَصَارَىٰ ۗ قُلْ أَأَنْتُمْ أَعْلَمُ أَمِ اللَّهُ ۗ وَمَنْ أَظْلَمُ مِمَّنْ كَتَمَ شَهَادَةً عِنْدَهُ مِنَ اللَّهِ ۗ وَمَا اللَّهُ بِغَافِلٍ عَمَّا تَعْمَلُونَ

بقره ۱۴۶ = اهل کتاب محمّد را همان‌قدر خوب می‌شناسند که بچه‌هایشان را می‌شناسند ولی عده‌ای از آن‌ها آگاهانه این حقیقت را مخفی می‌کنند.

الَّذِينَ آتَيْنَاهُمُ الْكِتَابَ يَعْرِفُونَهُ كَمَا يَعْرِفُونَ أَبْنَاءَهُمْ ۖ وَإِنَّ فَرِيقًا مِنْهُمْ لَيَكْتُمُونَ الْحَقَّ وَهُمْ يَعْلَمُونَ

آل عمران ۱۹-۲۰ = از نظر خدا دین صحیح یعنی تسلیم شدن در برابر او. ولی عالمان زیاده خواه اختلاف نظر در معارف را باب می‌کنند. هر کسی آیه‌های خدا را قبول نداشته باشد حسابش با خدا است. خدا هم به سرعت حسابرسی می‌کند، پس اگر با تو دربارهٔ حقانیّت دین اسلام چون و چرا کردند.، جواب بده: "من و پیروانم همهٔ

وجودمان را به خدا سپرده ایم."

به کسانی مانند یهودی‌ها و مسیحی‌ها هم که کتاب آسمانی دارند و نیز به بت‌پرست‌هایی که با کتاب آسمانی آشنا نیستند، بگو: "شما هم اسلام آورده‌اید؟" اگر واقعاً اسلام آورده‌اند، راه درست را در پیش گرفته‌اند و اگر سرپیچی کرده‌اند، نگرانشان نباش چون که **وظیفه تو فقط رساندن پیام الهی است و خدا حال و روز بندگانش را می‌بیند.**

إِنَّ الدِّينَ عِنْدَ اللَّهِ الْإِسْلَامُ ۗ وَمَا اخْتَلَفَ الَّذِينَ أُوتُوا الْكِتَابَ إِلَّا مِنْ بَعْدِ مَا جَاءَهُمُ الْعِلْمُ بَغْيًا بَيْنَهُمْ ۗ وَمَنْ يَكْفُرْ بِآيَاتِ اللَّهِ فَإِنَّ اللَّهَ سَرِيعُ الْحِسَابِ

فَإِنْ حَاجُّوكَ فَقُلْ أَسْلَمْتُ وَجْهِيَ لِلَّهِ وَمَنِ اتَّبَعَنِ ۗ وَقُلْ لِلَّذِينَ أُوتُوا الْكِتَابَ وَالْأُمِّيِّينَ أَأَسْلَمْتُمْ ۚ فَإِنْ أَسْلَمُوا فَقَدِ اهْتَدَوْا ۖ وَإِنْ تَوَلَّوْا فَإِنَّمَا عَلَيْكَ الْبَلَاغُ ۗ وَاللَّهُ بَصِيرٌ بِالْعِبَادِ

آل عمران ۵۱-۴۹ = به عیسی کتاب آسمانی و حکمت و تورات و انجیل یاد می‌دهد. در شروع کار، او را به سوی بنی اسرائیل می‌فرستد تا به آن‌ها بگوید: "من از طرف خدا برایتان معجزه‌هایی روشن آورده‌ام. از گِل چیزی می‌سازم شبیه پرنده واقعی، بعد در آن فوت می‌کنم، پس با اجازۀ خدا پرنده‌ای جاندار می‌شود.[1] و با اجازۀ خدا کور مادرزاد و آدم پیسی گرفته را هم شفا می‌دهم، مرده زنده می‌کنم. همینطور می‌توانم به شما بگویم که در خانه‌هایتان چه می‌خورید یا چه ذخیره می‌کنید. این کارها نشانۀ خوبی است برای شما در پی بردن به حقانیّت من. اگر واقعاً ایمان داشته باشید آمده‌ام تا کتاب آسمانی موجود یعنی تورات را تأیید کنم و در عین حال بعضی چیزهایی که بر شما حرام شده بود را برایتان حلال کنم. بله، با معجزه پیشتان آمده‌ام. پس در حضور خدا مراقب رفتارتان باشید و از من الگو بگیرید. خدا صاحب اختیار من و شماست او را بپرستید که راه درست زندگی همین است."

وَرَسُولًا إِلَىٰ بَنِي إِسْرَائِيلَ أَنِّي قَدْ جِئْتُكُمْ بِآيَةٍ مِنْ رَبِّكُمْ ۖ أَنِّي أَخْلُقُ لَكُمْ مِنَ الطِّينِ كَهَيْئَةِ

۱. (یعنی خدایی که می‌تواند در جلوی دید شما پرندۀ گِلی را تبدیل به پرندۀ واقعی و جاندار کند، می‌تواند حضرت مسیح را فقط از مادر متولد کند و یا حضرت آدم را بدون پدر و مادر از گِل بیافریند)

الطَّيْرِ فَأَنْفُخُ فِيهِ فَيَكُونُ طَيْرًا بِإِذْنِ اللَّهِ ۖ وَأُبْرِئُ الْأَكْمَهَ وَالْأَبْرَصَ وَأُحْيِي الْمَوْتَىٰ بِإِذْنِ اللَّهِ ۖ وَأُنَبِّئُكُمْ بِمَا تَأْكُلُونَ وَمَا تَدَّخِرُونَ فِي بُيُوتِكُمْ ۚ إِنَّ فِي ذَٰلِكَ لَآيَةً لَكُمْ إِنْ كُنْتُمْ مُؤْمِنِينَ

وَمُصَدِّقًا لِمَا بَيْنَ يَدَيَّ مِنَ التَّوْرَاةِ وَلِأُحِلَّ لَكُمْ بَعْضَ الَّذِي حُرِّمَ عَلَيْكُمْ ۚ وَجِئْتُكُمْ بِآيَةٍ مِنْ رَبِّكُمْ فَاتَّقُوا اللَّهَ وَأَطِيعُونِ

إِنَّ اللَّهَ رَبِّي وَرَبُّكُمْ فَاعْبُدُوهُ ۗ هَٰذَا صِرَاطٌ مُسْتَقِيمٌ

آل عمران ۵۸-۶۱ = این داستان راه که به دقت برایت می‌خوانیم از نشانه‌های حقانیّت تو است و پند حکیمانه است. در واقع، داستان آفرینش عیسی از نظر خدا، مثل آفرینش آدم است که بدنش را از خاک آفرید و بعد به او دستور داد "موجود زنده باش" در لحظه همان شد. آنچه درباره عیسی گفتیم حق بود و از طرف خدا، پس درباره‌اش اصلاً شک نکن.

ذَٰلِكَ نَتْلُوهُ عَلَيْكَ مِنَ الْآيَاتِ وَالذِّكْرِ الْحَكِيمِ

إِنَّ مَثَلَ عِيسَىٰ عِنْدَ اللَّهِ كَمَثَلِ آدَمَ ۖ خَلَقَهُ مِنْ تُرَابٍ ثُمَّ قَالَ لَهُ كُنْ فَيَكُونُ

الْحَقُّ مِنْ رَبِّكَ فَلَا تَكُنْ مِنَ الْمُمْتَرِينَ

فَمَنْ حَاجَّكَ فِيهِ مِنْ بَعْدِ مَا جَاءَكَ مِنَ الْعِلْمِ فَقُلْ تَعَالَوْا نَدْعُ أَبْنَاءَنَا وَأَبْنَاءَكُمْ وَنِسَاءَنَا وَنِسَاءَكُمْ وَأَنْفُسَنَا وَأَنْفُسَكُمْ ثُمَّ نَبْتَهِلْ فَنَجْعَلْ لَعْنَتَ اللَّهِ عَلَى الْكَاذِبِينَ

آل عمران ۶۳-۶۵ = بعد از جریان مباهله، اگر باز هم از پذیرش حق سرپیچی کنند، خدا حال خراب‌کارهای لجباز را خوب می‌داند. به اهل کتاب پیشنهاد بده: "بیائید بر سر این حرف که بین ما و شما یکی است، پافشاری کنیم، جز خدا را عبادت نکنیم و بت نپرستیم و افرادی از خودمان را به جای خدا ارباب‌های خود ندانیم. اگر با این پیشنهاد مخالفت کردن: بگویید: "بدانید که ما در هر حال بر این اصل مشترک عمل می‌کنیم.

ای اهل کتاب، چرا دربارهٔ ابراهیم هم‌دیگر چون و چرا می‌کنید و او را دنبال‌رو

دین خود می‌دانید؟ تورات و انجیل که بعد از او فرستاده شده! پس چرا عقلتان را به کار نمی‌اندازید؟

فَإِنْ تَوَلَّوْا فَإِنَّ اللَّهَ عَلِيمٌ بِالْمُفْسِدِينَ

قُلْ يَا أَهْلَ الْكِتَابِ تَعَالَوْا إِلَىٰ كَلِمَةٍ سَوَاءٍ بَيْنَنَا وَبَيْنَكُمْ أَلَّا نَعْبُدَ إِلَّا اللَّهَ وَلَا نُشْرِكَ بِهِ شَيْئًا وَلَا يَتَّخِذَ بَعْضُنَا بَعْضًا أَرْبَابًا مِنْ دُونِ اللَّهِ ۚ فَإِنْ تَوَلَّوْا فَقُولُوا اشْهَدُوا بِأَنَّا مُسْلِمُونَ

يَا أَهْلَ الْكِتَابِ لِمَ تُحَاجُّونَ فِي إِبْرَاهِيمَ وَمَا أُنْزِلَتِ التَّوْرَاةُ وَالْإِنْجِيلُ إِلَّا مِنْ بَعْدِهِ ۚ أَفَلَا تَعْقِلُونَ

آل عمران ۶۷-۷۱ = ابراهیم نه یهودی بود، نه مسیحی، بلکه انسانی بود میانه‌رو و تسلیم دستورهای خدا، هرگز هم بت‌پرست نبود. در حقیقت نزدیک‌ترین مردم به ابراهیم همان پیروان او هستند و این پیامبر یعنی محمّد (صلی الله علیه و آله و سلم) و نیز مسلمان. خدا همه کس و کار مؤمنان است. گروهی از اهل کتاب آرزو دارند که گمراهتان کنند در حالی که دارند خودشان را گمراه می‌کنند و نمی‌فهمند.

ای اهل کتاب چرا نشانه‌های پیامبر محمّد را قبول نمی‌کنید با اینکه در تورات و انجیل هم آن نشانه‌ها را دیده‌اید. چرا حقّ را وارونه جلوه می‌دهید و حقیقت را آگاهانه کتمان می‌کنید.

يَا أَهْلَ الْكِتَابِ لِمَ تَلْبِسُونَ الْحَقَّ بِالْبَاطِلِ وَتَكْتُمُونَ الْحَقَّ وَأَنْتُمْ تَعْلَمُونَ

وَقَالَتْ طَائِفَةٌ مِنْ أَهْلِ الْكِتَابِ آمِنُوا بِالَّذِي أُنْزِلَ عَلَى الَّذِينَ آمَنُوا وَجْهَ النَّهَارِ وَاكْفُرُوا آخِرَهُ لَعَلَّهُمْ يَرْجِعُونَ

وَلَا تُؤْمِنُوا إِلَّا لِمَنْ تَبِعَ دِينَكُمْ قُلْ إِنَّ الْهُدَىٰ هُدَى اللَّهِ أَنْ يُؤْتَىٰ أَحَدٌ مِثْلَ مَا أُوتِيتُمْ أَوْ يُحَاجُّوكُمْ عِنْدَ رَبِّكُمْ ۗ قُلْ إِنَّ الْفَضْلَ بِيَدِ اللَّهِ يُؤْتِيهِ مَنْ يَشَاءُ ۗ وَاللَّهُ وَاسِعٌ عَلِيمٌ

---

۱. (یهودی‌ها می‌گفتند حضرت ابراهیم یهودی بوده و مسیحی‌ها می‌گفتند او مسیحی بوده.)

يَخْتَصُّ بِرَحْمَتِهِ مَنْ يَشَاءُ ۗ وَاللَّهُ ذُو الْفَضْلِ الْعَظِيمِ

وَمِنْ أَهْلِ الْكِتَابِ مَنْ إِنْ تَأْمَنْهُ بِقِنْطَارٍ يُؤَدِّهِ إِلَيْكَ وَمِنْهُمْ مَنْ إِنْ تَأْمَنْهُ بِدِينَارٍ لَا يُؤَدِّهِ إِلَيْكَ إِلَّا مَا دُمْتَ عَلَيْهِ قَائِمًا ۗ ذَٰلِكَ بِأَنَّهُمْ قَالُوا لَيْسَ عَلَيْنَا فِي الْأُمِّيِّينَ سَبِيلٌ وَيَقُولُونَ عَلَى اللَّهِ الْكَذِبَ وَهُمْ يَعْلَمُونَ

بَلَىٰ مَنْ أَوْفَىٰ بِعَهْدِهِ وَاتَّقَىٰ فَإِنَّ اللَّهَ يُحِبُّ الْمُتَّقِينَ

آل عمران ۸۴-۸۵ = پیامبر بگو: "ایمان آورده‌ایم به خدا و به آنچه بر ما فرستاده شده و به آنچه بر ابراهیم، اسماعیل، اسحاق، یعقوب و پیامبران از نسل یعقوب فرستاده شده و به آنچه به موسی و عیسی و به همه پیامبران از طرف خدا داده شده است در اصل نبوّت بین هیچ کدامشان فرق نمی‌گذاریم و در برابر خدا کاملاً تسلیم هستیم."

قُلْ آمَنَّا بِاللَّهِ وَمَا أُنْزِلَ عَلَيْنَا وَمَا أُنْزِلَ عَلَىٰ إِبْرَاهِيمَ وَإِسْمَاعِيلَ وَإِسْحَاقَ وَيَعْقُوبَ وَالْأَسْبَاطِ وَمَا أُوتِيَ مُوسَىٰ وَعِيسَىٰ وَالنَّبِيُّونَ مِنْ رَبِّهِمْ لَا نُفَرِّقُ بَيْنَ أَحَدٍ مِنْهُمْ وَنَحْنُ لَهُ مُسْلِمُونَ

وَمَنْ يَبْتَغِ غَيْرَ الْإِسْلَامِ دِينًا فَلَنْ يُقْبَلَ مِنْهُ وَهُوَ فِي الْآخِرَةِ مِنَ الْخَاسِرِينَ

نسا ۵۴-۵۵ = به پیامبر و اهل بیت اش برای جایگاهی که خدا از سر بزرگواری به آن‌ها داده حسودی می‌کنند. چه حسادتی بی جایی! ما که به پیامبران ابراهیمی هم کتاب و حکمت دادیم و حکومت قدرتمندی در اختیارشان گذاشتیم، به هر حال عده‌ای از آن‌ها به پیامبران ایمان آوردند بعضی هم از او رو گرداندند. و همین بس که جهنم سوزان جزایشان باشد.

أَمْ يَحْسُدُونَ النَّاسَ عَلَىٰ مَا آتَاهُمُ اللَّهُ مِنْ فَضْلِهِ ۖ فَقَدْ آتَيْنَا آلَ إِبْرَاهِيمَ الْكِتَابَ وَالْحِكْمَةَ وَآتَيْنَاهُمْ مُلْكًا عَظِيمًا

فَمِنْهُمْ مَنْ آمَنَ بِهِ وَمِنْهُمْ مَنْ صَدَّ عَنْهُ ۚ وَكَفَىٰ بِجَهَنَّمَ سَعِيرًا

نسا ۱۵۰-۱۵۳ = کسانی که خدا و پیامبزانش را درست و کامل باور ندارند، یعنی می‌خواهند در ایمان آوردن به خدا و پیامبرانش فرق بگذارند، به این صورت که می‌گویند: "بعضی از پیامبران را قبول داریم و بعضی دیگر را نه" و می‌خواهند در این میان به راه دلخواه خودشان بروند. آن‌ها با این باورهای نیم‌بند حقیقتاً بی‌دین‌اند و برای این بی‌دین‌ها عذابی خِفَّت‌بار آماده کرده‌ایم. ولی کسانی که خدا و پیامبرانش را باور دارند و در اصل نبوّت بین هیچ یک از پیامبران فرق نمی‌گذارند، خدا پاداش‌شان را خواهد داد آخر خدا آمرزنده مهربان است.

إِنَّ الَّذِينَ يَكْفُرُونَ بِاللَّهِ وَرُسُلِهِ وَيُرِيدُونَ أَنْ يُفَرِّقُوا بَيْنَ اللَّهِ وَرُسُلِهِ وَيَقُولُونَ نُؤْمِنُ بِبَعْضٍ وَنَكْفُرُ بِبَعْضٍ وَيُرِيدُونَ أَنْ يَتَّخِذُوا بَيْنَ ذَٰلِكَ سَبِيلًا

أُولَٰئِكَ هُمُ الْكَافِرُونَ حَقًّا ۚ وَأَعْتَدْنَا لِلْكَافِرِينَ عَذَابًا مُهِينًا

وَالَّذِينَ آمَنُوا بِاللَّهِ وَرُسُلِهِ وَلَمْ يُفَرِّقُوا بَيْنَ أَحَدٍ مِنْهُمْ أُولَٰئِكَ سَوْفَ يُؤْتِيهِمْ أُجُورَهُمْ ۗ وَكَانَ اللَّهُ غَفُورًا رَحِيمًا

يَسْأَلُكَ أَهْلُ الْكِتَابِ أَنْ تُنَزِّلَ عَلَيْهِمْ كِتَابًا مِنَ السَّمَاءِ ۚ فَقَدْ سَأَلُوا مُوسَىٰ أَكْبَرَ مِنْ ذَٰلِكَ فَقَالُوا أَرِنَا اللَّهَ جَهْرَةً فَأَخَذَتْهُمُ الصَّاعِقَةُ بِظُلْمِهِمْ ۚ ثُمَّ اتَّخَذُوا الْعِجْلَ مِنْ بَعْدِ مَا جَاءَتْهُمُ الْبَيِّنَاتُ فَعَفَوْنَا عَنْ ذَٰلِكَ ۚ وَآتَيْنَا مُوسَىٰ سُلْطَانًا مُبِينًا

نسا ۱۷۱-۱۷۲ = مسیحی‌ها، در معارف دین‌تان تحریف و بزرگنمایی نکنید و دربارهٔ خدا جز حقیقت نگویید. عیسی مسیح، پسر مریم، فقط پیامبر خدا بود و البته مخلوق ویژه‌اش و روحی از او که به مریم هدیه داد. بنابراین به خدا و پیامبرانش ایمان بیاورید و نگویید: "سه خدا هست" به نفع‌تان است که از این حرف‌ها دست بردارید. خدا فقط معبود یگانه است و شأنش بالاتر از این است که فرزندی را داشته باشد زیرا آنچه در آسمان‌ها و زمین است، فقط مال خداست همین بس که چنین خدایی همه‌کارهٔ عالم باشد.

مسیح از اینکه بنده او باشد، هرگز سرپیچی نکرده و نمی‌کند. فرشتگان نزدیک به خدا هم همینطور. خدا افرادی را که از پرستش او سرپیچی کنند و شاخ و شانه بکشند به همین زودی‌ها در پیشگاه خودش یکجا احضار می‌کند.

يَا أَهْلَ الْكِتَابِ لَا تَغْلُوا فِي دِينِكُمْ وَلَا تَقُولُوا عَلَى اللَّهِ إِلَّا الْحَقَّ ۚ إِنَّمَا الْمَسِيحُ عِيسَى ابْنُ مَرْيَمَ رَسُولُ اللَّهِ وَكَلِمَتُهُ أَلْقَاهَا إِلَىٰ مَرْيَمَ وَرُوحٌ مِنْهُ ۖ فَآمِنُوا بِاللَّهِ وَرُسُلِهِ ۖ وَلَا تَقُولُوا ثَلَاثَةٌ ۚ انْتَهُوا خَيْرًا لَكُمْ ۚ إِنَّمَا اللَّهُ إِلَٰهٌ وَاحِدٌ ۖ سُبْحَانَهُ أَنْ يَكُونَ لَهُ وَلَدٌ ۘ لَهُ مَا فِي السَّمَاوَاتِ وَمَا فِي الْأَرْضِ ۗ وَكَفَىٰ بِاللَّهِ وَكِيلًا

لَنْ يَسْتَنْكِفَ الْمَسِيحُ أَنْ يَكُونَ عَبْدًا لِلَّهِ وَلَا الْمَلَائِكَةُ الْمُقَرَّبُونَ ۚ وَمَنْ يَسْتَنْكِفْ عَنْ عِبَادَتِهِ وَيَسْتَكْبِرْ فَسَيَحْشُرُهُمْ إِلَيْهِ جَمِيعًا

مائده ۱۵-۱۷ = ای اهل کتاب فرستادهٔ ما محمّد (صلی الله علیه و آله) **به سویتان آمده است. خیلی از مطالب تورات و انجیل را که همیشه مخفی می‌کردید، او برایتان آشکار می‌کند و از خیلی پنهان‌کاری‌هایتان هم چشم می‌پوشد.**

بله، این کتاب نورانی و روشن‌گر یعنی قرآن، از طرف خدا به سوی شما آمده است. تا خدا با آن، آنانی را که دنبال رضای او هستند را به راه‌های سلامت و خوشبختی راهنمایی کند و آنان را زیر نظر خودش از تاریکی‌های اعتقادی و اخلاقی به طرف نور معرفت و پاکی بیرون بکشد و به راه درست زندگی ببرد.

کسانی که عقیده دارند. خدا همان مسیح پسر مریم است. حتماً بی‌دین شده‌اند. پیامبر به آن‌ها هشدار بده، اگر خدا اراده کند که مسیح پسر مریم و مادرش و همه ساکنان روی زمین را نابود کند، در برابر اراده‌اش از دست چه کسی کوچک‌ترین کاری ساخته است؟! فرمان‌روایی آسمان و زمین و آنچه میان آن‌هاست در اختیار خداست. زیرا او هرچه بخواهد می‌آفریند. بله، خدا از عهده هر کاری برمی‌آید.

يَا أَهْلَ الْكِتَابِ قَدْ جَاءَكُمْ رَسُولُنَا يُبَيِّنُ لَكُمْ كَثِيرًا مِمَّا كُنْتُمْ تُخْفُونَ مِنَ الْكِتَابِ وَيَعْفُو عَنْ كَثِيرٍ ۚ قَدْ جَاءَكُمْ مِنَ اللَّهِ نُورٌ وَكِتَابٌ مُبِينٌ

یَهْدِي بِهِ اللَّهُ مَنِ اتَّبَعَ رِضْوَانَهُ سُبُلَ السَّلَامِ وَيُخْرِجُهُمْ مِنَ الظُّلُمَاتِ إِلَى النُّورِ بِإِذْنِهِ وَيَهْدِيهِمْ إِلَىٰ صِرَاطٍ مُسْتَقِيمٍ

لَقَدْ كَفَرَ الَّذِينَ قَالُوا إِنَّ اللَّهَ هُوَ الْمَسِيحُ ابْنُ مَرْيَمَ ۚ قُلْ فَمَنْ يَمْلِكُ مِنَ اللَّهِ شَيْئًا إِنْ أَرَادَ أَنْ يُهْلِكَ الْمَسِيحَ ابْنَ مَرْيَمَ وَأُمَّهُ وَمَنْ فِي الْأَرْضِ جَمِيعًا ۗ وَلِلَّهِ مُلْكُ السَّمَاوَاتِ وَالْأَرْضِ وَمَا بَيْنَهُمَا ۚ يَخْلُقُ مَا يَشَاءُ ۚ وَاللَّهُ عَلَىٰ كُلِّ شَيْءٍ قَدِيرٌ

مائده ۱۹-۲۰ = ای اهل کتاب فرستاده ما محمد (صلی الله علیه و آله) در دورانی به سویتان آمد که مدتی طولانی پیامبری نیامده بود.

و خیلی از مطالب تورات و انجیل را که مخفی می‌کردند. برایتان آشکار کرد تا روز قیامت نگویید: "برای ما مژده‌رسان و هشداردهنده‌ای نیامد." الان دیگر مژده‌دهنده و هشداردهنده برایتان آمده است. بله خدا از عهدۀ هر کاری برمی‌آید. یادتان باشد که موسی به قومش گفت: "مردم لطف‌های خدا را در حق خودتان فراموش نکنید، وقتی بین‌تان پیامبرانی فرستاد و شما را صاحب اختیار خودتان کرد و چیزهایی به شما داد که به هیچ یک از جهانیان نداده بود"

يَا أَهْلَ الْكِتَابِ قَدْ جَاءَكُمْ رَسُولُنَا يُبَيِّنُ لَكُمْ عَلَىٰ فَتْرَةٍ مِنَ الرُّسُلِ أَنْ تَقُولُوا مَا جَاءَنَا مِنْ بَشِيرٍ وَلَا نَذِيرٍ ۖ فَقَدْ جَاءَكُمْ بَشِيرٌ وَنَذِيرٌ ۗ وَاللَّهُ عَلَىٰ كُلِّ شَيْءٍ قَدِيرٌ

وَإِذْ قَالَ مُوسَىٰ لِقَوْمِهِ يَا قَوْمِ اذْكُرُوا نِعْمَةَ اللَّهِ عَلَيْكُمْ إِذْ جَعَلَ فِيكُمْ أَنْبِيَاءَ وَجَعَلَكُمْ مُلُوكًا وَآتَاكُمْ مَا لَمْ يُؤْتِ أَحَدًا مِنَ الْعَالَمِينَ

مائده ۴۶-۴۸ = به دنبال پیامبران گذشته، عیسی‌بن‌مریم را فرستادیم که کتاب آسمانی موجود در آن زمان یعنی تورات را قبول داشت. به او انجیل دادیم که در آن، راهنمایی‌ها و روشن‌گری‌های ارزشمندی بود و تأیید کنندۀ کتاب آسمانی موجود در آن زمان یعنی تورات و همچنین انجیل، راهنما و پندی بود برای خود مراقبان.

۱. (در فاصله زمانی بین حضرت موسی و حضرت عیسی (علیه السلام) خیلی پیامبران آمدند اما از زمان حضرت عیسی (علیه السلام) تا زمان حضرت محمد (صلی الله علیه و آله) یعنی حدود ششصد سال حداکثر سه یا چهار پیامبر آمدند این دوران را به دوران فترت معروف است) مترجم قرآن

به مسیحی‌ها دستور دادیم براساس آنچه خدا در انجیل فرستاده داوری کنند. آن‌هایی که بر اساس آنچه خدا فرستاده است، داوری نکنند واقعاً منحرف‌اند.

این قرآن را حساب شده و هدف‌دار به سوی تو فرستادیم، که تأییدکننده کتاب‌های آسمانی موجود ست. و به علاوه از همه نظر بر آن‌ها فضیلت دارد. بنابراین بر اساس آنچه خدا فرستاده، بین همه داوری کن و با دنباله‌روی از هوی و هوس آن‌ها از احکام قرآن رو بر نگردان.

برای گروهی از شما راه و روش روشن در نظر گرفتیم. **اگر خدا می‌خواست همه شما را یک دست و با یک دین قرار می‌داد، ولی چنین نکرد تا با نعمت‌ها و استعدادهای مختلفی که به شما داده است امتحانتان کند.** بنابراین به جای بحث‌های اختلافی و بی‌فایده در کارهای خوب از همدیگر سبقت بگیرید به سوی خداست برگشتن همه‌تان. پس در قیامت از هر چیزی که سرش اختلاف داشته‌اید با خبرتان می‌کند.

وَقَفَّيْنَا عَلَىٰ آثَارِهِمْ بِعِيسَى ابْنِ مَرْيَمَ مُصَدِّقًا لِمَا بَيْنَ يَدَيْهِ مِنَ التَّوْرَاةِ ۖ وَآتَيْنَاهُ الْإِنْجِيلَ فِيهِ هُدًى وَنُورٌ وَمُصَدِّقًا لِمَا بَيْنَ يَدَيْهِ مِنَ التَّوْرَاةِ وَهُدًى وَمَوْعِظَةً لِلْمُتَّقِينَ

وَلْيَحْكُمْ أَهْلُ الْإِنْجِيلِ بِمَا أَنْزَلَ اللَّهُ فِيهِ ۚ وَمَنْ لَمْ يَحْكُمْ بِمَا أَنْزَلَ اللَّهُ فَأُولَٰئِكَ هُمُ الْفَاسِقُونَ

وَأَنْزَلْنَا إِلَيْكَ الْكِتَابَ بِالْحَقِّ مُصَدِّقًا لِمَا بَيْنَ يَدَيْهِ مِنَ الْكِتَابِ وَمُهَيْمِنًا عَلَيْهِ ۖ فَاحْكُمْ بَيْنَهُمْ بِمَا أَنْزَلَ اللَّهُ ۖ وَلَا تَتَّبِعْ أَهْوَاءَهُمْ عَمَّا جَاءَكَ مِنَ الْحَقِّ ۚ لِكُلٍّ جَعَلْنَا مِنْكُمْ شِرْعَةً وَمِنْهَاجًا ۚ وَلَوْ شَاءَ اللَّهُ لَجَعَلَكُمْ أُمَّةً وَاحِدَةً وَلَٰكِنْ لِيَبْلُوَكُمْ فِي مَا آتَاكُمْ ۖ فَاسْتَبِقُوا الْخَيْرَاتِ ۚ إِلَى اللَّهِ مَرْجِعُكُمْ جَمِيعًا فَيُنَبِّئُكُمْ بِمَا كُنْتُمْ فِيهِ تَخْتَلِفُونَ

مائده ۶۸ = بگو: "ای اهل کتاب، تا وقتی به تورات و انجیل کتاب‌های آسمانی که به سویتان فرستاده شده است، واقعاً عمل نکنید هیچ ارزش و اعتباری ندارید." قرآنی که به سوی تو فرستاده شده، سرکشی و بی‌دینی خیلی‌هایشان را حتماً زیادتر می‌کند. بنابراین تو دیگر به حال این جماعت بی‌دین افسوس نخور.

قُلْ يَا أَهْلَ الْكِتَابِ لَسْتُمْ عَلَىٰ شَيْءٍ حَتَّىٰ تُقِيمُوا التَّوْرَاةَ وَالْإِنْجِيلَ وَمَا أُنْزِلَ إِلَيْكُمْ مِنْ رَبِّكُمْ ۗ وَلَيَزِيدَنَّ كَثِيرًا مِنْهُمْ مَا أُنْزِلَ إِلَيْكَ مِنْ رَبِّكَ طُغْيَانًا وَكُفْرًا ۖ فَلَا تَأْسَ عَلَى الْقَوْمِ الْكَافِرِينَ

مائده ۸۳ = وقتی مسیحی‌های واقعی به آنچه بر پیامبر فرستاده شده گوش فرا می‌دهند، بر اثر شناختی که از حقیقت پیدا می‌کنند، می‌بینی مثل ابر بهار می‌گریند. آنان می‌گویند: "خدایا اسلام آوردیم." پس ما را هم نشین کسانی کن که به یکتایی خدا و برحقّ بودن این گواهی می‌دهند.

وَإِذَا سَمِعُوا مَا أُنْزِلَ إِلَى الرَّسُولِ تَرَىٰ أَعْيُنَهُمْ تَفِيضُ مِنَ الدَّمْعِ مِمَّا عَرَفُوا مِنَ الْحَقِّ ۖ يَقُولُونَ رَبَّنَا آمَنَّا فَاكْتُبْنَا مَعَ الشَّاهِدِينَ

انعام ۸۴-۸۷ = به ابراهیم، اسحاق و یعقوب را بخشیدیم و دست تک تکشان را گرفتیم. البته قبل از آن به نوح کمک کرده بودیم. از نسل ابراهیم، دست اینان را هم گرفتیم، داوود، سلیمان، ایّوب، یوسف، موسی و هارون. بله، به درستکاران اینطور پاداش می‌دهیم. دست زکرّیا، یحیی، عیسی و الیاس را هم گرفتیم و همگی‌شان را بر جهانیان برتری دادیم و نیز گروهی از پدران و فرزندان و برادرانشان را برتری دادیم و آنان را برگزیدیم و به راه درست زندگی سوقشان دادیم.

وَوَهَبْنَا لَهُ إِسْحَاقَ وَيَعْقُوبَ ۚ كُلًّا هَدَيْنَا ۚ وَنُوحًا هَدَيْنَا مِنْ قَبْلُ ۖ وَمِنْ ذُرِّيَّتِهِ دَاوُودَ وَسُلَيْمَانَ وَأَيُّوبَ وَيُوسُفَ وَمُوسَىٰ وَهَارُونَ ۚ وَكَذَٰلِكَ نَجْزِي الْمُحْسِنِينَ

وَزَكَرِيَّا وَيَحْيَىٰ وَعِيسَىٰ وَإِلْيَاسَ ۖ كُلٌّ مِنَ الصَّالِحِينَ

وَإِسْمَاعِيلَ وَالْيَسَعَ وَيُونُسَ وَلُوطًا ۚ وَكُلًّا فَضَّلْنَا عَلَى الْعَالَمِينَ

وَمِنْ آبَائِهِمْ وَذُرِّيَّاتِهِمْ وَإِخْوَانِهِمْ ۖ وَاجْتَبَيْنَاهُمْ وَهَدَيْنَاهُمْ إِلَىٰ صِرَاطٍ مُسْتَقِيمٍ

رعد ۳۶ = ابتدای ظهور اسلام، اهل کتاب از آیه‌هایی که بر تو فرستاده می‌شد خوشحال می‌شدند، ولی عدّه‌ای از آن‌ها آیه‌هایی را انکار می‌کردند، که با باورهای

غلطشان جور در نمی‌آمد. بگو: "به من فرمان رسیده است که خدا را عبادت کنم و کسی را به جای او نپرستم و مردم را فقط به سوی او دعوت کنم و در همه حال فقط به درگاه او رو کنم."

وَالَّذِينَ آتَيْنَاهُمُ الْكِتَابَ يَفْرَحُونَ بِمَا أُنْزِلَ إِلَيْكَ ۖ وَمِنَ الْأَحْزَابِ مَنْ يُنْكِرُ بَعْضَهُ ۚ قُلْ إِنَّمَا أُمِرْتُ أَنْ أَعْبُدَ اللَّهَ وَلَا أُشْرِكَ بِهِ ۚ إِلَيْهِ أَدْعُو وَإِلَيْهِ مَآبِ

یوسف ۱۱۱ = در داستان پیامبران از جمله یوسف، درس عبرتی برای خردمندان است. قرآن که این داستان‌ها را در بر دارد، محال است سخنی ساختگی باشد، بلکه هماهنگ است. با کتاب‌های آسمانی موجود و نیز توضیحی است درباره تمام آنچه همگان به آن نیاز دارند و راهنمایی و رحمتی ویژه است برای مؤمنان.

لَقَدْ كَانَ فِي قَصَصِهِمْ عِبْرَةٌ لِأُولِي الْأَلْبَابِ ۗ مَا كَانَ حَدِيثًا يُفْتَرَىٰ وَلَٰكِنْ تَصْدِيقَ الَّذِي بَيْنَ يَدَيْهِ وَتَفْصِيلَ كُلِّ شَيْءٍ وَهُدًى وَرَحْمَةً لِقَوْمٍ يُؤْمِنُونَ

بنی اسرائیل(اسراء) ۲-۴ = به موسی تورات دادیم و آن را راهنمای بنی‌اسرائیل قرار دادیم. اصل حرفمان این بود: "در زندگی به کسی غیر از من تکیه نکنید." آن‌ها از نسل کسانی بودند، که با نوح سوار آن کشتی عظیمشان کردیم. یادش بخیر نوح چه بنده شکرگزاری بود.

در کتاب تورات به بنی‌اسرائیل خبر قطعی دادیم شما دو بار در سرزمین فلسطین وحشیانه به خراب‌کاری و سلطه‌گری دست می‌زنید.

وَآتَيْنَا مُوسَى الْكِتَابَ وَجَعَلْنَاهُ هُدًى لِبَنِي إِسْرَائِيلَ أَلَّا تَتَّخِذُوا مِنْ دُونِي وَكِيلًا

ذُرِّيَّةَ مَنْ حَمَلْنَا مَعَ نُوحٍ ۚ إِنَّهُ كَانَ عَبْدًا شَكُورًا

وَقَضَيْنَا إِلَىٰ بَنِي إِسْرَائِيلَ فِي الْكِتَابِ لَتُفْسِدُنَّ فِي الْأَرْضِ مَرَّتَيْنِ وَلَتَعْلُنَّ عُلُوًّا كَبِيرًا

بنی اسرائیل(اسراء) ۸۵ = یهودی‌ها دربارهٔ روح از تو می‌پرسند و بگو: " روح آفریده مخصوص خداست و دانشی که درباره روح به شما داده شده خیلی کم است."

وَيَسْأَلُونَكَ عَنِ الرُّوحِ ۖ قُلِ الرُّوحُ مِنْ أَمْرِ رَبِّي وَمَا أُوتِيتُمْ مِنَ الْعِلْمِ إِلَّا قَلِيلًا

مریم ۲۷-۳۵ = (وقتی مریم) کودکش را بغل کرد و پیش قومش آورد. آن‌ها بُهت زده گفتند: "مریم این دیگر چه کاری بود کردی؟ تو که با اصل و نَسَب هستی دیگر چرا؟ نه پدرت عمران، مردی لاابالی بود و نه مادرت، حنا، بدکاره!" مریم به عیسی اشاره کرد که از خودش بپرسید. گفتند: "آخر با بچه قنداقی چطور حرف بزنیم؟" ناگهان عیسی به حرف آمد: "من بندهٔ خدایم. او به من کتاب مقدس داده و مرا به پیامبری انتخاب کرده، وجود من هرجا که باشم مایهٔ خیر و برکت قرار داده و سفارشم کرده است که تا زنده‌ام، نماز بخوانم و صدقه بدهم. کاری کرده که با مادرم خوش رفتار باشم و هیچ وقت زورگو و پند ناپذیر نباشم. درود بیکران بر من. روزی که به دنیا آمدم و روزی که از دنیا می‌روم و روزی که دوباره زنده می‌شوم...."

محمد، این است عیسی بن‌مریم و ماجرای واقعی او، همان که دربارهٔ آفرینش‌اش شک و شبهه می‌کنند. محال است خدا برای خودش فرزندی انتخاب کند. زیرا او منزّه از این‌هاست. وقتی چیزی بخواهد فقط تا فرمان بدهد "باش" به سرعت به وجود می‌آید.

فَأَتَتْ بِهِ قَوْمَهَا تَحْمِلُهُ ۖ قَالُوا يَا مَرْيَمُ لَقَدْ جِئْتِ شَيْئًا فَرِيًّا

يَا أُخْتَ هَارُونَ مَا كَانَ أَبُوكِ امْرَأَ سَوْءٍ وَمَا كَانَتْ أُمُّكِ بَغِيًّا

فَأَشَارَتْ إِلَيْهِ ۖ قَالُوا كَيْفَ نُكَلِّمُ مَنْ كَانَ فِي الْمَهْدِ صَبِيًّا

قَالَ إِنِّي عَبْدُ اللَّهِ آتَانِيَ الْكِتَابَ وَجَعَلَنِي نَبِيًّا

وَجَعَلَنِي مُبَارَكًا أَيْنَ مَا كُنْتُ وَأَوْصَانِي بِالصَّلَاةِ وَالزَّكَاةِ مَا دُمْتُ حَيًّا

وَبَرًّا بِوَالِدَتِي وَلَمْ يَجْعَلْنِي جَبَّارًا شَقِيًّا

وَالسَّلَامُ عَلَيَّ يَوْمَ وُلِدْتُ وَيَوْمَ أَمُوتُ وَيَوْمَ أُبْعَثُ حَيًّا

ذَٰلِكَ عِيسَى ابْنُ مَرْيَمَ ۚ قَوْلَ الْحَقِّ الَّذِي فِيهِ يَمْتَرُونَ

مَا كَانَ لِلَّهِ أَنْ يَتَّخِذَ مِنْ وَلَدٍ ۖ سُبْحَانَهُ ۚ إِذَا قَضَىٰ أَمْرًا فَإِنَّمَا يَقُولُ لَهُ كُنْ فَيَكُونُ

مریم ۳۶-۳۸ = عیسی ادامه داد: "... در حقیقت خدا صاحب اختیار من و شماست. بپرستیدش که راه درست همین است. با وجود این صراحت کلام عیسی، بعدها خیلی از فرقه‌های مسیحی درباره‌اش اختلاف نظر کردند. وای بر آن‌ها برای حضورشان در روزی خطیر. چون در این‌باره تحریف و بزرگ‌نمایی کردند. روزی که پشیمان می‌آیند، چون شنوا و دانایند امروز؟ ولی این قماش ستمکار غرق گمراهی‌اند.

وَإِنَّ اللَّهَ رَبِّي وَرَبُّكُمْ فَاعْبُدُوهُ ۚ هَٰذَا صِرَاطٌ مُسْتَقِيمٌ

فَاخْتَلَفَ الْأَحْزَابُ مِنْ بَيْنِهِمْ ۖ فَوَيْلٌ لِلَّذِينَ كَفَرُوا مِنْ مَشْهَدِ يَوْمٍ عَظِيمٍ

أَسْمِعْ بِهِمْ وَأَبْصِرْ يَوْمَ يَأْتُونَنَا ۖ لَٰكِنِ الظَّالِمُونَ الْيَوْمَ فِي ضَلَالٍ مُبِينٍ

مریم ۴۱-۴۵ = در این سوره داستان ابراهیم را هم برای مردم بازگو کن. او پیامبری با صداقت بود. به عموی خود آزر گفت: "عمو جان، آخر چرا چیزی را می‌پرستید که نه می‌شنوند و نه می‌بینند و نه دردی از شما دوا می‌کند؟ عمو جان از راه وحی دانشی نصیبم شده. که نصیب شما نشده است. پس بیایید و از من پیروی کنید تا به راهی درست راهنمایتان کنم. عمو جان از شیطان اطاعت نکنید که شیطان در برابر خدای رحمان نافرمان است. عمو جان واقعاً از این می‌ترسم که عذاب خوارکنندهٔ خدای رحمان سراغتان بیاید و آن وقت همنشین شیطان بشوید."

وَاذْكُرْ فِي الْكِتَابِ إِبْرَاهِيمَ ۚ إِنَّهُ كَانَ صِدِّيقًا نَبِيًّا

إِذْ قَالَ لِأَبِيهِ يَا أَبَتِ لِمَ تَعْبُدُ مَا لَا يَسْمَعُ وَلَا يُبْصِرُ وَلَا يُغْنِي عَنْكَ شَيْئًا

يَا أَبَتِ إِنِّي قَدْ جَاءَنِي مِنَ الْعِلْمِ مَا لَمْ يَأْتِكَ فَاتَّبِعْنِي أَهْدِكَ صِرَاطًا سَوِيًّا

يَا أَبَتِ لَا تَعْبُدِ الشَّيْطَانَ ۖ إِنَّ الشَّيْطَانَ كَانَ لِلرَّحْمَٰنِ عَصِيًّا

يَا أَبَتِ إِنِّي أَخَافُ أَنْ يَمَسَّكَ عَذَابٌ مِنَ الرَّحْمَٰنِ فَتَكُونَ لِلشَّيْطَانِ وَلِيًّا

مریم ۵۰ = وقتی با دوری از آن‌ها و بت‌هایی که به جای خدا می‌پرستیدند، به دیار غربت رفت، پسری به نام اسحاق و نوه به نام یعقوب به او بخشیدیم و این نسل را پیامبر کردیم. همچنین از رحمت ویژۀ خودمان برخوردارشان ساختیم و نامی نیک و آوازه‌ای بلند برایشان به یادگار گذاشتیم.

وَوَهَبْنَا لَهُمْ مِنْ رَحْمَتِنَا وَجَعَلْنَا لَهُمْ لِسَانَ صِدْقٍ عَلِيًّا

مریم ۵۱-۶۰ = در این سوره از موسی هم یاد کن. او بنده ای ناب (مخلص)و فرستاده خدا و پیامبری بزرگوار بود.

از سمت راست کوه طور صدایش زدیم و بعد رمز و راز گویان به خودمان نزدیکش کردیم. از رحمت خود، برادرش هارون نبّی را معاون او کردیم.

وَاذْكُرْ فِي الْكِتَابِ مُوسَىٰ ۚ إِنَّهُ كَانَ مُخْلَصًا وَكَانَ رَسُولًا نَبِيًّا

وَنَادَيْنَاهُ مِنْ جَانِبِ الطُّورِ الْأَيْمَنِ وَقَرَّبْنَاهُ نَجِيًّا

وَوَهَبْنَا لَهُ مِنْ رَحْمَتِنَا أَخَاهُ هَارُونَ نَبِيًّا

وَاذْكُرْ فِي الْكِتَابِ إِسْمَاعِيلَ ۚ إِنَّهُ كَانَ صَادِقَ الْوَعْدِ وَكَانَ رَسُولًا نَبِيًّا

وَكَانَ يَأْمُرُ أَهْلَهُ بِالصَّلَاةِ وَالزَّكَاةِ وَكَانَ عِنْدَ رَبِّهِ مَرْضِيًّا

وَاذْكُرْ فِي الْكِتَابِ إِدْرِيسَ ۚ إِنَّهُ كَانَ صِدِّيقًا نَبِيًّا ، وَرَفَعْنَاهُ مَكَانًا عَلِيًّا

أُولَٰئِكَ الَّذِينَ أَنْعَمَ اللَّهُ عَلَيْهِمْ مِنَ النَّبِيِّينَ مِنْ ذُرِّيَّةِ آدَمَ وَمِمَّنْ حَمَلْنَا مَعَ نُوحٍ وَمِنْ ذُرِّيَّةِ إِبْرَاهِيمَ وَإِسْرَائِيلَ وَمِمَّنْ هَدَيْنَا وَاجْتَبَيْنَا ۚ إِذَا تُتْلَىٰ عَلَيْهِمْ آيَاتُ الرَّحْمَٰنِ خَرُّوا سُجَّدًا وَبُكِيًّا ۩

فَخَلَفَ مِنْ بَعْدِهِمْ خَلْفٌ أَضَاعُوا الصَّلَاةَ وَاتَّبَعُوا الشَّهَوَاتِ ۖ فَسَوْفَ يَلْقَوْنَ غَيًّا

إِلّا مَنْ تَابَ وَآمَنَ وَعَمِلَ صَالِحًا فَأُولَٰئِكَ يَدْخُلُونَ الْجَنَّةَ وَلَا يُظْلَمُونَ شَيْئًا

در این سوره از اسماعیل یاد کن، او مردی خوش قول و فرستادهٔ بزرگوار خداوند بود. خانواده‌اش را به نماز و صدقه سفارش می‌کرد و در نگاه صاحب اختیارش بنده‌ای پسندیده بود.

بالاخره در این سوره از ادریس هم یاد کن. او پیامبری با صداقت بود که او را به مقامی بلند مرتبه رساندیم. خدا به تمام اینایی که یادشان کردیم، نعمت ویژه داد. یعنی:

۱- به هشت پیامبر از نسل آدم، که اتفاقاً از نسل کسانی هستند که با نوح سوار کشتی‌شان کردیم و از نسل ابراهیم و یعقوب نیز به شمار می‌روند.

۲- به افرادی مانند مریم که دستشان را گرفتیم و آنان را برگزیدیم. وقتی آیات خدای رحمان را برایشان می‌خواندند، سجده‌کنان و گریه‌کنان به خاک می‌افتادند. بعدها نسل‌هایی به جایشان آمدند که نماز را ضایع کردند و اسیر شهوت‌رانی شدند. بالاخره به گمراهی خودشان پی خواهند برد. مگر آنانی که توبه کردند و ایمان آوردند و کار خوب کردند. آنان وارد بهشت می‌شوند و ذرّه‌ای به ایشان ستم نمی‌شود.

انبیا ۷-۸ = قبل از تو هم تمام فرستاده‌های ما برای پیامبری انسان‌هایی بودند از جنس مردم، با این فرق که به آن‌ها وحی می‌کردیم. اگر از این بی‌خبر هستید، خوب از عالمان یهود بپرسید. پیامبران را با بدنی نیافریدیم که به غذا احتیاج نداشته باشند. عمر جاودان هم نداشتند.

وَمَا أَرْسَلْنَا قَبْلَكَ إِلّا رِجَالًا نُوحِي إِلَيْهِمْ ۖ فَاسْأَلُوا أَهْلَ الذِّكْرِ إِنْ كُنْتُمْ لَا تَعْلَمُونَ

وَمَا جَعَلْنَاهُمْ جَسَدًا لَا يَأْكُلُونَ الطَّعَامَ وَمَا كَانُوا خَالِدِينَ

انبیا ۹۱-۹۲ = و در پایان، مریم، او در زندگی پاکدامن بود. ما هم با ارادهٔ الهی‌مان باردارش کردیم و او و بچه‌اش را به عنوان معجزه‌ای بزرگ به جهانیان شناساندیم.

در حقیقت همه از یک نوع هستند و باید یک هدف را دنبال کنید. تنها من صاحب اختیار شمایم، پس مرا عبادت کنید.

وَالَّتِي أَحْصَنَتْ فَرْجَهَا فَنَفَخْنَا فِيهَا مِنْ رُوحِنَا وَجَعَلْنَاهَا وَابْنَهَا آيَةً لِلْعَالَمِينَ إِنَّ هَٰذِهِ أُمَّتُكُمْ أُمَّةً وَاحِدَةً وَأَنَا رَبُّكُمْ فَاعْبُدُونِ

انبیا ۱۰۵-۱۰۷ = بعد از تورات موسی، در زبور داوود نوشتیم، که حکومت بر زمین به بندگان شایسته‌ام می‌رسد. حقایقی که در این سوره بیان شد، وسیله خوبی برای رسیدن مردم اهل عبادت به خوشبختی است. تو را هم برای این به پیامبری فرستادیم که با این حقایق، برای جهانیان مایهٔ رحمت باشی.

وَلَقَدْ كَتَبْنَا فِي الزَّبُورِ مِنْ بَعْدِ الذِّكْرِ أَنَّ الْأَرْضَ يَرِثُهَا عِبَادِيَ الصَّالِحُونَ

إِنَّ فِي هَٰذَا لَبَلَاغًا لِقَوْمٍ عَابِدِينَ

وَمَا أَرْسَلْنَاكَ إِلَّا رَحْمَةً لِلْعَالَمِينَ

حج ۶۷ = برای هر ملّتی عبادت‌های ویژه‌ای تعیین کرده بودیم که انجامش می‌دادند. برای مسلمانان هم همین‌طور... نباید با تو درگیر بشوند. برای اینکه این‌ها را از کجا آورده‌ای، تو مردم را به سوی خدا دعوت کن، زیرا یقیناً در مسیر درست هدایت هستی.

لِكُلِّ أُمَّةٍ جَعَلْنَا مَنْسَكًا هُمْ نَاسِكُوهُ ۖ فَلَا يُنَازِعُنَّكَ فِي الْأَمْرِ ۚ وَادْعُ إِلَىٰ رَبِّكَ ۖ إِنَّكَ لَعَلَىٰ هُدًى مُسْتَقِيمٍ

عنکبوت ۴۶-۴۹ = با اهل کتاب تنها با بهترین روش بحث و مناظره کنید. به جز با بعضیشان که از این ملایمت سوءاستفاده می‌کنند. **به آن‌ها بگویید: "هم به قرآنی که بر خودمان فرستاده شده و هم به تورات و انجیلی که بر شما فرستاده شده است، ایمان آورده‌ایم.** خدای ما و شما یکی است و در برابرش تسلیم هستیم." بر اساس همین تسلیم در برابر حقیقت، قرآن را بر تو فرستادیم. پس یهودیان و مسیحیان

واقعی به آن ایمان می‌آورند. گروهی از بت پرست‌ها هم به آن ایمان می‌آورند. **فقط بی‌دین‌های لجبازند که آیه‌ها و نشانه‌های ما را انکار می‌کنند.** تو قبل از نزول قرآن نه اهل خواندن بودی و نه اهل نوشتن وگر نه بهانه‌جوهای یاوه‌گو در وحی بودن قرآن تردید می‌کردند. این قرآن گردآوری شده از کتاب‌های دیگر نیست. بلکه آیه‌های روشنی است جا گرفته در سینهٔ کسانی که علم واقعی دارند. آیه‌های ما را فقط بدکاران انکار می‌کنند.

وَلَا تُجَادِلُوا أَهْلَ الْكِتَابِ إِلَّا بِالَّتِي هِيَ أَحْسَنُ إِلَّا الَّذِينَ ظَلَمُوا مِنْهُمْ ۖ وَقُولُوا آمَنَّا بِالَّذِي أُنْزِلَ إِلَيْنَا وَأُنْزِلَ إِلَيْكُمْ وَإِلَٰهُنَا وَإِلَٰهُكُمْ وَاحِدٌ وَنَحْنُ لَهُ مُسْلِمُونَ

وَكَذَٰلِكَ أَنْزَلْنَا إِلَيْكَ الْكِتَابَ ۚ فَالَّذِينَ آتَيْنَاهُمُ الْكِتَابَ يُؤْمِنُونَ بِهِ ۖ وَمِنْ هَٰؤُلَاءِ مَنْ يُؤْمِنُ بِهِ ۚ وَمَا يَجْحَدُ بِآيَاتِنَا إِلَّا الْكَافِرُونَ

وَمَا كُنْتَ تَتْلُو مِنْ قَبْلِهِ مِنْ كِتَابٍ وَلَا تَخُطُّهُ بِيَمِينِكَ ۖ إِذًا لَارْتَابَ الْمُبْطِلُونَ

بَلْ هُوَ آيَاتٌ بَيِّنَاتٌ فِي صُدُورِ الَّذِينَ أُوتُوا الْعِلْمَ ۚ وَمَا يَجْحَدُ بِآيَاتِنَا إِلَّا الظَّالِمُونَ

زخرف ۸۱-۸۲ = بگو: "اگر خدای رحمان فرزندی داشت، اوّلین عبادت کنندهٔ فرزندش خودم بودم." خدای آسمان‌ها و زمین، خدایی که فرمان‌روایی جهان در دست اوست، به دور است از توصیف‌هایی که می‌کند.

قُلْ إِنْ كَانَ لِلرَّحْمَٰنِ وَلَدٌ فَأَنَا أَوَّلُ الْعَابِدِينَ

سُبْحَانَ رَبِّ السَّمَاوَاتِ وَالْأَرْضِ رَبِّ الْعَرْشِ عَمَّا يَصِفُونَ

فتح ۲۹ = محمد (صلی الله علیه و آله و سلم) پیامبر خدا و همراهانش در برابر دشمنانِ بی‌دین سرسخت‌اند و با خودشان مهربان. آنان را زیاد در حال رکوع و سجود می‌بینی و همیشه دنبال لطف و رضایت خدا هستند. نشانهٔ بندگی و فروتنی از قیافه‌هایشان پیداست. این است وصف آن‌ها در تورات. اما وصف آن‌ها در انجیل: مثل زراعتی‌اند که خدا جوانه‌هایش را از دل خاک بیرون بیاورد و رشدشان بدهد تا محکم بشوند و

بر ساقه‌هایشان بایستند جوری که کشاورزان را سر ذوق بیاورند. خدا مسلمانان را این‌طور مقتدر می‌کند. تا به واسطهٔ آن‌ها بی‌دین‌ها را به خشم بیاورد. بله، خدا به همراهان پیامبر که ایمان آورده و کارهای خوب کرده‌اند، آموزش و پاداش بزرگ وعده داده است.

مُحَمَّدٌ رَسُولُ اللَّهِ ۚ وَالَّذِينَ مَعَهُ أَشِدَّاءُ عَلَى الْكُفَّارِ رُحَمَاءُ بَيْنَهُمْ ۖ تَرَاهُمْ رُكَّعًا سُجَّدًا يَبْتَغُونَ فَضْلًا مِنَ اللَّهِ وَرِضْوَانًا ۖ سِيمَاهُمْ فِي وُجُوهِهِمْ مِنْ أَثَرِ السُّجُودِ ۚ ذَٰلِكَ مَثَلُهُمْ فِي التَّوْرَاةِ ۚ وَمَثَلُهُمْ فِي الْإِنْجِيلِ كَزَرْعٍ أَخْرَجَ شَطْأَهُ فَآزَرَهُ فَاسْتَغْلَظَ فَاسْتَوَىٰ عَلَىٰ سُوقِهِ يُعْجِبُ الزُّرَّاعَ لِيَغِيظَ بِهِمُ الْكُفَّارَ ۗ وَعَدَ اللَّهُ الَّذِينَ آمَنُوا وَعَمِلُوا الصَّالِحَاتِ مِنْهُمْ مَغْفِرَةً وَأَجْرًا عَظِيمًا

نمل ۷۶ = در واقع این قرآن بیشتر چیزهایی که بنی‌اسرائیل بر سرش اختلاف دارند را برایشان روایت می‌کند.

إِنَّ هَٰذَا الْقُرْآنَ يَقُصُّ عَلَىٰ بَنِي إِسْرَائِيلَ أَكْثَرَ الَّذِي هُمْ فِيهِ يَخْتَلِفُونَ

صف ۶ = همچنین یادتان باشد. **عیسی‌بن‌مریم به بنی‌اسرائیل گفت: "من فرستاده خدا به سوی شما و تأیید کننده کتاب موجود یعنی تورات هستم و آمدن پیامبری را بعد از خودم مژده می‌دهم که نامش احمد است."**[1]

وَإِذْ قَالَ عِيسَى ابْنُ مَرْيَمَ يَا بَنِي إِسْرَائِيلَ إِنِّي رَسُولُ اللَّهِ إِلَيْكُمْ مُصَدِّقًا لِمَا بَيْنَ يَدَيَّ مِنَ التَّوْرَاةِ وَمُبَشِّرًا بِرَسُولٍ يَأْتِي مِنْ بَعْدِي اسْمُهُ أَحْمَدُ ۖ فَلَمَّا جَاءَهُمْ بِالْبَيِّنَاتِ قَالُوا هَٰذَا سِحْرٌ مُبِينٌ

انعام ۱۱۴-۱۱۵ = بگو: "با اینکه خدا قرآن را گویا و شفاف برایتان فرستاده است. آیا جز او را به داوری انتخاب کنم؟ "

اهل کتاب خوب می‌دانند که قرآن حساب شده و هدف‌دار از طرف خدا

۱. (احمدنام دیگر حضرت محمد صلی الله علیه و آله و سلم است.)

فرستاده شده است. پس برای لحظه‌ای حتی شک به دلت راه نده.

پیام خدا، با آمدن اسلام و قرآن و بر اساس راستی و عدالت، به مرحله شکوفایی رسیده است. و چیزی توانایی تغییر دادن پیام‌هایش را ندارد چون او شنوای داناست.

أَفَغَيْرَ اللَّهِ أَبْتَغِي حَكَمًا وَهُوَ الَّذِي أَنْزَلَ إِلَيْكُمُ الْكِتَابَ مُفَصَّلًا ۚ وَالَّذِينَ آتَيْنَاهُمُ الْكِتَابَ يَعْلَمُونَ أَنَّهُ مُنَزَّلٌ مِنْ رَبِّكَ بِالْحَقِّ ۖ فَلَا تَكُونَنَّ مِنَ الْمُمْتَرِينَ

وَتَمَّتْ كَلِمَتُ رَبِّكَ صِدْقًا وَعَدْلًا ۚ لَا مُبَدِّلَ لِكَلِمَاتِهِ ۚ وَهُوَ السَّمِيعُ الْعَلِيمُ

۳

سفارشات خداوند به طایفه بنی‌اسرائیل و اهل کتاب

فصل سوم: نجات بنی‌اسرائیل و اهل کتاب

تورات را به موسی دادیم به این امید که بنی‌اسرائیل هدایت شوند. عیسی‌بن‌مریم و مادرش را هم معجزه‌ای شگفت انگیز قرار دادیم.

سوره مومنون ۴۹

بگو: "ایمان دارم به هر کتابی که خدا فرستاده است و مأموریت دارم بین‌تان به عدالت رفتار کنم"

سوره شوری ۱۵

۳

سفارشات خداوند به طایفه بنی‌اسرائیل و اهل کتاب

نجات بنی اسرائیل و اهل کتاب

در **آیه ۸۷** سورهٔ بقره می‌فرماید: " همانا ما به موسی کتاب (تورات) را دادیم و از پسِ او پیامبرانی پشت سر یکدیگر فرستادیم و عیسی‌بن‌مریم را و دلایل روشن (معجزات) بخشیدیم و او را با روح‌القدس تأیید و یاری نمودیم. پس چرا هرگاه پیامبری چیزی را از احکام و دستورات بر خلاف هوای نفس شما آورد در برابر او تکبّر ورزیدید (و به جای ایمان آوردن) جمعی را تکذیب و جمعی را به قتل رساندید. **بنی‌اسرائیل گمان می‌کردند که باید همه انبیاء از نژادِ آنان باشند** و به خاطر قدیمی بودن دین آنان و کتاب تورات خودشان را برتر می‌دانستند و لطف الهی را فقط مخصوص خودشان دانسته و با این گمان با مسلمانان محاجّه و گفتگو می‌کردند. ولی **پیام قرآن این است که صاحب اختیار همه انسان‌ها خداست.** او به همه لطف دارد می‌تواند هر کسی را از هر نژادی باشد مورد عنایت خاص خود قرار دهد و **سعادت هر کسی در گرو اعمال اوست** و به گذشتگانِ او ربطی ندارد و ملاک قُرب خداوند عبادت خالصانه و منزّه دانستن او از شرک است. چنانچه در آیه ۱۴۰ سوره بقره خطاب به اهل کتاب می‌فرماید: "شما آنقدر به یهودی و نصرانی بودن خود مباهات می‌کنید که حتّی حاضرید بزرگ‌ترین افتراها را به بهترین اولیای خدا نسبت دهید. "شما می‌گویید ابراهیم، اسماعیل، اسحاق، یعقوب و پیامبران دیگر از نسل یعقوب با آن‌که قبل از نزول تورات و انجیل بوده‌اند یهودی و نصرانی هستند!!

وَلَقَدْ آتَيْنَا مُوسَى الْكِتَابَ وَقَفَّيْنَا مِنْ بَعْدِهِ بِالرُّسُلِ ۖ وَآتَيْنَا عِيسَى ابْنَ مَرْيَمَ الْبَيِّنَاتِ وَأَيَّدْنَاهُ بِرُوحِ الْقُدُسِ ۗ أَفَكُلَّمَا جَاءَكُمْ رَسُولٌ بِمَا لَا تَهْوَىٰ أَنْفُسُكُمُ اسْتَكْبَرْتُمْ فَفَرِيقًا كَذَّبْتُمْ وَفَرِيقًا تَقْتُلُونَآیا این ستمگری نیست که واقعیّتی را که به آن واقفید بپوشانید و از مردم عامه کتمان کنید؟ چنین وانمود کنید که همه پیامبران تابع یهودیت و یا نصرانیّت

بوده‌اند؟ ولی بدانید که خداوند از آن چه شما انجام می‌دهید غافل نیست"[1]

در مورد قبله مسلمین از بیت المقدس به سوی کعبه در آیهٔ ۱۴۲ سوره بقره خداوند اشاره فرموده، چون مشرکان مکّه، کعبه را به بُت‌خانه تبدیل کرده بودند، پیامبر اکرم (صلی الله علیه و آله) و مسلمانان سیزده سالی را که بعد از بعثت در مکّه بودند به سوی کعبه نماز نمی‌خواندند که گمان نشود بُت‌ها احترام می‌گذارند. اما بعد از هجرت به مدینه که یهودیان زبان به اعتراض گشودند و مسلمانان را تحقیر کردند که شما رو به قبله ما یعنی بیت المقدس نماز می‌خوانید پس پیرو و دنبال‌روی ما هستید...تا اینکه دستور تغییر قبله صادر شد، مسیحیان در موقع عبادت رو به محّل تولد حضرت عیسی در بیت المقدس می‌ایستادند. که نسبت به محل سکونت آنان در مشرق قرار داشت.

و یهودیان رو به بیت المقدس عبادت می‌کردند که نسبت به محل سکونتشان در غرب قرار داشت. ولی کعبه به آن دو در وسط قرار می‌گیرد و قرآن در آیهٔ ۱۴۳ سوره بقره به این موضوع اشاره می‌فرماید: "همان‌گونه که ما کعبه را در وسط قرار دادیم شما مسلمانان را نیز امّت میانه رو قرار دادیم"

"و البته در مورد جهت قبله باید گفت قبله به شرق یا غرب باشد موضوعی تربیتی و سیاسی است . اصل و مقصود یاد خدا و ارتباط با او می‌باشد." قرآن در ستایش گروهی از بندگان می‌فرماید: "آنان خدا را در حال ایستاده و نشسته و خوابیده یاد می‌کنند."[2]

الَّذِينَ يَذْكُرُونَ اللَّهَ قِيَامًا وَقُعُودًا وَعَلَىٰ جُنُوبِهِمْ وَيَتَفَكَّرُونَ فِي خَلْقِ السَّمَاوَاتِ وَالْأَرْضِ رَبَّنَا مَا خَلَقْتَ هَٰذَا بَاطِلًا سُبْحَانَكَ فَقِنَا عَذَابَ النَّارِ

و چنانچه می‌فرماید: "ای مردم نیکی این نیست که رو به سوی شرق یا غرب عبادت بکنید بلکه نیکی در ایمان واقعی شما به خدا و انجام کارهای خدا پسندانه است. مشرق و مغرب از آن خداست و به هر سو رو کنید خدا آنجاست. اگر کعبه را نیز به

۱. تفسیر نور صفحه ۲۱۶
۲. آل عمران ۱۹۱

عنوان قبله قرار داده است، برای تجلّی وحدت مسلمانان و تجدید خاطرات ایثارگری و شرک‌ستیزی حضرت ابراهیم (علیه السلام) است. وگرنه در نمازهای مستحبّی قبله شرط نیست و حتی می‌توان در حال راه رفتن و یا سواره به جا آورد."[۱]

و اینک آیات قرآن کریم:

بقره ۴۹-۵۳ = یادتان بیاید که از چنگ فرعونیان نجاتتان دادیم، آن‌ها به شدت شکنجه‌تان می‌کردند، پسرانتان را به فجیع‌ترین وضع سر می‌بریدند و بانوانتان را برای بهره‌کشی نگه می‌داشتند. تمام این سختی و راحتی‌ها برایتان آزمایشی بزرگ از طرف خداوند بود.

به خاطر بیاورید که دریا را به محض ورودتان شکافتیم و نجاتتان دادیم و فرعون و دارودسته‌اش را غرق کردیم.

یادتان باشد، که برای نزول تورات با موسی به مدت چهل شب قرار گذاشتیم. اما در نبودِ او مشغول گوساله پرستی شدید. واقعاً که بد کردید. سپس بعد از آن کار زشت از سر تقصیراتتان گذشتیم تا شکر کنید.

فراموش نکنید که به موسی تورات و جدا کنندهٔ حق از باطل دادیم تا هدایت شوید.

وَإِذْ نَجَّيْنَاكُمْ مِنْ آلِ فِرْعَوْنَ يَسُومُونَكُمْ سُوءَ الْعَذَابِ يُذَبِّحُونَ أَبْنَاءَكُمْ وَيَسْتَحْيُونَ نِسَاءَكُمْ ۚ وَفِي ذَٰلِكُمْ بَلَاءٌ مِنْ رَبِّكُمْ عَظِيمٌ

وَإِذْ فَرَقْنَا بِكُمُ الْبَحْرَ فَأَنْجَيْنَاكُمْ وَأَغْرَقْنَا آلَ فِرْعَوْنَ وَأَنْتُمْ تَنْظُرُونَ

وَإِذْ وَاعَدْنَا مُوسَىٰ أَرْبَعِينَ لَيْلَةً ثُمَّ اتَّخَذْتُمُ الْعِجْلَ مِنْ بَعْدِهِ وَأَنْتُمْ ظَالِمُونَ

ثُمَّ عَفَوْنَا عَنْكُمْ مِنْ بَعْدِ ذَٰلِكَ لَعَلَّكُمْ تَشْكُرُونَ

۱. تفسیر نور صفحه ۱۸۶

وَإِذْ آتَيْنَا مُوسَى الْكِتَابَ وَالْفُرْقَانَ لَعَلَّكُمْ تَهْتَدُونَ

بقره ۱۰۳ = اگر یهودی‌ها ایمان می‌آوردند و از جادو دست می‌کشیدند، پاداشی از طرف خدا می‌گرفتند که برایشان بهتر بود، کاش این را می‌دانستند.

وَلَوْ أَنَّهُمْ آمَنُوا وَاتَّقَوْا لَمَثُوبَةٌ مِنْ عِنْدِ اللَّهِ خَيْرٌ لَوْ كَانُوا يَعْلَمُونَ

آل عمران ۷۸-۷۹ = عده‌ای از عالمان یهودی وقت خواندن دست نوشته‌های خود، لحن‌شان را جوری تغییر می‌دهند، که خیال کنید آن‌ها جزو کتاب خداست، در حالی که جزو کتاب خدا نیست. تازه ادعا می‌کنند آن دست‌نوشته‌ها را خدا فرستاده در حالی که خدا نفرستاده است و آن‌ها آگاهانه این دروغ‌ها را به خدا نسبت می‌دهند. محال است، خدا به انسان کتاب آسمانی و سِمَت رهبری و پیامبری بدهد، بعدش او به مردم و به ویژه به عالمان این‌طور دستور بدهد: "به جای بندگی خدا، بندگان من باشید." بلکه دستور می‌دهد: "شما که کارتان یاد دادن کتاب آسمانی و خواندن آن است. پس بیایید عالمانه خداجو باشید."

وَإِنَّ مِنْهُمْ لَفَرِيقًا يَلْوُونَ أَلْسِنَتَهُمْ بِالْكِتَابِ لِتَحْسَبُوهُ مِنَ الْكِتَابِ وَمَا هُوَ مِنَ الْكِتَابِ وَيَقُولُونَ هُوَ مِنْ عِنْدِ اللَّهِ وَمَا هُوَ مِنْ عِنْدِ اللَّهِ وَيَقُولُونَ عَلَى اللَّهِ الْكَذِبَ وَهُمْ يَعْلَمُونَ

مَا كَانَ لِبَشَرٍ أَنْ يُؤْتِيَهُ اللَّهُ الْكِتَابَ وَالْحُكْمَ وَالنُّبُوَّةَ ثُمَّ يَقُولَ لِلنَّاسِ كُونُوا عِبَادًا لِي مِنْ دُونِ اللَّهِ وَلَٰكِنْ كُونُوا رَبَّانِيِّينَ بِمَا كُنْتُمْ تُعَلِّمُونَ الْكِتَابَ وَبِمَا كُنْتُمْ تَدْرُسُونَ

آل عمران ۱۱۴-۱۱۵ =البته همه اهل کتاب مثل هم نیستند، گروهی از آن‌ها مسلمان شده‌اند و در بندگی خدا مصمّم هستند و در دل شب آیه‌های قرآن زمزمه می‌کنند و سر بر سجده می‌گذارند و همچنین به خدا و روز قیامت ایمان دارند و امر به معروف و نهی از منکر می‌کنند و برای کارهای خوب سر از پا نمی‌شناسند. بله، آنان جزو شایستگان هستند. چنین کسانی در قبال هر کار خوبی که کرده‌اند بی‌مهری نمی‌بینند. زیرا خدا رفتار خوب خود مراقبان را می‌داند.

يُؤْمِنُونَ بِاللَّهِ وَالْيَوْمِ الْآخِرِ وَيَأْمُرُونَ بِالْمَعْرُوفِ وَيَنْهَوْنَ عَنِ الْمُنْكَرِ وَيُسَارِعُونَ فِي

الْخَيْرَاتِ وَأُولَٰئِكَ مِنَ الصَّالِحِينَ

وَمَا يَفْعَلُوا مِنْ خَيْرٍ فَلَنْ يُكْفَرُوهُ ۗ وَاللَّهُ عَلِيمٌ بِالْمُتَّقِينَ

وَمَا يَفْعَلُوا مِنْ خَيْرٍ فَلَنْ يُكْفَرُوهُ ۗ وَاللَّهُ عَلِيمٌ بِالْمُتَّقِينَ

نسا ۱۵۹= در ضمن همه یهودی‌ها و مسیحی‌هایی که در آخرالزمان زندگی می‌کنند، بعد از ظهور عیسی و قبل از مرگش، حتماً به او ایمان می‌آورند. و او هم روز قیامت دربارهٔ آن‌ها شهادت می‌دهد.

وَإِنْ مِنْ أَهْلِ الْكِتَابِ إِلَّا لَيُؤْمِنَنَّ بِهِ قَبْلَ مَوْتِهِ ۖ وَيَوْمَ الْقِيَامَةِ يَكُونُ عَلَيْهِمْ شَهِيدًا

وَإِنْ مِنْ أَهْلِ الْكِتَابِ إِلَّا لَيُؤْمِنَنَّ بِهِ قَبْلَ مَوْتِهِ ۖ وَيَوْمَ الْقِيَامَةِ يَكُونُ عَلَيْهِمْ شَهِيدًا

نسا ۱۶۲= عالمان ثابت قدم اهل کتاب و مؤمنانشان و به ویژه اهل نماز و نیز اهل صدقه واقعاً باور دارند. آنچه را برای تو و پیامبران قبل از تو فرستاده شده است. **بله، به همهٔ آنانی که خدا و روز قیامت را باور دارند، پاداشی بزرگ خواهیم داد.**

لَٰكِنِ الرَّاسِخُونَ فِي الْعِلْمِ مِنْهُمْ وَالْمُؤْمِنُونَ يُؤْمِنُونَ بِمَا أُنْزِلَ إِلَيْكَ وَمَا أُنْزِلَ مِنْ قَبْلِكَ ۚ وَالْمُقِيمِينَ الصَّلَاةَ ۚ وَالْمُؤْتُونَ الزَّكَاةَ وَالْمُؤْمِنُونَ بِاللَّهِ وَالْيَوْمِ الْآخِرِ أُولَٰئِكَ سَنُؤْتِيهِمْ أَجْرًا عَظِيمًا

مائده ۱۲ = خدا از یهودی‌های بنی اسرائیل تعهّد محکم گرفت اینطور که برای گروه‌های دوازده‌گانه‌شان دوازده نفر از خودشان را سرپرست کردیم. خدا شرط کرد: "حتماً هوایتان را دارم، اگر نماز را با آدابش بخوانید و صدقه بدهید، پیامبرانم را باور کنید و حامی‌شان باشید و کارهای خوب پیش خداپس انداز کنید. در عوض این‌ها حتماً گناهان کوچکی که از دست‌تان در رفته است. بدون توبه محو می‌کنم و حتماً در باغ‌هایی پر درخت جایتان می‌دهند. که در آن‌ها جوی‌های روان است. پس اِتمام

۱. (یعنی یهودی‌ها او را به پیامبری می‌پذیرند و مسیحی‌ها از خدا دانستن او دست می‌کشند و این وقتی است که حضرت عیسی هنگام ظهور حضرت مهدی (عج) از آسمان فرود می‌آید و از یاران آن حضرت می‌شود و پشت سر ایشان نماز می‌خواند و یهودی‌ها و مسیحی‌ها نیز به آنان ایمان می‌آورند.) مترجم قرآن

حجت می‌کنم، بعد از این، هر کدامتان بی‌دینی و عهد شکنی کند واقعاً راه درست را گم کرده است."

وَلَقَدْ أَخَذَ اللَّهُ مِيثَاقَ بَنِي إِسْرَائِيلَ وَبَعَثْنَا مِنْهُمُ اثْنَيْ عَشَرَ نَقِيبًا ۖ وَقَالَ اللَّهُ إِنِّي مَعَكُمْ ۖ لَئِنْ أَقَمْتُمُ الصَّلَاةَ وَآتَيْتُمُ الزَّكَاةَ وَآمَنْتُمْ بِرُسُلِي وَعَزَّرْتُمُوهُمْ وَأَقْرَضْتُمُ اللَّهَ قَرْضًا حَسَنًا لَأُكَفِّرَنَّ عَنْكُمْ سَيِّئَاتِكُمْ وَلَأُدْخِلَنَّكُمْ جَنَّاتٍ تَجْرِي مِنْ تَحْتِهَا الْأَنْهَارُ ۚ فَمَنْ كَفَرَ بَعْدَ ذَٰلِكَ مِنْكُمْ فَقَدْ ضَلَّ سَوَاءَ السَّبِيلِ

اعراف ۱۵۹= بین پیروان موسی گروهی هستند که هم مردم را به حق راهنمایی می‌کنند و هم بر اساس حق داوری می‌کنند.

وَمِنْ قَوْمِ مُوسَىٰ أُمَّةٌ يَهْدُونَ بِالْحَقِّ وَبِهِ يَعْدِلُونَ

انبیا ۷۱-۷۷ = او (حضرت ابراهیم) و لوط را با مهاجرت به سرزمین حاصل‌خیز شامات از دست بت‌پرست‌ها نجات دادیم. پسری هم به نام اسحاق به ابراهیم بخشیدیم و علاوه بر آن نوه‌ای هم به نام یعقوب. همگی‌شان را افرادی شایسته کردیم. آنان را راهبرانی کردیم که به فرمان ما مردم را به خوشبختی می‌رساندند. همچنین، به آنان توفیق دادیم برای کارهای خوب و خواندن نماز با آدابش و دادن صدقه زیرا تنها ما را عبادت می‌کردند.

اما لوط، به او هم حکمت و دانش عطا کردیم و از دست مردم مُشرک نجاتش دادیم که به کارهای زشت و کثیف مشغول بودند. واقعاً که آن‌ها مردم بد و منحرفی بودند او را زیر چتر رحمت ویژهٔ خود آوردیم، زیرا او هم جزو شایستگان بود.

اما نوح که قبل از این پیامبران زندگی می‌کرد، وقتی صدایمان زد به او جواب مثبت دادیم و او و خانواده و پیروانش را از فشارهای طاقت‌فرسای بی‌دینی مردم نجات دادیم. و او را در برابر مردمی یاری کردیم که آیه‌های ما را دروغ می‌دانستند. آن‌ها مردم بدی بودند و به همین دلیل همگی‌شان را غرق کردیم.

وَنَجَّيْنَاهُ وَلُوطًا إِلَى الْأَرْضِ الَّتِي بَارَكْنَا فِيهَا لِلْعَالَمِينَ

وَوَهَبْنَا لَهُ إِسْحَاقَ وَيَعْقُوبَ نَافِلَةً ۖ وَكُلًّا جَعَلْنَا صَالِحِينَ

وَجَعَلْنَاهُمْ أَئِمَّةً يَهْدُونَ بِأَمْرِنَا وَأَوْحَيْنَا إِلَيْهِمْ فِعْلَ الْخَيْرَاتِ وَإِقَامَ الصَّلَاةِ وَإِيتَاءَ الزَّكَاةِ ۖ وَكَانُوا لَنَا عَابِدِينَ

وَلُوطًا آتَيْنَاهُ حُكْمًا وَعِلْمًا وَنَجَّيْنَاهُ مِنَ الْقَرْيَةِ الَّتِي كَانَتْ تَعْمَلُ الْخَبَائِثَ ۗ إِنَّهُمْ كَانُوا قَوْمَ سَوْءٍ فَاسِقِينَ

وَأَدْخَلْنَاهُ فِي رَحْمَتِنَا ۖ إِنَّهُ مِنَ الصَّالِحِينَ

وَنُوحًا إِذْ نَادَىٰ مِنْ قَبْلُ فَاسْتَجَبْنَا لَهُ فَنَجَّيْنَاهُ وَأَهْلَهُ مِنَ الْكَرْبِ الْعَظِيمِ

وَنَصَرْنَاهُ مِنَ الْقَوْمِ الَّذِينَ كَذَّبُوا بِآيَاتِنَا ۚ إِنَّهُمْ كَانُوا قَوْمَ سَوْءٍ فَأَغْرَقْنَاهُمْ أَجْمَعِينَ

مومنون ۴۹-۵۰ = تورات را به موسی دادیم، به این امید که بنی اسرائیل هدایت شوند. عیسی بن‌مریم و مادرش راهم معجزه‌ای شگفت انگیز قرار دادیم و در منطقه خوش آب و هوا ساکنشان کردیم.

وَلَقَدْ آتَيْنَا مُوسَى الْكِتَابَ لَعَلَّهُمْ يَهْتَدُونَ

وَجَعَلْنَا ابْنَ مَرْيَمَ وَأُمَّهُ آيَةً وَآوَيْنَاهُمَا إِلَىٰ رَبْوَةٍ ذَاتِ قَرَارٍ وَمَعِينٍ

قصص ۵۲-۵۴ = البته عده‌ای از کسانی که قبل از آمدن قرآن به آنان کتاب آسمانی داده‌ایم. به قرآن ایمان می‌آورند، وقتی قرآن برایشان خوانده می‌شود می‌گویند: "به آن ایمان آوردیم سخن درستی است از طرف خدا. ما قبل از این هم با بشارتی که تورات و انجیل به آمدنش داده بودند تسلیم‌اش بودیم." به اینان، به پاس استقامت‌شان پاداشی دوبار ایمان آوردن داده می‌شود. اینان در برابر بدرفتاری، بردباری به خرج می‌دهند از آنچه روزی‌شان کرده‌ایم در راه خدا هزینه می‌کنند.

الَّذِينَ آتَيْنَاهُمُ الْكِتَابَ مِنْ قَبْلِهِ هُمْ بِهِ يُؤْمِنُونَ

وَإِذَا يُتْلَىٰ عَلَيْهِمْ قَالُوا آمَنَّا بِهِ إِنَّهُ الْحَقُّ مِنْ رَبِّنَا إِنَّا كُنَّا مِنْ قَبْلِهِ مُسْلِمِينَ

أُولَٰئِكَ يُؤْتَوْنَ أَجْرَهُمْ مَرَّتَيْنِ بِمَا صَبَرُوا وَيَدْرَءُونَ بِالْحَسَنَةِ السَّيِّئَةَ وَمِمَّا رَزَقْنَاهُمْ يُنْفِقُونَ

شوری ۱۳ = خدا برای مسلمانان همان برنامه‌ای را در زندگی مشخص کرد که به نوح سفارش کرده بود. یعنی همانی که به تو وحی کردیم و همانی که به ابراهیم و موسی و عیسی سفارش کردیم. دین را کامل اجرا کنید و با آن برخورد گزینش نکنید...

شَرَعَ لَكُمْ مِنَ الدِّينِ مَا وَصَّىٰ بِهِ نُوحًا وَالَّذِي أَوْحَيْنَا إِلَيْكَ وَمَا وَصَّيْنَا بِهِ إِبْرَاهِيمَ وَمُوسَىٰ وَعِيسَىٰ ۖ أَنْ أَقِيمُوا الدِّينَ وَلَا تَتَفَرَّقُوا فِيهِ ۚ كَبُرَ عَلَى الْمُشْرِكِينَ مَا تَدْعُوهُمْ إِلَيْهِ ۚ اللَّهُ يَجْتَبِي إِلَيْهِ مَنْ يَشَاءُ وَيَهْدِي إِلَيْهِ مَنْ يُنِيبُ

شوری ۱۵ = بگو: "ایمان دارم به هر کتابی که خدا فرستاده است و مأموریت دارم که بین‌تان به عدالت رفتار کنم، چون صاحب اختیار ما و شما خداست. کارهای ما برای خودمان است و کارهای شما برای خودتان. اصلاً بحثی نداریم قیامت که بیاید، خدا همه مان را برای داوری جمع می‌کند و به او ختم می‌شود آخر عاقبت همه."

فَلِذَٰلِكَ فَادْعُ ۖ وَاسْتَقِمْ كَمَا أُمِرْتَ ۖ وَلَا تَتَّبِعْ أَهْوَاءَهُمْ ۖ وَقُلْ آمَنْتُ بِمَا أَنْزَلَ اللَّهُ مِنْ كِتَابٍ ۖ وَأُمِرْتُ لِأَعْدِلَ بَيْنَكُمُ ۖ اللَّهُ رَبُّنَا وَرَبُّكُمْ ۖ لَنَا أَعْمَالُنَا وَلَكُمْ أَعْمَالُكُمْ ۖ لَا حُجَّةَ بَيْنَنَا وَبَيْنَكُمُ ۖ اللَّهُ يَجْمَعُ بَيْنَنَا ۖ وَإِلَيْهِ الْمَصِيرُ

زُخرف ۵۹-۶۰ = عیسی فقط بنده‌ای بود که به او نعمت پیامبری دادیم و او را نشانه‌ای کردیم. تا حقّ را برای بنی‌اسرائیل بگوییم. اگر از شما هم عده‌ای را لایق می‌دانستیم، مثل عیسی در زمین فرشته صفتشان می‌کردیم، که نمایندهٔ ما باشند.

إِنْ هُوَ إِلَّا عَبْدٌ أَنْعَمْنَا عَلَيْهِ وَجَعَلْنَاهُ مَثَلًا لِبَنِي إِسْرَائِيلَ

وَلَوْ نَشَاءُ لَجَعَلْنَا مِنْكُمْ مَلَائِكَةً فِي الْأَرْضِ يَخْلُفُونَ

۱. (شرع و آیین اسلام همان شرع و آیین همه پیامبران است.)

زخرف ۶۱-۶۲ = عیسی با تولد ویژه‌اش و زنده کردن مردگان نشانه‌ای بر امکان قیامت است. پس مبادا در آمدن قیامت شکّ کنید. دنبال من بیایید که راه درست همین است. نکند شیطان مانع‌تان از رفتن این راه بشود که او دشمن شماست.

وَإِنَّهُ لَعِلْمٌ لِلسَّاعَةِ فَلَا تَمْتَرُنَّ بِهَا وَاتَّبِعُونِ ۚ هَٰذَا صِرَاطٌ مُسْتَقِيمٌ

وَلَا يَصُدَّنَّكُمُ الشَّيْطَانُ ۖ إِنَّهُ لَكُمْ عَدُوٌّ مُبِينٌ

زخرف ۶۳-۶۶ = وقتی عیسی معجزه‌ای را واضح آورده گفت: "من برایتان حکمت آوردم و آمده‌ام تا بعضی چیزهایی را که سرش اختلاف دارید، برایتان روشن کنم، در حضور خدا مراقب رفتارتان باشید و از من الگو بگیرید. در حقیقت، فقط خدا صاحب اختیار من و شماست. او را بپرستید که راه درست همین است با وجود صراحت کلام عیسی، بعدها خیلی از فرقه‌های مسیحی درباره‌اش اختلاف نظر پیدا کردند. وای بر آن‌ها برای عذاب روزی دردناک، چون در این راه تحریف و بزرگ‌نمایی کردند. آیا چشم به راه چیزی جز قیامت هستند که در اوج غفلت یک دفعه سراغشان می‌آید؟"

وَلَمَّا جَاءَ عِيسَىٰ بِالْبَيِّنَاتِ قَالَ قَدْ جِئْتُكُمْ بِالْحِكْمَةِ وَلِأُبَيِّنَ لَكُمْ بَعْضَ الَّذِي تَخْتَلِفُونَ فِيهِ ۖ فَاتَّقُوا اللَّهَ وَأَطِيعُونِ

إِنَّ اللَّهَ هُوَ رَبِّي وَرَبُّكُمْ فَاعْبُدُوهُ ۚ هَٰذَا صِرَاطٌ مُسْتَقِيمٌ

فَاخْتَلَفَ الْأَحْزَابُ مِنْ بَيْنِهِمْ ۖ فَوَيْلٌ لِلَّذِينَ ظَلَمُوا مِنْ عَذَابِ يَوْمٍ أَلِيمٍ

هَلْ يَنْظُرُونَ إِلَّا السَّاعَةَ أَنْ تَأْتِيَهُمْ بَغْتَةً وَهُمْ لَا يَشْعُرُونَ

۳
سفارشات خداوند به طایفه بنی‌اسرائیل و اهل کتاب

فصل چهارم: نافرمانی‌های بنی‌اسرائیل و اهل کتاب

همین شمایید که به کشتن همدیگر ادامه می‌دهید. عده‌ای از خودتان را از خانه‌هایتان آواره می‌کنید و از روی سهل‌انگاری و تجاوز بر ضد آوارگان هم‌دست می‌شوید

سوره بقره ۸۵

۴ سفارشات خداوند به طایفه بنی‌اسرائیل و اهل کتاب

نافرمانی‌های بنی اسرائیل و اهل کتاب

نزدیک‌ترین تاریخ به مسلمانان در پیش آمدن حوادث گوناگون تاریخ بنی‌اسرائیل است. خداوند به آنان رهبری همچون موسی علیه السلام و معجزات و الطاف خویش را مرحمت فرمود و آنان را از اسارت فرعون نجات داد. برای ادارهٔ زندگی آنان قوانین آسمانی فرستاد و به لحاظ مادی نیز زندگی خوبی برای آنان تأمین نمود. اما کفران و تبدیل نعمت از سوی آنان به حدّی رسید که به جای هارون پیروی سامری شدند و به جای خداپرستی به گوساله پرستی روی آوردند. از سنت‌های الهی آن است که هر قوم و ملتی اعم از مسلمان و نیز غیر مسلمان اگر نعمت‌های الهی را تبدیل و تغییر دهند دچار قهر الهی خواهند شد.

آیه ۸۹ سوره بقره صحنه‌ای دیگر از لجاجت‌ها و هوی پرستی‌های یهود را مطرح می‌کند. که آن‌ها بر اساس بشارت‌های تورات منتظر ظهور پیامبر اسلام بودند و حتّی همدیگر را نوید پیروزی می‌دادند و به فرمودهٔ امام صادق علیه السلام یکی از دلایل اقامت آن‌ها در مدینه این بود که می‌دانستند آن شهر محل هجرت پیامبر خداست و به همین سبب از پیش در آنجا سکنی گزیده بودند. ولی بعد از ظهور پیامبر اسلام (صلی الله علیه و آله) با آن‌که نشانه‌های وی را موافق با آنچه در تورات بود یافتند ولی باز هم کفر ورزیدند و **علت کفر یهودیان به پیامبر اسلام به خاطر حسادتی که ورزیدند بود. که چرا یکی از افراد بنی‌اسرائیل پیامبر نشده است.** و بر او وحی نازل نشده و این حسادت و کفر ورزی بهای بدی بود که خود را بدان فروختند.

ثُمَّ أَنْتُمْ هٰؤُلَاءِ تَقْتُلُونَ أَنْفُسَكُمْ وَتُخْرِجُونَ فَرِيقًا مِنْكُمْ مِنْ دِيَارِهِمْ تَظَاهَرُونَ عَلَيْهِمْ بِالْإِثْمِ

۱. سوره بقره آیه ۹۰

وَالْعُدْوَانِ وَإِنْ يَأْتُوكُمْ أُسَارَىٰ تُفَادُوهُمْ وَهُوَ مُحَرَّمٌ عَلَيْكُمْ إِخْرَاجُهُمْ ۚ أَفَتُؤْمِنُونَ بِبَعْضِ الْكِتَابِ وَتَكْفُرُونَ بِبَعْضٍ ۚ فَمَا جَزَاءُ مَنْ يَفْعَلُ ذَٰلِكَ مِنْكُمْ إِلَّا خِزْيٌ فِي الْحَيَاةِ الدُّنْيَا ۖ وَيَوْمَ الْقِيَامَةِ يُرَدُّونَ إِلَىٰ أَشَدِّ الْعَذَابِ ۗ وَمَا اللَّهُ بِغَافِلٍ عَمَّا تَعْمَلُونَ

بِئْسَمَا اشْتَرَوْا بِهِ أَنْفُسَهُمْ أَنْ يَكْفُرُوا بِمَا أَنْزَلَ اللَّهُ بَغْيًا أَنْ يُنَزِّلَ اللَّهُ مِنْ فَضْلِهِ عَلَىٰ مَنْ يَشَاءُ مِنْ عِبَادِهِ ۖ فَبَاءُوا بِغَضَبٍ عَلَىٰ غَضَبٍ ۚ وَلِلْكَافِرِينَ عَذَابٌ مُهِينٌ

کلاً پیامبر اسلام مأمور دعوت همهٔ امّت‌ها به اسلام بوده است. یکی از دلایل کفار، نژادپرستی و تعصبّات قوی بوده است. ولی ملاکِ ایمان حقانیّت آیین است نه نژاد و قرآن سراسر حق است.

آیه‌های ۱۱۱ و ۱۱۲ سوره بقره نشان دهندهٔ این است که غرور دینی باعث شد تا یهود و نصاری خود را نژاد برتر و بهشت را در انحصار خود بدانند. امتیازطلبی و خود برتربینی آرزویی خام و خیالی واهی است و هرگونه عقیده‌ای باید بر اساس دلیل باشد.

وَقَالُوا لَنْ يَدْخُلَ الْجَنَّةَ إِلَّا مَنْ كَانَ هُودًا أَوْ نَصَارَىٰ ۗ تِلْكَ أَمَانِيُّهُمْ ۗ قُلْ هَاتُوا بُرْهَانَكُمْ إِنْ كُنْتُمْ صَادِقِينَ

بَلَىٰ مَنْ أَسْلَمَ وَجْهَهُ لِلَّهِ وَهُوَ مُحْسِنٌ فَلَهُ أَجْرُهُ عِنْدَ رَبِّهِ وَلَا خَوْفٌ عَلَيْهِمْ وَلَا هُمْ يَحْزَنُونَ

قرآن مطالب خود را با دلیل بیان کرده است و از مخالفان نیز تقاضای دلیل می‌کند و برای ورود به بهشت به جای خیال و آرزو هم تسلیم خدا بودن و ایمان درونی لازم است و هم عمل صالح بیرونی. آیه ۱۱۶ سوره بقره هم اشاره به اهل کتاب دارد که برای خداوند فرزندی قائل بودند. یهود می‌گفت"عُزیر" فرزند خداست و نصاری حضرت عیسی را فرزند خدا معرفی می‌کردند.

وَقَالَتِ الْيَهُودُ عُزَيْرٌ ابْنُ اللَّهِ وَقَالَتِ النَّصَارَى الْمَسِيحُ ابْنُ اللَّهِ ۖ ذَٰلِكَ قَوْلُهُمْ بِأَفْوَاهِهِمْ ۖ يُضَاهِئُونَ قَوْلَ الَّذِينَ كَفَرُوا مِنْ قَبْلُ ۚ قَاتَلَهُمُ اللَّهُ ۚ أَنَّىٰ يُؤْفَكُونَ

---

۱. سوره توبه آیه ۳۰

و مشرکان، فرشتگان را فرزندان خدا می‌دانستند. این آیه ردّی است بر این توهّم غلط و نابجا، ذات خداوند را از چنین نسبتی منزه می‌داند خدا را با خودمان مقایسه نکنیم که نیازمند هستیم. خداوند از همه نیازها منزّه می‌داند. بلکه هرچه در آسمان‌ها و زمین است، همه در برابر او متواضع هستند. خداوند پدیدآورندهٔ همه موجودات است. بلکه خالق آن‌هاست. هرگاه وجود چیزی را اراده کند و به او بگوید "باش" فوراً خلق می‌شود. به تعبیر امام رضا علیه السلام خداوند در کار خویش حتّی نیازمند کلمه "کُن" نیست. اراده او همان و آفریدن آن همان. کلمه "یهود" از هود به معنای بازگشت به خدا گرفته شده است. و کلمه "نصاری" نیز از کلام حضرت عیسی گرفته شده است. آنجا که فرمودند: "من انصاری الی اللّه" اما کلمه "حنیف" به معنای در راه مستقیم آمدن است.

در آیه ۱۱۳ سوره بقره می‌فرماید که: یهودیان نصاری را قبول نداشتند و نصاری نیز یهودیان را پوچ می‌دانستند و هر یک خیال می‌کردند تنها خودشان بر هدایت می‌باشند. در حالی که هر دو گروه دچار شکّ گردیده و از راه مستقیم منحرف شدند. و راه حقّ راه ابراهیم است که هرگز دچار شکّ نگردید. وقتی حضرت ابراهیم را بر دین "حنیف" می‌داند و حق‌گرا همان گرایش به حق و اسلام است. به فرموده قرآن ابراهیم هیچ‌گاه از مشرکان نبوده است در حالی که یهود و نصاری گرفتار شرک شده‌اند. و به همین جهت آیات بعدی خداوند به مسلمانان دستور می‌دهد، که به مخالفان خود بگویید ما به خدا و همه پیامبران برحقّ و آنچه از جانب خدا نازل شده است، ایمان داریم و ما به همهٔ انبیاء الهی چه آن‌هایی که قبل از ابراهیم آمده‌اند مانند آدم، شیث، هود و صالح و چه آن‌هایی که بعد از ابراهیم آمده بودند. مانند سلیمان، یحیی، زکریا و... ایمان داریم و هر پیامبری که دلیل روشنی داشته باشد به حکم عقل او را می‌پذیریم و در سوره ۱۳۶ بقره جمله "و ما اوتی موسی و عیسی..." یعنی هر آنچه بر آن دو پیامبر نازل شده است قبول داریم نه هر آنچه نزد شما است. ما تورات و انجیل واقعی را که در آن‌ها بشارت ظهور و بعثت پیامبر اسلام صلی الله علیه و آله آمده است را قبول داریم.

---

۱. (اصول کافی جلد ۱ صفحه ۱۰۹)

و سپس می‌فرماید: "اگر اهل کتاب (یهود و نصاری) به جای سرسختی و خودمحوری و تکیه بر مسائل نژادی و قبیله‌ای مانند شما مسلمانان به تمام انبیاء و کتب آسمانی ایمان بیاورند، حتماً هدایت می‌یابند. و در آیه ۱۳۹ سوره بقره خداوند به اهل کتاب هشدار می‌دهد که از ادعاهای بی‌دلیل دست بردارند زیرا آنها می‌گفتند ما به خدا نزدیک‌تریم و یا فرزندان او و محبوبان او هستیم. و در آیه ۱۴۶ سوره بقره و چندین مرتبه در قرآن کریم این واقعیت بازگو شده است که اهل کتاب به خاطر بشارت تورات و انجیل به ظهور و بعثت پیامبر اسلام (صلی الله علیه و آله) در انتظار او بودند و ویژگی‌های پیامبر چنان به آن‌ها توضیح داده شده بود که همچون فرزندان خویش به او شناخت پیدا کرده بودند. ولی با این همه گروهی از آنان حقیقت را کتمان کردند زیرا اقرار به رسالت آن حضرت را مساوی از دست دادن مقام و مال و... خود می‌دیدند.

و اینک آیات قرآن کریم:

بقره ۸۳-۸۶ = به یاد بیاورید که از بنی‌اسرائیل تعهد محکم گرفتیم: **"جز خدا را نپرستید تا می‌توانید بی‌واسطه به پدر و مادر خوبی کنید و در خوبی کردن به خویشاوندان و یتیمان و بینوایان سنگ تمام بگذارید. با مردم به زبان خوش رفتار کنید. نماز را با آدابش بخوانید و صدقه بدهید."**

ولی بعد از مدتی جز عده کمی همه با بی اعتنایی از این دستورها سرپیچی کردند. یادتان بیاید که از شما بنی‌اسرائیل تعهد گرفتیم: "خون هم را نریزید و همدیگر را از سرزمین خودتان بیرون نکنید." و شما هم تعهّد گرفتن اعتراف کردید. حالا شما یهودی‌ها هم به این اعتراف اجدادتان گواهی می‌دهید. ولی باز همین شمایید که به کشتن همدیگر ادامه می‌دهید. عده‌ای از خودتان را از خانه‌هایشان آواره می‌کنید و از روی سهل‌انگاری و تجاوز، بر ضد آوارگان همدست می‌شوید. اگر هم اسیر شما شوند، آنها را با اسیران خودتان مبادله می‌کنید یا با گرفتن پول آزادشان می‌کنید. در صورتی که از اولش هم آواره کردن آن‌ها بر شما حرام بود. آیا بعضی از احکام تورات را می‌پذیرید و بعضی را رد می‌کنید؟ مجازات کسانی از شما که این روال را در پیش بگیرند جز خفّت و خواری در زندگی دنیا نیست و روز قیامت هم به سخت‌ترین عذاب گرفتار می‌شوند البته خدا بی‌خبر نیست که چه می‌کنید.

اینها همان کسانی هستند که به قیمت از دست دادن آخرت، زندگی پَست دنیا را خریدند. بنابراین نه عذابشان کم می‌شود و نه کمکی به آنها می‌شود.

وَإِذْ أَخَذْنَا مِيثَاقَ بَنِي إِسْرَائِيلَ لَا تَعْبُدُونَ إِلَّا اللَّهَ وَبِالْوَالِدَيْنِ إِحْسَانًا وَذِي الْقُرْبَىٰ وَالْيَتَامَىٰ وَالْمَسَاكِينِ وَقُولُوا لِلنَّاسِ حُسْنًا وَأَقِيمُوا الصَّلَاةَ وَآتُوا الزَّكَاةَ ثُمَّ تَوَلَّيْتُمْ إِلَّا قَلِيلًا مِنْكُمْ وَأَنْتُمْ مُعْرِضُونَ

وَإِذْ أَخَذْنَا مِيثَاقَكُمْ لَا تَسْفِكُونَ دِمَاءَكُمْ وَلَا تُخْرِجُونَ أَنْفُسَكُمْ مِنْ دِيَارِكُمْ ثُمَّ أَقْرَرْتُمْ وَأَنْتُمْ تَشْهَدُونَ

ثُمَّ أَنْتُمْ هَٰؤُلَاءِ تَقْتُلُونَ أَنْفُسَكُمْ وَتُخْرِجُونَ فَرِيقًا مِنْكُمْ مِنْ دِيَارِهِمْ تَظَاهَرُونَ عَلَيْهِمْ بِالْإِثْمِ وَالْعُدْوَانِ وَإِنْ يَأْتُوكُمْ أُسَارَىٰ تُفَادُوهُمْ وَهُوَ مُحَرَّمٌ عَلَيْكُمْ إِخْرَاجُهُمْ ۚ أَفَتُؤْمِنُونَ بِبَعْضِ الْكِتَابِ وَتَكْفُرُونَ بِبَعْضٍ ۚ فَمَا جَزَاءُ مَنْ يَفْعَلُ ذَٰلِكَ مِنْكُمْ إِلَّا خِزْيٌ فِي الْحَيَاةِ الدُّنْيَا ۖ وَيَوْمَ الْقِيَامَةِ يُرَدُّونَ إِلَىٰ أَشَدِّ الْعَذَابِ ۗ وَمَا اللَّهُ بِغَافِلٍ عَمَّا تَعْمَلُونَ

أُولَٰئِكَ الَّذِينَ اشْتَرَوُا الْحَيَاةَ الدُّنْيَا بِالْآخِرَةِ ۖ فَلَا يُخَفَّفُ عَنْهُمُ الْعَذَابُ وَلَا هُمْ يُنْصَرُونَ.

بقره ۸۷= به موسی کتاب تورات را دادیم و به دنبال او، پیامبران دیگری را یکی پس از دیگری فرستادیم. به عیسی‌بن‌مریم هم معجزه‌های روشن بخشیدیم و اورا بواسطه روح‌القدس، یعنی برترین فرشته‌ها، توانایی دادیم. هر بار که پیامبران چیزی برایتان می‌آورند که باب میل‌تان نبود، چرا تکبّر می‌کردید؟ وعدّه‌ای را دورغگو می‌دانستید و عدّه‌ای را هم شهید می‌کردید؟

وَلَقَدْ آتَيْنَا مُوسَى الْكِتَابَ وَقَفَّيْنَا مِنْ بَعْدِهِ بِالرُّسُلِ ۖ وَآتَيْنَا عِيسَى ابْنَ مَرْيَمَ الْبَيِّنَاتِ وَأَيَّدْنَاهُ بِرُوحِ الْقُدُسِ ۗ أَفَكُلَّمَا جَاءَكُمْ رَسُولٌ بِمَا لَا تَهْوَىٰ أَنْفُسُكُمُ اسْتَكْبَرْتُمْ فَفَرِيقًا كَذَّبْتُمْ وَفَرِيقًا تَقْتُلُونَ.

آل عمران ۵۴-۵۷ = بدخواهان برای کشتن عیسی نقشه کشیدند. خدا هم بر ضدّشان نقشه کشید. البته خدا ماهرترین نقشه کِشنده‌هاست.

نقشه خدا این بود که فرمود: "عیسی خودم تو را بر می‌دارم و زنده به طرف خودم بالا می‌آورم و از دست بی‌دین‌های ناپاک نجات‌ات می‌دهم تا روز قیامت هم، همیشه پیروان واقعی‌ات را برتر از بی‌دین‌ها قرار می‌دهم. البته سرانجام، بسوی من است برگشت‌تان، در نتیجه در هر چیزی که سَرش اختلاف داشته‌اید بین‌تان داوری کنم. پس بی‌دین‌ها را دردنیا و آخرت به عذاب سخت گرفتار می‌سازم و دیگر هیچ یاوری نخواهد داشت. اما کسانی که ایمان آورده‌اند و کارهای خوب کرده‌اند، خدا پاداششان را کامل می‌دهد، بله ، خدا بدکاری را دوست ندارد.

وَمَكَرُوا وَمَكَرَ اللَّهُ ۖ وَاللَّهُ خَيْرُ الْمَاكِرِينَ

إِذْ قَالَ اللَّهُ يَا عِيسَىٰ إِنِّي مُتَوَفِّيكَ وَرَافِعُكَ إِلَيَّ وَمُطَهِّرُكَ مِنَ الَّذِينَ كَفَرُوا وَجَاعِلُ الَّذِينَ اتَّبَعُوكَ فَوْقَ الَّذِينَ كَفَرُوا إِلَىٰ يَوْمِ الْقِيَامَةِ ۖ ثُمَّ إِلَيَّ مَرْجِعُكُمْ فَأَحْكُمُ بَيْنَكُمْ فِيمَا كُنْتُمْ فِيهِ تَخْتَلِفُونَ

فَأَمَّا الَّذِينَ كَفَرُوا فَأُعَذِّبُهُمْ عَذَابًا شَدِيدًا فِي الدُّنْيَا وَالْآخِرَةِ وَمَا لَهُمْ مِنْ نَاصِرِينَ

وَأَمَّا الَّذِينَ آمَنُوا وَعَمِلُوا الصَّالِحَاتِ فَيُوَفِّيهِمْ أُجُورَهُمْ ۗ وَاللَّهُ لَا يُحِبُّ الظَّالِمِينَ

آل عمران ۹۳-۹۵ = قبل از آمدن تورات همه خوراکی‌ها برای یهودی‌ها حلال بود. مگر آنچه یعقوب بر خودش ممنوع کرده بود.

بگو: "اگر راست می‌گویید که بعضی خوراکی‌ها از اول حرام بوده است، تورات را بیاورید و از رویش بخوانید تا حرفتان را ثابت کنید."

بعد از این توضیحات، کسانی که درباره حرام‌ها و حلال‌ها نسبت دروغ به خدا می‌دهند واقعاً بدکارند. بگو: "حالا که خدا راست گفته است و یهودی‌ها دروغ، دنباله روی دین ابراهیم میانه‌رو و یکتاپرست باشید."

۱. حضرت یعقوب بعضی خوراکی‌ها مثل گوشت شتر و شیر آن را مصرف نمی‌کرد) مترجم قرآن
۲. بعضی خوراکی‌ها به علت ظلم و جنایت بنی‌اسرائیل بر آنان حرام شده بود (آه ۴۶ سوره انعام) بعدها خداوند دوباره حلالشان کرد، بنی‌اسرائیل قبول نمی‌کردند و می‌ترسیدند که مسلمانان از ظلم‌های گذشته آنها با خبر شوند برای همین می‌گفتند : "حرام بودن این خوراکی‌ها از زمان حضرت ابراهیم علیه السلام بوده است." مترجم قرآن

كُلُّ الطَّعَامِ كَانَ حِلًّا لِبَنِي إِسْرَائِيلَ إِلَّا مَا حَرَّمَ إِسْرَائِيلُ عَلَىٰ نَفْسِهِ مِنْ قَبْلِ أَنْ تُنَزَّلَ التَّوْرَاةُ ۗ قُلْ فَأْتُوا بِالتَّوْرَاةِ فَاتْلُوهَا إِنْ كُنْتُمْ صَادِقِينَ

فَمَنِ افْتَرَىٰ عَلَى اللَّهِ الْكَذِبَ مِنْ بَعْدِ ذَٰلِكَ فَأُولَٰئِكَ هُمُ الظَّالِمُونَ

قُلْ صَدَقَ اللَّهُ ۗ فَاتَّبِعُوا مِلَّةَ إِبْرَاهِيمَ حَنِيفًا وَمَا كَانَ مِنَ الْمُشْرِكِينَ

قُلْ أَرَأَيْتُمْ إِنْ أَخَذَ اللَّهُ سَمْعَكُمْ وَأَبْصَارَكُمْ وَخَتَمَ عَلَىٰ قُلُوبِكُمْ مَنْ إِلَٰهٌ غَيْرُ اللَّهِ يَأْتِيكُمْ بِهِ ۗ انْظُرْ كَيْفَ نُصَرِّفُ الْآيَاتِ ثُمَّ هُمْ يَصْدِفُونَ

آل عمران ۹۸-۹۹ = سؤال کن: "اهل کتاب، با اینکه خدا می‌بیند چه می‌کنید؟ چرا آیه‌ها و نشانه‌هایش را باور نمی‌کنید؟" و باز بپرس:" **اهل کتاب چرا مانع دین‌داری مسلمانان می‌شوید و با شُبهه پراکنی راه مستقیم خدا را کج نشان می‌دهید؟** حال آنکه خودتان از درستی این را خوب خبر دارید خدا هم بی‌خبر نیست که چه می‌کنید"

قُلْ يَا أَهْلَ الْكِتَابِ لِمَ تَكْفُرُونَ بِآيَاتِ اللَّهِ وَاللَّهُ شَهِيدٌ عَلَىٰ مَا تَعْمَلُونَ

قُلْ يَا أَهْلَ الْكِتَابِ لِمَ تَصُدُّونَ عَنْ سَبِيلِ اللَّهِ مَنْ آمَنَ تَبْغُونَهَا عِوَجًا وَأَنْتُمْ شُهَدَاءُ ۗ وَمَا اللَّهُ بِغَافِلٍ عَمَّا تَعْمَلُونَ

آل عمران ۱۸۷-۱۸۹ = خدا از عالمان دینی قول و قرار گرفت که کتاب آسمانی را برای مردم توضیح بدهد و کتمانش نکنند، ولی کتاب الهی را پشت گوش انداختند و آن را به قیمت ناچیز مادی فروختند. راستی که بد معامله‌ای کردند. این‌ها به ویژه عالمان یهودی که برای کارهای زشتشان سرخوش‌اند و دوست دارند برای کارهای خوبی که نکرده‌اند تعریف و تمجید بشوند. خیال نکن اصلاً خیال نکن که راه فراری از عذاب دارند بلکه برعکس عذابی زجرآور در انتظارشان است. فرمان‌روایی آسمان‌ها و زمین فقط در اختیار خداست و خدا هر کاری می‌تواند بکند.

وَإِذْ أَخَذَ اللَّهُ مِيثَاقَ الَّذِينَ أُوتُوا الْكِتَابَ لَتُبَيِّنُنَّهُ لِلنَّاسِ وَلَا تَكْتُمُونَهُ فَنَبَذُوهُ وَرَاءَ ظُهُورِهِمْ وَاشْتَرَوْا بِهِ ثَمَنًا قَلِيلًا ۖ فَبِئْسَ مَا يَشْتَرُونَ

لَا تَحْسَبَنَّ الَّذِينَ يَفْرَحُونَ بِمَا أَتَوْا وَيُحِبُّونَ أَنْ يُحْمَدُوا بِمَا لَمْ يَفْعَلُوا فَلَا تَحْسَبَنَّهُمْ بِمَفَازَةٍ مِنَ الْعَذَابِ ۖ وَلَهُمْ عَذَابٌ أَلِيمٌ

وَلِلَّهِ مُلْكُ السَّمَاوَاتِ وَالْأَرْضِ ۗ وَاللَّهُ عَلَىٰ كُلِّ شَيْءٍ قَدِيرٌ

نسا ۴۴-۴۶ = مگر ندیدی یهودی‌هایی که بهرهٔ کمی از تورات برده‌اند خریدار گمراهی‌اند و دوست دارند که شما هم از مسیر حقّ منحرف بشوید خدا دشمنانتان را بهتر می‌شناسد و همین بس که خدا خودش یار و یاورتان باشد. آن دشمنان یهودی‌هایی هستند که مطالب تورات را تغییر می‌دادند یا کم و زیاد می‌کردند. پیامبر را هم به باد تمسخر می‌گرفتند...

أَلَمْ تَرَ إِلَى الَّذِينَ أُوتُوا نَصِيبًا مِنَ الْكِتَابِ يَشْتَرُونَ الضَّلَالَةَ وَيُرِيدُونَ أَنْ تَضِلُّوا السَّبِيلَ

وَاللَّهُ أَعْلَمُ بِأَعْدَائِكُمْ ۚ وَكَفَىٰ بِاللَّهِ وَلِيًّا وَكَفَىٰ بِاللَّهِ نَصِيرًا

مِنَ الَّذِينَ هَادُوا يُحَرِّفُونَ الْكَلِمَ عَنْ مَوَاضِعِهِ وَيَقُولُونَ سَمِعْنَا وَعَصَيْنَا وَاسْمَعْ غَيْرَ مُسْمَعٍ وَرَاعِنَا لَيًّا بِأَلْسِنَتِهِمْ وَطَعْنًا فِي الدِّينِ ۚ وَلَوْ أَنَّهُمْ قَالُوا سَمِعْنَا وَأَطَعْنَا وَاسْمَعْ وَانْظُرْنَا لَكَانَ خَيْرًا لَهُمْ وَأَقْوَمَ وَلَٰكِنْ لَعَنَهُمُ اللَّهُ بِكُفْرِهِمْ فَلَا يُؤْمِنُونَ إِلَّا قَلِيلًا

نسا ۱۵۶-۱۵۹ = حال ظلم‌های آن‌ها را(بنی اسرائیل) بر می‌شماریم:

۱- پیمان شکنی‌هایشان

۲-باورنکردن آیه‌ها و نشانه‌های خداوند

۳- به شهادت رساندن ناجوانمردانهٔ پیامبران خدا

۴- این بهانه که "فهم ما کور است" و البته اینطور نیست بلکه خدا از سر بی دینشان

مُهر بدبختی بر دل‌هایشان زده و در نتیجه جز عدّهٔ کمی از آن‌ها ایمان نمی‌آورند.

۵- نپذیرفتن حرف مریم و تهمت بزرگی که به او زدند.

۶- این‌که با افتخار گفتند: "ما پیامبری را کشتیم، که نامش عیسی بود و لقبش مسیح و کُنیه‌اش ابن مریم" در صورتی که نه او را کشتند و نه به دارش کشیدند. بلکه شخصی هم قیافه او را کشتند. البته آن‌هایی که در چگونگی کشته شدن عیسی اختلاف دارند. در اصل کشته شدنش هم مُردداند و از سرنوشتش اطلاع درستی ندارند فقط به حدس و گمان تکیه کرده‌اند. **یقیناً او را نکشته‌اند بلکه خدا او را (عیسی بن مریم) زنده به سوی خود بالا برد چرا که خدا شکست ناپذیر کار درست است.**

وَبِكُفْرِهِمْ وَقَوْلِهِمْ عَلَىٰ مَرْيَمَ بُهْتَانًا عَظِيمًا

وَقَوْلِهِمْ إِنَّا قَتَلْنَا الْمَسِيحَ عِيسَى ابْنَ مَرْيَمَ رَسُولَ اللَّهِ وَمَا قَتَلُوهُ وَمَا صَلَبُوهُ وَلَٰكِنْ شُبِّهَ لَهُمْ ۚ وَإِنَّ الَّذِينَ اخْتَلَفُوا فِيهِ لَفِي شَكٍّ مِنْهُ ۚ مَا لَهُمْ بِهِ مِنْ عِلْمٍ إِلَّا اتِّبَاعَ الظَّنِّ ۚ وَمَا قَتَلُوهُ يَقِينًا

بَلْ رَفَعَهُ اللَّهُ إِلَيْهِ ۚ وَكَانَ اللَّهُ عَزِيزًا حَكِيمًا

وَإِنْ مِنْ أَهْلِ الْكِتَابِ إِلَّا لَيُؤْمِنَنَّ بِهِ قَبْلَ مَوْتِهِ ۖ وَيَوْمَ الْقِيَامَةِ يَكُونُ عَلَيْهِمْ شَهِيدًا

مائده ۱۳= برای عهدشکنی‌شان لعنت‌شان کردیم و دل‌هایشان را سفت و سخت ساختیم و در نتیجهٔ این، مطالب تورات را تغییر می‌دادند و یا کم و یا زیاد می‌کردند. آن وقت بخش مهمی از حرف‌هایی را فراموش کردند که آن‌ها را به خود می‌آورد. تازه هر بار متوجه خیانت جدیدی از آن‌ها می‌شوی مگر عدهٔ کمی از آن‌ها که خیانت نمی‌کنند. با این حال فعلاً از آن‌ها چشم بپوشی و گذشت کن **که خدا درست‌کاران را دوست دارد.**

فَبِمَا نَقْضِهِمْ مِيثَاقَهُمْ لَعَنَّاهُمْ وَجَعَلْنَا قُلُوبَهُمْ قَاسِيَةً ۖ يُحَرِّفُونَ الْكَلِمَ عَنْ مَوَاضِعِهِ ۙ وَنَسُوا

حَظًّا مِمَّا ذُكِّرُوا بِهِ ۚ وَلَا تَزَالُ تَطَّلِعُ عَلَىٰ خَائِنَةٍ مِنْهُمْ إِلَّا قَلِيلًا مِنْهُمْ ۖ فَاعْفُ عَنْهُمْ وَاصْفَحْ ۚ إِنَّ اللَّهَ يُحِبُّ الْمُحْسِنِينَ

مائده ۳۲ = برای پیشگیری از چنین جنایت‌هایی به بنی اسرائیل گوش زد کردیم که هر کس انسانی را بکشد بی آن‌که مقتول کسی را کشته باشد یا در جامعه خراب‌کاری کرده باشد انگار همه مردم را کشته است. در مقابل هر کس انسانی را از مرگ نجات بدهد. انگار به همه مردم زندگی بخشیده است. البته پیامبران ما برای برقراری صلح و صفا میان بنی اسرائیل دلیل‌های روشنی آوردند با این همه خیلی‌هایشان در جامعه مشغول قتل و غارت شدند.

مِنْ أَجْلِ ذَٰلِكَ كَتَبْنَا عَلَىٰ بَنِي إِسْرَائِيلَ أَنَّهُ مَنْ قَتَلَ نَفْسًا بِغَيْرِ نَفْسٍ أَوْ فَسَادٍ فِي الْأَرْضِ فَكَأَنَّمَا قَتَلَ النَّاسَ جَمِيعًا وَمَنْ أَحْيَاهَا فَكَأَنَّمَا أَحْيَا النَّاسَ جَمِيعًا ۚ وَلَقَدْ جَاءَتْهُمْ رُسُلُنَا بِالْبَيِّنَاتِ ثُمَّ إِنَّ كَثِيرًا مِنْهُمْ بَعْدَ ذَٰلِكَ فِي الْأَرْضِ لَمُسْرِفُونَ

مائده ۵۳ = چرا عالمانِ خداجو و روحانیون اهل کتاب آن‌ها را از حرف‌های گناه‌آلود و حرام‌خواری نهی نمی‌کنند؟ راستی که سکوت زشت و موذیانه‌ای در پیش گرفته‌اند.

وَيَقُولُ الَّذِينَ آمَنُوا أَهَٰؤُلَاءِ الَّذِينَ أَقْسَمُوا بِاللَّهِ جَهْدَ أَيْمَانِهِمْ ۙ إِنَّهُمْ لَمَعَكُمْ ۚ حَبِطَتْ أَعْمَالُهُمْ فَأَصْبَحُوا خَاسِرِينَ

مائده ۱۱۶-۱۱۸ = بدان که در قیامت خدا از عیسی بن مریم می‌پرسد "تو به مردم گفتی غیر از خدا من و مادرم را بپرستید؟" عیسی جواب می‌دهد: "خدایا پناه بر تو! محال است . حرف ناروایی بگویم که حقّ گفتنش را ندارم. اگر چنین حرفی زده بودم حتماً آن را می‌دانستی. چون تو را از آنچه در وجودم می‌گذرد، با خبری ولی من از آنچه در ذات توست بی‌خبرم و تو خودت تمام اسرار را کاملاً می‌دانی. فقط چیزهایی را به آن‌ها گفتم که به من فرمان دادی، خدایی را بندگی کنید که صاحب اختیار من و شماست. تا وقتی بین‌شان بودم شاهد و ناظرشان بودم و همین که مرا برداشتی و زنده به طرف خودت بالا بردی توخودت مراقبشان بودی، تو شاهد همه چیزی. اگر مجازاتشان کنی، آنها بندگان توهستند و اختیارشان با توست، اگر هم بیامرزی شان

کسی حق اعتراض ندارد زیرا تو شکست ناپذیر کار درستی.

وَإِذْ قَالَ اللَّهُ يَا عِيسَى ابْنَ مَرْيَمَ أَأَنْتَ قُلْتَ لِلنَّاسِ اتَّخِذُونِي وَأُمِّيَ إِلَٰهَيْنِ مِنْ دُونِ اللَّهِ ۖ قَالَ سُبْحَانَكَ مَا يَكُونُ لِي أَنْ أَقُولَ مَا لَيْسَ لِي بِحَقٍّ ۚ إِنْ كُنْتُ قُلْتُهُ فَقَدْ عَلِمْتَهُ ۚ تَعْلَمُ مَا فِي نَفْسِي وَلَا أَعْلَمُ مَا فِي نَفْسِكَ ۚ إِنَّكَ أَنْتَ عَلَّامُ الْغُيُوبِ

مَا قُلْتُ لَهُمْ إِلَّا مَا أَمَرْتَنِي بِهِ أَنِ اعْبُدُوا اللَّهَ رَبِّي وَرَبَّكُمْ ۚ وَكُنْتُ عَلَيْهِمْ شَهِيدًا مَا دُمْتُ فِيهِمْ ۖ فَلَمَّا تَوَفَّيْتَنِي كُنْتَ أَنْتَ الرَّقِيبَ عَلَيْهِمْ ۚ وَأَنْتَ عَلَىٰ كُلِّ شَيْءٍ شَهِيدٌ

إِنْ تُعَذِّبْهُمْ فَإِنَّهُمْ عِبَادُكَ ۖ وَإِنْ تَغْفِرْ لَهُمْ فَإِنَّكَ أَنْتَ الْعَزِيزُ الْحَكِيمُ

وَإِذْ قَالَ اللَّهُ يَا عِيسَى ابْنَ مَرْيَمَ أَأَنْتَ قُلْتَ لِلنَّاسِ اتَّخِذُونِي وَأُمِّيَ إِلَٰهَيْنِ مِنْ دُونِ اللَّهِ ۖ قَالَ سُبْحَانَكَ مَا يَكُونُ لِي أَنْ أَقُولَ مَا لَيْسَ لِي بِحَقٍّ ۚ إِنْ كُنْتُ قُلْتُهُ فَقَدْ عَلِمْتَهُ ۚ تَعْلَمُ مَا فِي نَفْسِي وَلَا أَعْلَمُ مَا فِي نَفْسِكَ ۚ إِنَّكَ أَنْتَ عَلَّامُ الْغُيُوبِ

مَا قُلْتُ لَهُمْ إِلَّا مَا أَمَرْتَنِي بِهِ أَنِ اعْبُدُوا اللَّهَ رَبِّي وَرَبَّكُمْ ۚ وَكُنْتُ عَلَيْهِمْ شَهِيدًا مَا دُمْتُ فِيهِمْ ۖ فَلَمَّا تَوَفَّيْتَنِي كُنْتَ أَنْتَ الرَّقِيبَ عَلَيْهِمْ ۚ وَأَنْتَ عَلَىٰ كُلِّ شَيْءٍ شَهِيدٌ

إِنْ تُعَذِّبْهُمْ فَإِنَّهُمْ عِبَادُكَ ۖ وَإِنْ تَغْفِرْ لَهُمْ فَإِنَّكَ أَنْتَ الْعَزِيزُ الْحَكِيمُ

توبه ۳۰-۳۱ = یهودیان ادعا می‌کردند "عُزَیر" پسر خداست مسیحیان ادعا می‌کردند "مسیح" پسر خداست. اینها حرف‌هایی بی‌اساس است که به زبان می‌آورند و از جنس همان حرف‌های بت‌پرست‌هایی است که قبل از آن‌ها زندگی کرده‌اند. خدا بکشدشان که چطور با این عقاید خرافی از سیر حقّ به انحراف کشیده می‌شوند. یهودی‌ها و مسیحی‌ها به جای خدا، روحانیون و راهبانشان را ارباب‌های خود می‌دانند و به علاوه مسیحی‌ها، مسیح پسر مریم را هم معبود خودشان قرار داده‌اند. در حالی که فقط مأمور بودند یگانه معبودی را بپرستند که معبودی جز او نیست منزه است او از این عقاید خرافی‌شان.

وَقَالَتِ الْيَهُودُ عُزَيْرٌ ابْنُ اللَّهِ وَقَالَتِ النَّصَارَى الْمَسِيحُ ابْنُ اللَّهِ ۖ ذَٰلِكَ قَوْلُهُمْ بِأَفْوَاهِهِمْ ۖ

يُضَاهِئُونَ قَوْلَ الَّذِينَ كَفَرُوا مِنْ قَبْلُ ۚ قَاتَلَهُمُ اللَّهُ ۚ أَنَّىٰ يُؤْفَكُونَ

اتَّخَذُوا أَحْبَارَهُمْ وَرُهْبَانَهُمْ أَرْبَابًا مِنْ دُونِ اللَّهِ وَالْمَسِيحَ ابْنَ مَرْيَمَ وَمَا أُمِرُوا إِلَّا لِيَعْبُدُوا إِلَٰهًا وَاحِدًا ۖ لَا إِلَٰهَ إِلَّا هُوَ ۚ سُبْحَانَهُ عَمَّا يُشْرِكُونَ

مریم ۹۱ = از اینکه ادعا می‌کنند. خدای رحمان فرزندی دارد. نشدنی است که خدای رحمان فرزندی داشته باشد بی استثناء تمام ساکنان آسمان‌ها و زمین خواسته و یا ناخواسته خدای رحمان را بندگی می‌کنند.

أَنْ دَعَوْا لِلرَّحْمَٰنِ وَلَدًا

غافر(مومن) ۲۳-۲۴ = موسی را با معجزه‌هایمان و منطق واضح به سوی فرعون و هامان و قارون فرستادیم و آن‌ها گفتند: "او جادوگری است حسابی دروغ‌گو."

وَلَقَدْ أَرْسَلْنَا مُوسَىٰ بِآيَاتِنَا وَسُلْطَانٍ مُبِينٍ

إِلَىٰ فِرْعَوْنَ وَهَامَانَ وَقَارُونَ فَقَالُوا سَاحِرٌ كَذَّابٌ

غافر(مومن) ۳۶-۴۰ = کارهای زشت فرعون در نظرش اینطور رنگ و لعاب داده شد و از راه خدا باز ماند و نقشه فرعون جز نقشه بر آب نبود. آن مرد مؤمن ادامه داد: "ای قوم من، دنبال من بیایید تا راه صواب را نشانتان دهم. ای قوم من، زندگی این دنیا متاعی است زودگذر و ناچیز و فقط آخرت سرای ماندنی است." آن‌هایی که کار بدی کنند جز به مانندش مجازات نمی‌بینند و آنانی که کار خوبی بکنند چه مرد باشند و چه زن به شرط ایمان، بهشت می‌شوند و در آنجا از روزی فراوان بهره‌مند می‌شوند.

در عین حال قرآن ایجاد رابطه مسالمت آمیز با گروه‌های زیر را مطرح کرده است:

۱- با مشرکان بی‌آزار کسانی که سر جنگ با شما ندارند و مزاحم وطن شما نیستند

خوش رفتاری کنید.

۲- با اهل کتاب، می‌فرماید به اهل کتاب بگو: "بیایید تا در آن چه ما و شما هم عقیده هستیم متحد باشیم"

۳- با دیگر مسلمانان

وَقَالَ فِرْعَوْنُ يَا هَامَانُ ابْنِ لِي صَرْحًا لَعَلِّي أَبْلُغُ الْأَسْبَابَ

أَسْبَابَ السَّمَاوَاتِ فَأَطَّلِعَ إِلَىٰ إِلَٰهِ مُوسَىٰ وَإِنِّي لَأَظُنُّهُ كَاذِبًا ۚ وَكَذَٰلِكَ زُيِّنَ لِفِرْعَوْنَ سُوءُ عَمَلِهِ وَصُدَّ عَنِ السَّبِيلِ ۚ وَمَا كَيْدُ فِرْعَوْنَ إِلَّا فِي تَبَابٍ

وَقَالَ الَّذِي آمَنَ يَا قَوْمِ اتَّبِعُونِ أَهْدِكُمْ سَبِيلَ الرَّشَادِ

يَا قَوْمِ إِنَّمَا هَٰذِهِ الْحَيَاةُ الدُّنْيَا مَتَاعٌ وَإِنَّ الْآخِرَةَ هِيَ دَارُ الْقَرَارِ

مَنْ عَمِلَ سَيِّئَةً فَلَا يُجْزَىٰ إِلَّا مِثْلَهَا ۖ وَمَنْ عَمِلَ صَالِحًا مِنْ ذَكَرٍ أَوْ أُنْثَىٰ وَهُوَ مُؤْمِنٌ فَأُولَٰئِكَ يَدْخُلُونَ الْجَنَّةَ يُرْزَقُونَ فِيهَا بِغَيْرِ حِسَابٍ

أَسْبَابَ السَّمَاوَاتِ فَأَطَّلِعَ إِلَىٰ إِلَٰهِ مُوسَىٰ وَإِنِّي لَأَظُنُّهُ كَاذِبًا ۚ وَكَذَٰلِكَ زُيِّنَ لِفِرْعَوْنَ سُوءُ عَمَلِهِ وَصُدَّ عَنِ السَّبِيلِ ۚ وَمَا كَيْدُ فِرْعَوْنَ إِلَّا فِي تَبَابٍ

وَقَالَ الَّذِي آمَنَ يَا قَوْمِ اتَّبِعُونِ أَهْدِكُمْ سَبِيلَ الرَّشَادِ

يَا قَوْمِ إِنَّمَا هَٰذِهِ الْحَيَاةُ الدُّنْيَا مَتَاعٌ وَإِنَّ الْآخِرَةَ هِيَ دَارُ الْقَرَارِ

مَنْ عَمِلَ سَيِّئَةً فَلَا يُجْزَىٰ إِلَّا مِثْلَهَا ۖ وَمَنْ عَمِلَ صَالِحًا مِنْ ذَكَرٍ أَوْ أُنْثَىٰ وَهُوَ مُؤْمِنٌ فَأُولَٰئِكَ يَدْخُلُونَ الْجَنَّةَ يُرْزَقُونَ فِيهَا بِغَيْرِ حِسَابٍ

---

۱. سوره ممتحنه آیه ۸
۲. آل عمران آیه ۶۴

۴
یادآوری خداوند به انسان‌ها در مورد آنچه باعث هدایت و نجات اوست

مقدمه

مسلمانان بگویید: " ایمان آورده‌ایم به خدا و به آنچه به سوی ما فرستاده شده و به آنچه به سوی ابراهیم، اسماعیل، اسحاق، یعقوب و پیامبران از نسل یعقوب فرستاده شده و به آنچه به موسی و عیسی داده شده و به آنچه به تمام پیامبران از طرف خدا داده شده است."

(سوره بقره آیه ۱۳۶)

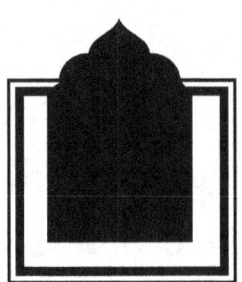

یادآوری خداوند به انسان‌ها در مورد آنچه باعث هدایت و نجات اوست

مقدمه

شناخت خداوند بدون مربیّان و معلمان علوم الهی و راهنمایان راست‌گو و دلسوز غیبی میسّر نیست و نمی‌توان بدون آن به سعادت و تکامل نائل آمد و با مخاطرات و موانع راه مبارزه کرد. اگر انسان در راه تکامل و ترقّی روی می‌سپارد و در آرزوی سعادت و پیروزی به سر می‌برد باید به پیام پیامبران الهی گوش فرا دهد. راه تکامل بدون راهنما سپری نخواهد شد. همچنان که رسول خدا به هدایت قیام کرد و مردم را از گمراهی و جهالت نجات داد و از کوری و کوردلی آن‌ها را رهانید و بینایشان نمود. پس خداوند به وسیله حضرت محمد (صلی الله علیه و آله) تاریکی‌ها را روشن ساخت و مردم را به دینی استوار راهنمایی فرمود و همه را به راه راست دعوت کرد.

مطالعه در موجودات این جهان هم آدمی را با خدای پیوند می‌دهد و هم بسیاری از صفات خداوند یعنی قدرت و حیات، علم و کمالات ذاتیِ آن آفرینندۀ حکیم را به انسان می‌شناساند. **ولی مهم‌ترین و عمده‌ترین راهی که قرآن خود برای توجه دادن بشر به خدای جهان آفرین برگزیده مطالعه در موجودات عالم و بررسی شگفتی‌های خلقت است.**

اما چگونه می‌توان به هدایت رسید:

انسان در میان همۀ موجودات یک امتیاز دارد و آن امتیاز این است که دو بُعدی است و دو جهت دارد. حیوانات یک جهت دارد جهت حیوانی و خصایل حیوانی منحصر به خود مانند درندگی و...

---

۱. سوره غاشیه ۱۵: وَنَمَارِقُ مَصْفُوفَةٌ

فرشتگان هم یک جهت دارند و آن جنبه ملکوتی و معنوی است. ملائکه ترقّی و تکامل ندارند و اجباراً خداپرست هستند و دائم مشغول پرستش و عبادت خدای یکتا. ولی انسان دو بُعد دارد یک بُعد و جهت مادی که آن را در فلسفه "جسم "می‌نامند. و در روانشناسی به نام تمایلات و غرایز. بُعد دیگر جهت معنوی انسان است که جنبه ملکوتی است. همیشه بین این دو بُعد ضدیت است. **تمایلات ملکوتی ما ناملایم برای جسم ما است. مثلاً صفت علم‌یابی، علم‌جویی، گذشت و فداکاری و... این‌ها همه به بُعد ملکوتی مربوط است که روح بسیار از آن لذت می‌برد و اَلَم برای جسم است.**

در معراج به فرموده قرآن پیامبر اکرم (صلی الله علیه و آله) به قدری بالا می‌رود که فرشته مقرب جبرائیل از رفتن به آن عاجز است.

بشر هم چنین است گاهی تمایلات و غرایز را طوری مهار می‌کند که می‌تواند با عالم ملکوت تماس بگیرد. این‌ها کسانی هستند که قرآن می‌فرماید: "آنها می‌گویند خدا، آن‌هایی که ایمان دارند و به ایمانشان عمل می‌کنند راستی مومن هستند."

یعنی همینطور به دل می‌گویند خدا و او را قبول دارند از نظر عمل عملاً هم خدا را قبول دارند، استقامت دارند و می‌گویند خدا و پابرجا هستند و ایستاده‌اند. همیشه در میان این دو بُعد جنگ است. همان جهاد اکبر انسان همیشه در حرکت است. گاهی حرکت صعودی دارد و به خدا می‌رسد و گاهی هم حرکت نزولی دارد. **گناه برای انسان قساوت می‌آورد و وجدان اخلاقی را می‌کُشد. این جنگ را پیامبر اکرم (صلی الله علیه و آله) جهاد اکبر نامیده‌اند. شجاع کسی است که در این جنگ زمین نخورد.**

در روایت است که جوانی از جبهه جنگ برگشته بود و هنوز به منزل نرفته بود. پیامبر (صلی الله علیه و آله) او را دیدند و فرمودند: "ای جوان آفرین بر تو که به جهاد رفته‌ای اما بر تو باد جهاد اکبر." گفت: "یا رسول الله چه جهادی بالاتر از جنگ در راه خدا؟" فرمودند: "جهاد بزرگتر جهاد با نفس اَمّاره است."

---

۱. فصلت ۳۱ و ۳۰: إِنَّ الَّذِينَ قَالُوا رَبُّنَا اللَّهُ ثُمَّ اسْتَقَامُوا تَتَنَزَّلُ عَلَيْهِمُ الْمَلَائِكَةُ أَلَّا تَخَافُوا وَلَا تَحْزَنُوا وَأَبْشِرُوا بِالْجَنَّةِ الَّتِي كُنْتُمْ تُوعَدُونَ. نَحْنُ أَوْلِيَاؤُكُمْ فِي الْحَيَاةِ الدُّنْيَا وَفِي الْآخِرَةِ وَلَكُمْ فِيهَا مَا تَشْتَهِي أَنْفُسُكُمْ وَلَكُمْ فِيهَا مَا تَدَّعُونَ

بله، آدم وقتی انسان است که وجدان اخلاقی، گذشت، دیگرگرایی و فداکاری، درستکاری و راستگویی... در زندگیش باشد. اما چه کنیم که در این نبرد حق علیه باطل، نبرد جنبه معنوی با جنبه ناسویی که رسول خدا (صلی الله علیه و آله) آن را جهاد اکبر نامیده‌اند غالب شویم و پیروز گردیم؟

نیرو بایستی از بیرون بیاید و گرنه مغلوبیم. زیرا جنبهٔ مادی و غرایز همیشه طوفانی است و لشکریان فراوان دارد مثل: حُبّ دنیا، حب به مال، جاه طلبی، ریاست طلبی و قدرت، کینه توزی، حسد، فریب‌کاری که به اصطلاح امروز زرنگی می‌نامند و بسیاری غرایز دیگر...

چگونه جنبه ملکوتی خودمان را در مقابل این همه غرایز قوی کنیم؟

۱- **اهمیت به واجبات** بسیار در قوی کردن جنبه ملکوتی و انسانی ما مؤثر است. قرآن می‌فرماید: "در این نبرد از خدا کمک بجویید به صبر و نماز...[۱]

نماز نیروی خارجی بسیار قوی است. برای عقل و روح و بعد معنوی انسان. نماز غذای روح است. هرچه بخواهیم بعد ملکوتی خودمان را قوی کنیم بایستی به نماز اهمیت بدهیم. نماز واقعی، نگهدارنده از گناهان و بدی‌هاست.

صبر هم به معنای استقامت است صبر موجب می‌شود که دست عنایت خداوند روی سر ما باشد. خداوند بشارت می‌دهد به صابران"بشر الصابرین..."[۲]

وَلَنَبْلُوَنَّكُمْ بِشَيْءٍ مِنَ الْخَوْفِ وَالْجُوعِ وَنَقْصٍ مِنَ الْأَمْوَالِ وَالْأَنْفُسِ وَالثَّمَرَاتِ ۗ وَبَشِّرِ الصَّابِرِينَ

صابران به جای خودباختگی و پناهندگی به دیگران تنها به خدا پناه می‌برند و صبر انسان را از کلام کفرآمیز و شکایت باز می‌دارد و موجب تسلّی و دلداری و یقین به انسان است و مانع وسوسه‌های شیطانی اوست. ۲- **ترک گناه:** سعی کردن در

۱. سوره بقره آیه ۴۵
۲. سوره بقره آیه ۱۵۵

ترک گناه باعث قوی شدن در بعد معنوی و سیر تکاملی می‌گردد. انسان با توکّل بر خدا مورد عنایت و رحمت‌های خداوند سبحان قرار می‌گیرد و این کار برایش آسان می‌شود.

۳- **توبه از گناهان و جبران آن**، بسیار مورد خوشنودی و بخشندگی خداوند است که ما را بسیار به این کار ترغیب نموده و فرموده که هیچ وقت از درگاه او ناامید نشویم و در هر شرایطی به او پناه برده و از او کمک بخواهیم. بخواهید که به شما داده خواهد شد، بطلبید که خواهید یافت و به خدا تقرّب جویید تا به شما نزدیک شود.

آیا دنیا و آخرت با هم تضّاد دارند؟ در آیات بسیاری مدح و تمجید از دنیا و امکانات مادی آن شده است. **در بعضی آیات مال به عنوان خیر معرفی شده است**[1] **و در بسیاری از آیات مواهب مادی تحت عنوان فضل خداوند آمده است و در جای دیگر**[2] **می‌فرماید که همه نعمت‌های روی زمین را برای شما آفریده است**[3]

الّذِينَ يَنْقُضُونَ عَهْدَ اللّهِ مِنْ بَعْدِ مِيثَاقِهِ وَيَقْطَعُونَ مَا أَمَرَ اللّهُ بِهِ أَنْ يُوصَلَ وَيُفْسِدُونَ فِي الْأَرْضِ ۚ أُولَٰئِكَ هُمُ الْخَاسِرُونَ

و در بسیاری آیات آن را تحت عنوان(سَخّر لکم) آن‌ها را مسخّر شما گردانید. ذکر کرده است. ولی همین نعمت‌های مادی اگر باعث غفلت و یا غرور انسان شود بسیار مذمّت گردیده است[4]

وَمَا هَٰذِهِ الْحَيَاةُ الدُّنْيَا إِلّا لَهْوٌ وَلَعِبٌ ۚ وَإِنّ الدّارَ الآخِرَةَ لَهِيَ الْحَيَوَانُ ۚ لَوْ كَانُوا يَعْلَمُونَ

رِجَالٌ لَا تُلْهِيهِمْ تِجَارَةٌ وَلَا بَيْعٌ عَنْ ذِكْرِ اللّهِ وَإِقَامِ الصّلَاةِ وَإِيتَاءِ الزّكَاةِ ۙ يَخَافُونَ يَوْمًا تَتَقَلّبُ فِيهِ الْقُلُوبُ وَالْأَبْصَارُ

دنیا از یک سو مزرعه آخرت است، تجارب مردان خدا و محّل هبوط او وحی پروردگار

۱. (سوره بقره آیه ۱۸۰)
۲. (سوره جمعه آیه ۱۰)
۳. (سوره بقره آیه ۲۷)
۴. (سوره عنکبوت آیه ۶۴ و سوره نور آیه ۳۷)

شمرده می‌شود و از سوی دیگر مایه غفلت و بی‌خبری از یاد خدا و متاع غرور و مانند آن است. کسانی که هدفشان کسب این دنیا است آن هم با هر روشی ظالمانه و گرفتن حق دیگران و... آنچه در سوره نجم آیه ۲۹ آمده: "کسانی که جز زندگی به دنیا را نخواهند و آخرتشان را به دنیا می‌فروشند و برای رسیدن به مادیّات از هیچ خلاف‌کاری و جنایتی ابا ندارند این‌ها بسیار غافل هستند."

در سوره توبه آیه ۳۷ می‌خوانیم: "آیا راضی شدید که زندگی دنیا را به جای آخرت بپذیرید؟"

إِنَّمَا النَّسِيءُ زِيَادَةٌ فِي الْكُفْرِ ۖ يُضَلُّ بِهِ الَّذِينَ كَفَرُوا يُحِلُّونَهُ عَامًا وَيُحَرِّمُونَهُ عَامًا لِيُوَاطِئُوا عِدَّةَ مَا حَرَّمَ اللَّهُ فَيُحِلُّوا مَا حَرَّمَ اللَّهُ ۚ زُيِّنَ لَهُمْ سُوءُ أَعْمَالِهِمْ ۗ وَاللَّهُ لَا يَهْدِي الْقَوْمَ الْكَافِرِينَ

کوتاه سخن اینکه مواهب جهان مادی که همه نعمت‌های خداست اگر به عنوان وسیله‌ای برای رسیدن به سعادت و تکامل معنوی انسان مورد بهره‌برداری قرار گیرد از هر نظر قابل تحسین است. و اما اگر به عنوان یک هدف از ارزش‌های معنوی و انسانی به دور باشد، طبعاً مایهٔ غرور، غفلت، طغیان، سرکشی، ظلم و بیدادگری خواهد بود. **از دیگر تلاش‌های انسان برای رسیدن به سعادت و نیک‌بختی در دنیا و آخرت سعی و تلاش است.** به افراد تنبل و بیکار هشدار می‌دهد که سعادت را تنها با اظهار ایمان و سخن گفتن نمی‌توان به دست آورد. بلکه عامل اصلی سعادت سعی و تلاش انسان است. در سورهٔ مدّثر آیه ۳۸ می‌فرماید: " **انسان در گرو اعمالش می‌باشد.**"و در جای دیگر بهرهٔ او را در گرو سعی‌اش می‌شمرد.

كُلُّ نَفْسٍ بِمَا كَسَبَتْ رَهِينَةٌ

"وانَّ لَیس لِلانسان الّا ما سعی" و در اکثر آیات بعد از ذکر ایمان روی عمل صالح تکیه می‌کند. **مواهب دنیای مادّی را هم جز به سعی و تلاش نمی‌توان به دست آورد. پس سعادت جاودانی هم بدون سعی به دست نمی‌آید.**

حال چگونه می‌توان صفات و رذیلهٔ اخلاقی را درمان کرد؟ در خطبه ۹۰ نهج‌البلاغه

حضرت علی علیه‌السلام برای درمان امراض روحی و روانی و رذایل اخلاقی می‌فرماید: "**چون بشر در معرض این آفات اخلاقی و بیماری‌های روانی قرار دارد خداوند به‌وسیله نماز و زکات‌ها و روزه‌ها بندگان مؤمن خود را از این آفات حراست و نگهبانی می‌کند. این عبادات نفوس را رام گردانیده و دل‌ها را متواضع می‌نماید.**" چگونه رذایل اخلاقی را دفع نماییم:

۱- **تخلیه**: یعنی انسان وجود خود را از هرگونه گناه و آلودگی‌های فکری و ذهنی پاک و خلاء ایجاد نماید. در این صورت می‌تواند مواهب الهی بیشتری را به سمت خویش جذب نماید.

۲- **پرهیز از شکم پرستی و پرخوری**: پرخوری حجم انرژی جسم و ذهن انسان را صرف هضم و جذب غذا می‌نماید و امکان فرستادن انرژی مثبت برای تحقق آرزوها و رسیدن به آن کم می‌شود. **کم بخورید تا بخش عمدهٔ انرژی درونتان به جای مشغول شدن به هضم غذا صرف جذب موهبت‌های الهی شود.**

۳- **قانون سکوت یا کم حرفی**: کم حرفی یکی از راه‌های جذب و موهبت الهی است. یعنی انسان خود را از سوءظن، غیبت، ناسزا، دروغ، تهمت و هزاران چیز منفی و هر آنچه در این وادی قرار دارد خالی کند.

۴- **کسب فضائل اخلاقی**: یکی از مهم‌ترین فضائل اخلاقی که بایستی در کسب آن بکوشیم. قانون محبت است. **عشق ورزیدن به هر آنچه خداوند آفریده، محبت کردن به دیگران، حتی به کسانی که به ما بدی کرده‌اند.**

اصل محبت و عشق را بایستی در همه ابعاد زندگی پیاده کنیم، تا زندگی برایمان پرمحتوا و لذت‌بخش باشد. در آیه ۱۴۴ سوره آل عمران می‌فرماید: "آن‌هایی که از مال خود به فقرا در حال وسعت و تنگ‌دستی انفاق می‌کنند و خشم و غضب خود را فرو می‌نشانند و از بدی مردم درگذرند، چنین مردمی نیکوکارند و خداوند نیکوکاران را دوست دارد."

وَمَا مُحَمَّدٌ إِلَّا رَسُولٌ قَدْ خَلَتْ مِنْ قَبْلِهِ الرُّسُلُ ۚ أَفَإِنْ مَاتَ أَوْ قُتِلَ انْقَلَبْتُمْ عَلَىٰ أَعْقَابِكُمْ ۚ

وَمَنْ يَنْقَلِبْ عَلَىٰ عَقِبَيْهِ فَلَنْ يَضُرَّ اللَّهَ شَيْئًا ۗ وَسَيَجْزِي اللَّهُ الشَّاكِرِينَ

و یا در **آیه ۱۶۵ سوره بقره** می‌فرماید: "آن‌ها که ایمان دارند، عشق و محبت بیشتری به خداوند دارند." هرچه شناخت بیشتری از خدای متعال داشته باشیم عشق و محبتمان به او بیشتر می‌شود.

وَمِنَ النَّاسِ مَنْ يَتَّخِذُ مِنْ دُونِ اللَّهِ أَنْدَادًا يُحِبُّونَهُمْ كَحُبِّ اللَّهِ ۖ وَالَّذِينَ آمَنُوا أَشَدُّ حُبًّا لِلَّهِ ۗ وَلَوْ يَرَى الَّذِينَ ظَلَمُوا إِذْ يَرَوْنَ الْعَذَابَ أَنَّ الْقُوَّةَ لِلَّهِ جَمِيعًا وَأَنَّ اللَّهَ شَدِيدُ الْعَذَابِ

یکی از پایدارترین و قدیمی‌ترین تجلیّات روح آدمی و یکی از اصیل‌ترین ابعاد وجود آدمی حسّ نیایش و پرستش است. **مطالعه آثار زندگی بشر نشان می‌دهد در هر زمان و هر جا که بشر وجود داشته است. نیایش و پرستش هم وجود داشته است.** ولی شکل کار و شخص معبود متفاوت بوده است. بشر ابتدا موحّد و یگانه‌پرست بوده است. خدای واقعی خویش را می‌پرستیده و پیامبران پرستش نیاورده‌اند و ابتکار نکردند، بلکه نوع پرستش را یعنی نوع آداب و اعمالی که باید پرستش با آن صورت گیرد را به بشر آموختند و دیگر اینکه از پرستش غیر ذات یگانه جلوگیری به عمل آوردند.

پیام توحید اساسی‌ترین پیام قرآن و پایه تمام پیام‌های پیامبران است. پیام توحید اختصاص به پیامبر خاتم (صلی الله علیه و آله) ندارد بلکه سرلوحه رسالت همه انبیاء است. به فرموده قرآن کریم طغیان و خارج شدن انسان از مسیر بندگی خدا سبب می‌شودکه انسان لذّات زودگذر دنیا و زرق و برق آن را بالاترین ارزش حساب کند و آن را بر همه چیز مقدم شمارد و در نتیجه برای به دست آوردن آن هر گناه و فسادی را مرتکب شود و همین امر باعث فرو غلتیدن در دوزخ خواهد شد.ولی در مقابل این گروه کسی هست که از مقام و مرتبه ربّوبیت خدا خوف دارد و نفس خود را از هوا و هوس باز می‌داشته است. جایگاه چنین کسی به یقین بهشت است. مراد از "ترسیدن از مقام ربوبیت خداوند" این است که انسان خدا را همه‌کارهٔ عالم دانسته و حیات و رزق

۱. سوره نازعات ۴۰ و ۴۱ (وَأَمَّا مَنْ خَافَ مَقَامَ رَبِّهِ وَنَهَى النَّفْسَ عَنِ الْهَوَىٰ فَإِنَّ الْجَنَّةَ هِيَ الْمَأْوَىٰ)

و کمال معنوی و مادّی خود را از او بداند و به این حقیقت برسد که در برابر خدا هیچ قدرتی ندارد و در نتیجه از مخالفت با خدا هراس داشته باشد و جز به فرمان خداوند و رضای او عملی انجام ندهد. چنین انسانی به راحتی تسلیم هوای نفس نشده و اگر نفس او چیزی بر خلاف رضای خدا از او تقاضا کند، در مقابل آن تسلیم نمی‌شود و او را از آن نهی می کند.

گروهی از انسان‌ها به خاطر برخورداری از نعمت‌های مادی و یا داشتن قدرت اجتماعی یا علم و دانش تصور می‌کنند. به قدرت و جایگاهی رسیده‌اند که دیگر هیچ نیازی به خدا و بندگی او ندارند. از این رو دین و خدا را انکار می کنند و یا از بندگی و عبادت او سر باز می‌زنند.

در دستورات خدا در مسائل فردی و اجتماعی کوتاهی می کنند. سورهٔ مبارکه عَبَس برای مقابله با این جریان فکری یادآور زندگی افرادی این چنینی را می‌نماید که با این طرز فکر و زندگی و قدرت ولی گرفتار شده و به خواری و ذلّت افتادند و خداوند به سه تمدّن بزرگ بشری اشاره می کند که از مال و ثروت بسیار برخوردار بوده و به بالاترین فن‌آوری‌های زمان خویش به ویژه در صنعت و معماری دست یافتند. اما مورد قهر و عذاب الهی واقع شدند. مثل قوم عاد که هفتصد سال قبل از میلاد مسیح، در یمن زندگی می‌کردند و از نظر علمی پیشرفت‌های زیادی کرده بودند و به قدرت و ثروت زیادی دست یافتند اما چون به فساد در زمین پرداختند بنابر سنت الهی همگی هلاک شدند.

دومین نمونه قوم ثمود هستند که پیامبرانشان صالح بودند. بناهای استوار و محکم در دامنه کوه‌ها بنا کرده بودند ولی به فساد در زمین پرداختند و برای همین هم نابود شدند.

سومین نمونه نمونه تمدّن مشهور مصر است سه هزار سال قبل از میلاد مسیح در کنار رود نیل به پیشرفت‌های چشمگیری رسیدند و تمدّن پیشرفته‌ای داشتند. اهرام ثلاثه مصر از نمونه تمدن آن‌ها است که هنوز بسیاری از اسرار آن آشکار نشده است.فرعون مصر با آن تمدّن عظیم گرفتار و هلاک شد و در دریا غرق شد و خداوند

می‌فرماید: "آیا ندیدی که خداوند با فرعون که دارای ساختمان‌های محکم و مرتفع بود چه کرد؟"[1]

سپس می‌فرماید: "این اقوام به رغم پیشرفت‌های مادی و ظاهری از نظر اعتقادی از مسیر توحید و خداپرستی منحرف شده و از حدود خود تجاوز کردند و در شهرهای خود آیین شرک و بت پرستی را ترویج کردند."[2]

و به مجازات دردناکِ همه این اقوام طغیان‌گر و ظالم اشاره کرده است و می‌فرماید: "... از این رو خداوند تازیانهٔ عذاب را بر آن‌ها فرود آورد."[3]

قوم عاد به وسیله تندباد سرد و سوزناک هلاک شدند.[4]

و قوم فرعون در میان امواج دریای قبل مدفون گشتند.[5]

و قوم ثمود به وسیله صیحه عظیم آسمانی نابود شدند.[6]

پس برخورداری گسترده از نعمت‌های دنیا اگر در مسیر بندگی خدا و عدالت جامعه قرار نگیرد در دنیا و آخرت به خواری و ذلّت می‌انجامد. و در مقابل آن‌ها "ابرار" هستند. کسانی که وظیفه خود را در برابر خدا به درستی انجام می‌دهند و معتقدند باید چیزی را اراده کنند که خداوند اراده کرده "ابرار" یعنی دین‌دارانِ واقعی و خداپرستان حقیقی که از تمام نعمت‌های دائمی آخرت برخوردار خواهند شد.[7]

ولی "فاجران" همان کسانی هستند که از برنامه و مقرّرات خدا تجاوز کرده و به فِسق و طغیان گراییدند به کیفر اعمال پلیدشان در آتش دوزخ گرفتارند.[8]

در مورد سرنوشت ابرار و نیکوکاران می‌فرماید: "قطعاً سرنوشت نیکان این است که

۱. سوره فجر آیه ۱۰ (وَفِرْعَوْنَ ذِي الْأَوْتَادِ)
۲. سوره فجر آیه ۱۲ (فَأَكْثَرُوا فِيهَا الْفَسَادَ)
۳. سوره فجر آیه ۱۳ (فَصَبَّ عَلَيْهِمْ رَبُّكَ سَوْطَ عَذَابٍ)
۴. سوره حاقه آیه ۶ (وَأَمَّا عَادٌ فَأُهْلِكُوا بِرِيحٍ صَرْصَرٍ عَاتِيَةٍ)
۵. سوره زخرف آیه ۵۵ (فَلَمَّا آسَفُونَا انْتَقَمْنَا مِنْهُمْ فَأَغْرَقْنَاهُمْ أَجْمَعِينَ)
۶. سوره حاقه آیه ۵ (فَأَمَّا ثَمُودُ فَأُهْلِكُوا بِالطَّاغِيَةِ)
۷. سوره انفطار آیه ۱۳ (إِنَّ الْأَبْرَارَ لَفِي نَعِيمٍ)
۸. سوره انفطار آیه ۱۴ (وَإِنَّ الْفُجَّارَ لَفِي جَحِيمٍ)

در علییّن قرار گیرند."[1]

مراد از "علیین" درجات عالیه و منازل قرب خداوند است. یعنی سرنوشت حتمی و مقرّر شدهٔ ابرار چنین است که در بالاترین مراتب قُرب و نزدیکی خداوند قرار گیرند. و البته کسانی که توبه کنند و ایمان آورند و اعمال صالح انجام دهند، قطعاً مورد عفو و بخشش خدای رحمان قرار گیرند و شامل پاداش الهی می گردند. پاداشی که قطع نمی‌شود و دائمی است.

عوامل سُستی انسان در راه بندگی چیست؟

عواملی که باعث دوری انسان از نجات و هدایت می‌شود.

اولین عامل آن پندارهای ناروا در شناخت درستِ خدا و جایگاه اوست.

دومین عامل درک نادرست از شیوهٔ بندگی خداست. قرآن تنها راه سعادت و نیک‌بختی را در انجام دستورات خالق یکتا می‌داند که موجب سعادت و نیک‌بختی انسان هم در دنیا و هم در آخرت است.

کمال انسان در این است که برخلاف تمایلات و خواهش‌های نفسانی گام بردارد و همهٔ امکانات مادی را وسیله‌ای برای رسیدن به کمالِ معنوی و اجرای دستورات خدا قرار دهد. اگر انسان خدا را به درستی نشناسد و جایگاه خود را نسبت به خالق و پروردگارش نداند. نمی‌تواند وظیفه خود را در برابر او به درستی انجام دهد.

خداوند دو نکته مهم را به انسان غافل یادآور می‌شود:

۱- خدایی که به انسان ابزارهای رشد و پیشرفت مادی را داده است و به او نشان دادن راه خوب و راه درست و امکان رشد معنوی را برای او فراهم کرده است. آیا نمی‌تواند

۱. سوره مطففین آیه ۱۸ (کَلَّا إِنَّ کِتَابَ الْأَبْرَارِ لَفِي عِلِّيِّينَ)
۲. سوره بلد آیه ۱۸-۲۰ أُولَئِكَ أَصْحَابُ الْمَيْمَنَةِ، وَالَّذِينَ كَفَرُوا بِآيَاتِنَا هُمْ أَصْحَابُ الْمَشْأَمَةِ

آن‌ها را از او بازستاند؟ و او را به ذلّت و خواری بکشاند؟ پس چرا انسان تصوّر می‌کند هیچکس بر او قدرت و تسلط ندارد؟

۲- خدایی که به انسان چشم و گوش و زبان و دو لب داده تا با آن افکار خود را به دیگران انتقال دهد، آیا ممکن است خودش از درونِ انسان و نیّات او در انجام کارهای خوب یا بد آگاه نباشد؟ خدایی که راه خیر و شرّ را به انسان نشان داده آیا ممکن است خودش اعمال نیک و یا بد بندگان را تشخیص ندهد؟

کسانی توان بالا رفتن از گردنهٔ سخت بندگی خدا را دارند که در اجرای فرمان خدا همهٔ جوانب را رعایت کرده و در سه میدانِ ایمان، اخلاق و عمل گام بگذارند.

و در انجام عمل دینی به این نکات توجه نماید:

۱-**ایثار و از خود گذشتگی:** اگرچه هر عمل کوچکی در نزد خدا ارزش خاصّ خودش را دارد، اما بندگی خدا و ایمان واقعی زمانی محک می‌خورد که انسان در زمانی که خود نیازمند است دیگران را بر خود مقدّم کند و از آنچه دارد در راه خدا ایثار نماید.

۲-**ایمان راستین به خدا:** برای رسیدن به کمال بندگی خدا تنها خدمت به خلق کافی نیست. بلکه ایمان و اعتقاد نیز ضروری است، زیرا ایمان پشتوانهٔ عمل است و بدون آن عمل تأثیر لازم را در روح و شخصیت انسان نخواهد داشت و او را در مدارج کمال انسانی آن گونه که بایسته است بالا نخواهد برد.

۳ و ۴- **توصیه به صبر و مهربانی:** مؤمنان واقعی کسانی هستند که که تنها روح و قلب خود را به زیور ایمان به خدا آراستند و از مال خود در راه خدا انفاق می‌کنند و دیگران را به صبر در مسیر بندگی خدا و مهربانی به خلق سفارش می‌کنند.

۱. سوره بلد آیه ۱۴ -۱۶(أَوْ إِطْعَامٌ فِي يَوْمٍ ذِي مَسْغَبَةٍ، يَتِيمًا ذَا مَقْرَبَةٍ ،أَوْ مِسْكِينًا ذَا مَتْرَبَةٍ)
۲. سوره بلد آیه ۱۷ (ثُمَّ كَانَ مِنَ الَّذِينَ آمَنُوا وَتَوَاصَوْا بِالصَّبْرِ وَتَوَاصَوْا بِالْمَرْحَمَةِ)

منظور از توصیه به "صبر" این است، که انسان سختی‌های راه ایمان به خدا را تحمّل کند و از فشارها و تهدیدها در این راه نهراسد و خود در این مسیر استقامت داشته باشد و همچنین صبر و استقامت در راه اطاعت پروردگار و مبارزه با هوای نفس و همچنین تقویت اصل محبت و رحمت نباید به صورت فردی در جامعه باشد بلکه بهتر است به صورت یک جریان عمومی در کل جامعه درآید.

و همه افراد یکدیگر را به رعایت و حفظ این "اصول" توصیه کنند تا از طریق پیوندهای اجتماعی نیز محکم تر شود. و کسانی که دارای این ویژگی‌ها باشند خود خیر و برکت دارند و باعث گسترش خیر و نیکی در جامعه می‌شوند.[1]

و کسانی که با دستورات کامل و جامع خداوند مخالفت کنند باعث بدبختی خود و جامعه هستند.[2]

خداوند در انسان گرایش‌های گوناگون قرار داده است عبارتند از:

۱- گرایش‌های غریزی

۲- گرایش‌های فطری

گرایش‌های غریزی بر پایهٔ حُبّ‌النفس و میل به بقاست. مانند میل انسان به راحت‌طلبی، افزون‌طلبی و شهوت طلبی.

گرایش‌های فطری بر پایهٔ حُبّ‌الکمال و معنویت است. مثل گرایش‌های به زیبایی، حقیقت جویی و پرستش کمال مطلق و... **انسان برای رسیدن به سعادت و کمال هم به گرایش‌های غریزی نیازمند است و هم به گرایش‌های معنوی. اما سعادت انسان در گرو آن است که گرایش‌های مادّی را در خدمت به گرایش‌های معنوی قرار دهد نه برعکس.**

۱. سوره بلد آیه ۱۸ (أُولَئِكَ أَصْحَابُ الْمَيْمَنَةِ)
۲. سوره بلد آیه ۱۹ (وَالَّذِينَ كَفَرُوا بِآيَاتِنَا هُمْ أَصْحَابُ الْمَشْأَمَةِ)

مثلاً میل به افزون‌طلبی اگر در خدمت حقیقت‌جویی قرار گیرد، موجب کمال و افزایش روحیه حق طلبی انسان می‌گردد. اما اگر در خدمت شهوات مالی و ثروت قرار گیرد، منجر به غرق شدن او در شهوت جنسی یا ثروت اندوزی می‌گردد. و فساد اخلاقی او را به بار می‌آورد.

خداوند افزون بر آنکه در انسان گرایش‌های متفاوت قرار داده، راه استفاده درست از این گرایش‌ها را نیز به او یاد داده تا انسان بتواند خیر و شرّ و سعادت خود را تشخیص بدهد.

خداوند در هنگام آفرینش انسان راه تشخیص سعادت و شقاوت و خیر و شرّ را در نهاد او قرار داده است. مثلاً انسان بر اساس آموزه‌های فطری خویش می‌داند که دزدی و تصرّف نامشروع در اموال دیگران نادرست است. پس خداوند مهربان ذرّه‌ای به خلق ظلم نخواهد کرد. بلکه انسان با کردار زشت خود بر خود ظلم و ستم می‌کند و از لطف و رحمتش خود را محروم می‌سازد. خدای بزرگ عطایش بی‌حساب و کَرَم‌اش بی‌انتهاست.

و اینک آیات قرآن کریم:

بقره آیه ۱۳۶= مسلمانان بگویید: "ایمان آورده‌ایم به خدا و به آنچه به سوی ما فرستاده شده. به آنچه بر ابراهیم، اسماعیل، اسحاق، یعقوب و پیامبران از نسل یعقوب فرستاده شده. به آنچه به موسی و عیسی داده شده و به آنچه به تمام پیامبران از طرف خدا داده شده است. در اصول نبوّت، بین هیچ کدامشان فرق نمی‌گذاریم و در برابر خدا تسلیم هستیم."

قُولُوا آمَنَّا بِاللَّهِ وَمَا أُنْزِلَ إِلَيْنَا وَمَا أُنْزِلَ إِلَىٰ إِبْرَاهِيمَ وَإِسْمَاعِيلَ وَإِسْحَاقَ وَيَعْقُوبَ وَالْأَسْبَاطِ وَمَا أُوتِيَ مُوسَىٰ وَعِيسَىٰ وَمَا أُوتِيَ النَّبِيُّونَ مِنْ رَبِّهِمْ لَا نُفَرِّقُ بَيْنَ أَحَدٍ مِنْهُمْ وَنَحْنُ لَهُ مُسْلِمُونَ.

۱. سوره بلد آیه ۸ (أَلَمْ نَجْعَلْ لَهُ عَيْنَيْنِ)

بقره آیه ۱۲۱ = فقط کسانی که کتاب آسمانی تقدیم‌شان کرده‌ایم و آن‌طور که باید و شاید آن را می‌خوانند، ایمان واقعی به آن دارند. ولی کسانی که به آن اعتقادی ندارند، سرمایهٔ عمرشان را باخته‌اند.

الَّذِينَ آتَيْنَاهُمُ الْكِتَابَ يَتْلُونَهُ حَقَّ تِلَاوَتِهِ أُولَٰئِكَ يُؤْمِنُونَ بِهِ ۗ وَمَنْ يَكْفُرْ بِهِ فَأُولَٰئِكَ هُمُ الْخَاسِرُونَ

بقره ۱۵۵-۱۵۷ = حتماً امتحان‌تان می کنیم. با کمی ناامنی، گرسنگی، ضرر مالی، بلاهای جانی و خسارت در محصول. البته به اهل صبر مُژده بده، همان کسانی که هرگاه مصیبتی بر ایشان پیش بیاید می گویند:

"اِنّا لِلّه وَ اِنّا اِلیه راجعون"

(ما از خداییم و به سوی او باز می گردیم)

درودهای خدا و لطفش همیشه شامل حالشان می‌شود و همین‌ها هدایت یافته واقعی اند.

وَلَنَبْلُوَنَّكُمْ بِشَيْءٍ مِنَ الْخَوْفِ وَالْجُوعِ وَنَقْصٍ مِنَ الْأَمْوَالِ وَالْأَنْفُسِ وَالثَّمَرَاتِ ۗ وَبَشِّرِ الصَّابِرِينَ

الَّذِينَ إِذَا أَصَابَتْهُمْ مُصِيبَةٌ قَالُوا إِنَّا لِلَّهِ وَإِنَّا إِلَيْهِ رَاجِعُونَ

أُولَٰئِكَ عَلَيْهِمْ صَلَوَاتٌ مِنْ رَبِّهِمْ وَرَحْمَةٌ ۖ وَأُولَٰئِكَ هُمُ الْمُهْتَدُونَ

بقره آیه ۱۴۷ = کسانی که آیه‌های کتاب خدا را مخفی می‌کنند و آن را به قیمت ناچیز مادی می‌فروشند، جز آتش چیزی در شکم‌هایتان فرو نمی‌کنند و خدا روز قیامت با آن‌ها محبت‌آمیز حرف نمی‌زند. همچنین در این دنیا توفیق پاکسازی از گناهان به آن‌ها داده نمی‌شود. در آخرت دچار عذابی زجرآور می‌شوند.

الْحَقُّ مِنْ رَبِّكَ ۖ فَلَا تَكُونَنَّ مِنَ الْمُمْتَرِينَ

آل عمران آیه ۱۶-۱۷ = اینان (خود مراقبان) می‌گویند: "خدایا ما ایمان آوردیم تو هم گناهانمان را بپوشان و ما را از عذاب جهنم دور نگه دار، **اینان اهل صبراند. اهل فروتنی‌اند و اهل کمک اند، به وقت سحر هم اهل استغفار هستند"**

الَّذِينَ يَقُولُونَ رَبَّنَا إِنَّنَا آمَنَّا فَاغْفِرْ لَنَا ذُنُوبَنَا وَقِنَا عَذَابَ النَّارِ

الصَّابِرِينَ وَالصَّادِقِينَ وَالْقَانِتِينَ وَالْمُنْفِقِينَ وَالْمُسْتَغْفِرِينَ بِالْأَسْحَارِ

آل عمران ۳۱-۳۳ = پیامبر بگو:" اگر خدا را دوست دارید، دنباله روی من باشید. تا خدا هم دوستتان داشته باشد و گناهانتان را بیامرزد. چون‌که خدا آمرزندهٔ مهربان است." همچنین تأکید کن:"**از خدا و پیامبر اطاعت کنید.**" اگر سرپیچی کنند قطعاً خدا بی‌دین‌ها را دوست ندارد.

آل عمران ۳۱-۳۳ = پیامبر بگو:" اگر خدا را دوست دارید دنباله روی من باشید. تا خدا هم دوستتان داشته باشد و گناهانتان را بیامرزد چون که خدا آمرزنده مهربان است." همچنین تاکید کن:" **از خدا و پیامبر اطاعت کنید.**" اگر سرپیچی کنند قطعاً خدا بی‌دین‌ها را دوست ندارد.

قُلْ إِنْ كُنْتُمْ تُحِبُّونَ اللَّهَ فَاتَّبِعُونِي يُحْبِبْكُمُ اللَّهُ وَيَغْفِرْ لَكُمْ ذُنُوبَكُمْ ۗ وَاللَّهُ غَفُورٌ رَحِيمٌ

قُلْ أَطِيعُوا اللَّهَ وَالرَّسُولَ ۖ فَإِنْ تَوَلَّوْا فَإِنَّ اللَّهَ لَا يُحِبُّ الْكَافِرِينَ

إِنَّ اللَّهَ اصْطَفَىٰ آدَمَ وَنُوحًا وَآلَ إِبْرَاهِيمَ وَآلَ عِمْرَانَ عَلَى الْعَالَمِينَ

آل عمران ۱۵۷-۱۵۸ = اگر در راه خدا شهید شوید یا بمیرید، آن آمرزش و لطف خدا نصیبتان می‌شود،که بهتر است از تمام ثروتی که بی‌دین‌ها و منافق‌ها در زندگی جمع می‌کنند. اگر بمیرید یا شهید شوید، آن پایان زندگی نیست، بلکه شما را دسته جمعی به محضر خدا می‌برند.

وَلَئِنْ قُتِلْتُمْ فِي سَبِيلِ اللَّهِ أَوْ مُتُّمْ لَمَغْفِرَةٌ مِنَ اللَّهِ وَرَحْمَةٌ خَيْرٌ مِمَّا يَجْمَعُونَ

وَلَئِنْ مُتُّمْ أَوْ قُتِلْتُمْ لَإِلَى اللَّهِ تُحْشَرُونَ

آل عمران ۱۶۹-۱۷۱ = هرگز خیال نکن، کسانی که در راه خدا شهید شده‌اند مرده‌اند. بلکه به طور ویژه‌ای زنده‌اند. در حضور خدا به آنان روزی مخصوص می‌دهند. از پاداشی که خدا از سر بزرگواری به آنان داده است، خوشحالند و دربارهٔ هم‌رزمان‌شان هنوز به آنان نپیوسته‌اند، اینطور مژده می‌دهند: نه‌ترسی بر آن‌ها غلبه می‌کند و نه غصه می‌خورند. همینطور نعمتی فراوان و لطفی سرشار از خدا مژده می‌گیرند و اینکه می‌دانند خدا پاداش مؤمنان را از بین نمی‌برد.

وَلَا تَحْسَبَنَّ الَّذِينَ قُتِلُوا فِي سَبِيلِ اللَّهِ أَمْوَاتًا ۚ بَلْ أَحْيَاءٌ عِنْدَ رَبِّهِمْ يُرْزَقُونَ

فَرِحِينَ بِمَا آتَاهُمُ اللَّهُ مِنْ فَضْلِهِ وَيَسْتَبْشِرُونَ بِالَّذِينَ لَمْ يَلْحَقُوا بِهِمْ مِنْ خَلْفِهِمْ أَلَّا خَوْفٌ عَلَيْهِمْ وَلَا هُمْ يَحْزَنُونَ

يَسْتَبْشِرُونَ بِنِعْمَةٍ مِنَ اللَّهِ وَفَضْلٍ وَأَنَّ اللَّهَ لَا يُضِيعُ أَجْرَ الْمُؤْمِنِينَ

يَسْتَبْشِرُونَ بِنِعْمَةٍ مِنَ اللَّهِ وَفَضْلٍ وَأَنَّ اللَّهَ لَا يُضِيعُ أَجْرَ الْمُؤْمِنِينَ

آل عمران ۱۸۵-۱۸۶ = هر کس طعم مرگ را می‌چشد فقط در روز قیامت به طور کامل پاداش داده می‌شوید. هر که را از آتش جهنم دور سازند و در داخل بهشت‌اش کنند کامیاب است. بله زندگی دنیا فقط وسیله گول خوردن است.

حتماً با مال و جانتان امتحان و آزمایش می‌شوید و...

كُلُّ نَفْسٍ ذَائِقَةُ الْمَوْتِ ۗ وَإِنَّمَا تُوَفَّوْنَ أُجُورَكُمْ يَوْمَ الْقِيَامَةِ ۖ فَمَنْ زُحْزِحَ عَنِ النَّارِ وَأُدْخِلَ الْجَنَّةَ فَقَدْ فَازَ ۗ وَمَا الْحَيَاةُ الدُّنْيَا إِلَّا مَتَاعُ الْغُرُورِ

لَتُبْلَوُنَّ فِي أَمْوَالِكُمْ وَأَنْفُسِكُمْ وَلَتَسْمَعُنَّ مِنَ الَّذِينَ أُوتُوا الْكِتَابَ مِنْ قَبْلِكُمْ وَمِنَ الَّذِينَ أَشْرَكُوا أَذًى كَثِيرًا ۚ وَإِنْ تَصْبِرُوا وَتَتَّقُوا فَإِنَّ ذَٰلِكَ مِنْ عَزْمِ الْأُمُورِ

آل عمران ۱۹۰-۱۹۱ = به راستی در آفرینش آسمان‌ها و زمین و در رفت و آمد شب

و روز، نشانه‌هایی از خدا برای خردمندان است. **همانان که در همه حال، در نماز و در غیر نماز و ایستاده و نشسته و به پهلو خوابیده، خدا را یاد می‌کنند و دربارهٔ آفرینش آسمان‌ها و زمین به فکر فرو می‌روند:** "خدایا این جهان با عظمت را بی‌هدف نیافریده‌ای، تو پاکی پس ما را از عذاب آتش دور نگه دار."

إِنَّ فِي خَلْقِ السَّمَاوَاتِ وَالْأَرْضِ وَاخْتِلَافِ اللَّيْلِ وَالنَّهَارِ لَآيَاتٍ لِأُولِي الْأَلْبَابِ

الَّذِينَ يَذْكُرُونَ اللَّهَ قِيَامًا وَقُعُودًا وَعَلَىٰ جُنُوبِهِمْ وَيَتَفَكَّرُونَ فِي خَلْقِ السَّمَاوَاتِ وَالْأَرْضِ رَبَّنَا مَا خَلَقْتَ هَٰذَا بَاطِلًا سُبْحَانَكَ فَقِنَا عَذَابَ النَّارِ

آل عمران ۱۹۵-۱۹۷ = خدا هم اینطور به آنان جواب مثبت داد: "**من کار هیچ اهل عملی از شما را از بین نمی‌برم، چه مرد باشد، چه زن. چون همگی از یک نوع هستید.**" پس کسانی که در راه خدا مهاجرت، یا از خانه و زندگی‌شان تبعید شدند و در راه من آزار دیدند و جنگیدند و شهید شدند، حتماً گناهان‌شان را محو می‌کنم و در باغ‌هایی پُر درخت جایشان می‌دهم، که در آن‌ها جوی‌ها روان است. **پیشرفت مادی ملّت‌های بی‌دین در سرزمین‌های دیگر، مبادا تحت تأثیر قرارت دهد. این‌ها خوشی‌هایی زودگذر و ناچیز دنیاست...**

فَاسْتَجَابَ لَهُمْ رَبُّهُمْ أَنِّي لَا أُضِيعُ عَمَلَ عَامِلٍ مِنْكُمْ مِنْ ذَكَرٍ أَوْ أُنْثَىٰ ۖ بَعْضُكُمْ مِنْ بَعْضٍ ۖ فَالَّذِينَ هَاجَرُوا وَأُخْرِجُوا مِنْ دِيَارِهِمْ وَأُوذُوا فِي سَبِيلِي وَقَاتَلُوا وَقُتِلُوا لَأُكَفِّرَنَّ عَنْهُمْ سَيِّئَاتِهِمْ وَلَأُدْخِلَنَّهُمْ جَنَّاتٍ تَجْرِي مِنْ تَحْتِهَا الْأَنْهَارُ ثَوَابًا مِنْ عِنْدِ اللَّهِ ۗ وَاللَّهُ عِنْدَهُ حُسْنُ الثَّوَابِ

لَا يَغُرَّنَّكَ تَقَلُّبُ الَّذِينَ كَفَرُوا فِي الْبِلَادِ

مَتَاعٌ قَلِيلٌ ثُمَّ مَأْوَاهُمْ جَهَنَّمُ ۚ وَبِئْسَ الْمِهَادُ

نساء ۱۲۳-۱۲۶ = امتیاز خواهی و برتری جویی نه به دلخواه شماست، نه به دلخواه اهل کتاب، ملاک اش، عمل است. آن‌هایی که کار زشتی بکنند، به سزایش مجازات می‌شوند و در پیشگاه خداوند برای خودشان یار و یاوری پیدا نمی‌کنند. آن‌هایی هم

که کارهای خوب بکنند، به شرط با ایمان بودن، چه مرد باشند، چه زن، وارد بهشت می‌شوند و به اندازه سر سوزنی به آن‌ها ستم نمی‌شود.

چه کسانی در دین‌داری بهتر از آن‌هایی هستند که خودشان را با تمام وجود تسلیم خدا کرده‌اند و دنباله‌روی دین ابراهیم میانه‌رو هستند. با این قید که نیکوکار باشند خدا ابراهیم را دوست خود می‌دانست.

لَيْسَ بِأَمَانِيِّكُمْ وَلَا أَمَانِيِّ أَهْلِ الْكِتَابِ ۗ مَنْ يَعْمَلْ سُوءًا يُجْزَ بِهِ وَلَا يَجِدْ لَهُ مِنْ دُونِ اللَّهِ وَلِيًّا وَلَا نَصِيرًا

وَمَنْ يَعْمَلْ مِنَ الصَّالِحَاتِ مِنْ ذَكَرٍ أَوْ أُنْثَىٰ وَهُوَ مُؤْمِنٌ فَأُولَٰئِكَ يَدْخُلُونَ الْجَنَّةَ وَلَا يُظْلَمُونَ نَقِيرًا

وَمَنْ أَحْسَنُ دِينًا مِمَّنْ أَسْلَمَ وَجْهَهُ لِلَّهِ وَهُوَ مُحْسِنٌ وَاتَّبَعَ مِلَّةَ إِبْرَاهِيمَ حَنِيفًا ۗ وَاتَّخَذَ اللَّهُ إِبْرَاهِيمَ خَلِيلًا

وَلِلَّهِ مَا فِي السَّمَاوَاتِ وَمَا فِي الْأَرْضِ ۚ وَكَانَ اللَّهُ بِكُلِّ شَيْءٍ مُحِيطًا

وَلِلَّهِ مَا فِي السَّمَاوَاتِ وَمَا فِي الْأَرْضِ ۚ وَكَانَ اللَّهُ بِكُلِّ شَيْءٍ مُحِيطًا

نسا ۱۳۶ = مسلمانان، باور واقعی داشته باشید. خدا را و پیامبرش را و قرآن را که بر او فرستاده و کتاب‌های آسمانی را که قبلاً فرستاده است. هر که خدا، فرشتگانش، کتاب‌هایش، پیامبرانش و روز قیامت را باور نداشته باشد دچار گمراهی بی‌پایان شده است.

يَا أَيُّهَا الَّذِينَ آمَنُوا آمِنُوا بِاللَّهِ وَرَسُولِهِ وَالْكِتَابِ الَّذِي نَزَّلَ عَلَىٰ رَسُولِهِ وَالْكِتَابِ الَّذِي أَنْزَلَ مِنْ قَبْلُ ۚ وَمَنْ يَكْفُرْ بِاللَّهِ وَمَلَائِكَتِهِ وَكُتُبِهِ وَرُسُلِهِ وَالْيَوْمِ الْآخِرِ فَقَدْ ضَلَّ ضَلَالًا بَعِيدًا

مائده ۵۵-۵۶ = همه‌کارهٔ شما فقط خداست، و پیامبرش و مؤمنان که نماز را با

آدابش می‌خوانند. در حال رکوع صدقه می‌دهند.[1]

هر که خدا و پیامبرش و این‌طور مؤمنان را به پرستش خودش بپذیرد، از حزب خداست و حزب خداست که پیروز است.

إِنَّمَا وَلِيُّكُمُ اللَّهُ وَرَسُولُهُ وَالَّذِينَ آمَنُوا الَّذِينَ يُقِيمُونَ الصَّلَاةَ وَيُؤْتُونَ الزَّكَاةَ وَهُمْ رَاكِعُونَ

وَمَنْ يَتَوَلَّ اللَّهَ وَرَسُولَهُ وَالَّذِينَ آمَنُوا فَإِنَّ حِزْبَ اللَّهِ هُمُ الْغَالِبُونَ

مائده ۶۷ = پیامبر، فرمان خدا را شفاف به مردم اعلام کن، و بگو که جانشین‌ات کیست. اگر این کار را نکنی مأموریت پیامبریت را به سرانجام نرسانده‌ای! خدا از شرّ مردم منافق و موذی حفظات می‌کند. چون خدا جماعت بی‌دین را (که فرمان خدا در انتخاب جانشین تو را) نپذیرند، در رسیدن به اهدافشان موفق نمی‌کند.

يَا أَيُّهَا الرَّسُولُ بَلِّغْ مَا أُنْزِلَ إِلَيْكَ مِنْ رَبِّكَ ۖ وَإِنْ لَمْ تَفْعَلْ فَمَا بَلَّغْتَ رِسَالَتَهُ ۚ وَاللَّهُ يَعْصِمُكَ مِنَ النَّاسِ ۗ إِنَّ اللَّهَ لَا يَهْدِي الْقَوْمَ الْكَافِرِينَ

مائده ۶۹ = از کسانی که اسلام آورده‌اند و یهودی‌ها، صائبی‌ها، مسیحی‌ها و آن‌هایی خدا و روز قیامت را واقعاً باور دارند و کار خوب می‌کنند. نه‌ترسی بر آنان غلبه می‌کنند و نه غُصّه می‌خورند.

إِنَّ الَّذِينَ آمَنُوا وَالَّذِينَ هَادُوا وَالصَّابِئُونَ وَالنَّصَارَىٰ مَنْ آمَنَ بِاللَّهِ وَالْيَوْمِ الْآخِرِ وَعَمِلَ صَالِحًا فَلَا خَوْفٌ عَلَيْهِمْ وَلَا هُمْ يَحْزَنُونَ

انعام ۱۶۰ = آنانی که کار خوب به قیامت بیاورند، ده برابرش نصیبشان می‌شود و آن‌هایی که کار بد به قیامت بیاورند، فقط به همان اندازه مجازات می‌بینند، به هر حال به هیچ یک از این دو دسته ستم نمی‌شود.

مَنْ جَاءَ بِالْحَسَنَةِ فَلَهُ عَشْرُ أَمْثَالِهَا ۖ وَمَنْ جَاءَ بِالسَّيِّئَةِ فَلَا يُجْزَىٰ إِلَّا مِثْلَهَا وَهُمْ لَا يُظْلَمُونَ

۱. (این آیه به آیه ولایت معروف است و روایت‌های بسیاری از شیعه و سنّی در این باره هست. که در این آیه اشاره به حضرت علی علیه السلام دارد که در حال رکوع انگشتری خود را به فقیری صدقه می‌دهد.) مترجم قرآن صفحه ۱۱۷

اعراف ۳۵-۳۶ = فرزندان آدم، وقتی پیامبرانی از بین خودتان به سوی‌تان آمدند تا آیه‌های‌مان را برای‌تان بخوانند، از آنان پیروی کنید.

آنانی که مراقب رفتارشان باشند و خراب‌کاری‌های خود را اصلاح کنند، نه ترسی بر آن‌ها غلبه می‌کنند و نه غُصّه می‌خورند. ولی کسانی که آیه‌های‌مان را دروغ بدانند و در برابر شاخ و شانه بکشند، جهنمی هستند و آنجا ماندنی.

يَا بَنِي آدَمَ إِمَّا يَأْتِيَنَّكُمْ رُسُلٌ مِنْكُمْ يَقُصُّونَ عَلَيْكُمْ آيَاتِي ۙ فَمَنِ اتَّقَىٰ وَأَصْلَحَ فَلَا خَوْفٌ عَلَيْهِمْ وَلَا هُمْ يَحْزَنُونَ

وَالَّذِينَ كَذَّبُوا بِآيَاتِنَا وَاسْتَكْبَرُوا عَنْهَا أُولَٰئِكَ أَصْحَابُ النَّارِ ۖ هُمْ فِيهَا خَالِدُونَ

اعراف ۱۵۷-۱۵۸ = آنان که پیروی می‌کنند، از پیامبری که درس نخوانده است و با همین نام و نشان در تورات و انجیل خودشان او را می‌بینند، همان پیامبری که آنان را به خوبی‌ها فرمان می‌دهد، و از زشتی‌ها باز می‌دارد و چیزهای پاک و پاکیزه را برای‌شان حلال می‌کند و چیزهای ناپاک و پلید را ممنوع. همین‌طور بار سنگین تکالیف دشوار را از دوش‌شان برمی‌دارد، و از قید خرافات و قوانین مَن درآوردی دست و پاگیر رهای‌شان می‌سازد، بنابراین کسانی که به او ایمان بیاورند و احترام و یاری‌اش کنند، و از قرآن این نوری که با او فرستاده شده است، پیروی کنند. آنان همان مردم خوشبخت هستند. محمد بگو: **"مردم من پیامبر خدا برای همه شما انسان‌ها هستم."** ...

الَّذِينَ يَتَّبِعُونَ الرَّسُولَ النَّبِيَّ الْأُمِّيَّ الَّذِي يَجِدُونَهُ مَكْتُوبًا عِنْدَهُمْ فِي التَّوْرَاةِ وَالْإِنْجِيلِ يَأْمُرُهُمْ بِالْمَعْرُوفِ وَيَنْهَاهُمْ عَنِ الْمُنْكَرِ وَيُحِلُّ لَهُمُ الطَّيِّبَاتِ وَيُحَرِّمُ عَلَيْهِمُ الْخَبَائِثَ وَيَضَعُ عَنْهُمْ إِصْرَهُمْ وَالْأَغْلَالَ الَّتِي كَانَتْ عَلَيْهِمْ ۚ فَالَّذِينَ آمَنُوا بِهِ وَعَزَّرُوهُ وَنَصَرُوهُ وَاتَّبَعُوا النُّورَ الَّذِي أُنْزِلَ مَعَهُ ۙ أُولَٰئِكَ هُمُ الْمُفْلِحُونَ

قُلْ يَا أَيُّهَا النَّاسُ إِنِّي رَسُولُ اللَّهِ إِلَيْكُمْ جَمِيعًا الَّذِي لَهُ مُلْكُ السَّمَاوَاتِ وَالْأَرْضِ ۖ لَا إِلَٰهَ إِلَّا هُوَ يُحْيِي وَيُمِيتُ ۖ فَآمِنُوا بِاللَّهِ وَرَسُولِهِ النَّبِيِّ الْأُمِّيِّ الَّذِي يُؤْمِنُ بِاللَّهِ وَكَلِمَاتِهِ وَاتَّبِعُوهُ لَعَلَّكُمْ تَهْتَدُونَ

اعراف ۱۸۰-۱۸۱ = بهترین نام‌ها مخصوص خداست. با آنان عبادتش کنید و کسانی را که درباره آن نام‌ها به بیراهه می‌روند، به حال خودشان رها کنید. آن‌ها با کارهایی مجازات خواهند شد که دائم مشغولش بودند. البته در میان آفریده‌های ما گروهی نیز هستند که هم دیگران را به حقّ راهنمایی می‌کنند و هم بر اساس حقّ داوری می‌کنند.

وَلِلَّهِ الْأَسْمَاءُ الْحُسْنَىٰ فَادْعُوهُ بِهَا ۖ وَذَرُوا الَّذِينَ يُلْحِدُونَ فِي أَسْمَائِهِ ۚ سَيُجْزَوْنَ مَا كَانُوا يَعْمَلُونَ.

وَمِمَّنْ خَلَقْنَا أُمَّةٌ يَهْدُونَ بِالْحَقِّ وَبِهِ يَعْدِلُونَ

یونس ۲۶-۲۷ = کسانی که خوبی کنند پاداش می‌گیرند که بهترین است و بیشتر از حدّ تصورشان هم می‌گیرند. در قیامت اثری از خِفّت و خواری در چهره‌هایشان پیدا نیست. آن‌ها بهشتی‌اند، و در آنجا ماندنی. **در مقابل کسانی که کارهای زشت کنند به همان اندازه مجازات می‌شوند.** ابر تیره خِفّت و خواری همهٔ وجودشان را فرا می‌گیرد و در برابر خدا هیچ پشت و پناهی ندارند.

لِلَّذِينَ أَحْسَنُوا الْحُسْنَىٰ وَزِيَادَةٌ ۖ وَلَا يَرْهَقُ وُجُوهَهُمْ قَتَرٌ وَلَا ذِلَّةٌ ۚ أُولَٰئِكَ أَصْحَابُ الْجَنَّةِ ۖ هُمْ فِيهَا خَالِدُونَ

وَالَّذِينَ كَسَبُوا السَّيِّئَاتِ جَزَاءُ سَيِّئَةٍ بِمِثْلِهَا وَتَرْهَقُهُمْ ذِلَّةٌ ۖ مَا لَهُمْ مِنَ اللَّهِ مِنْ عَاصِمٍ ۖ كَأَنَّمَا أُغْشِيَتْ وُجُوهُهُمْ قِطَعًا مِنَ اللَّيْلِ مُظْلِمًا ۚ أُولَٰئِكَ أَصْحَابُ النَّارِ ۖ هُمْ فِيهَا خَالِدُونَ

یونس ۶۲-۶۴ = بدانید که دوستان خدا نه‌ترسی بر ایشان غلبه می‌کند و نه غُصّه می‌خورند. همان کسانی که واقعاً ایمان آورده‌اند و مراقب رفتارشان هستند، مژده باد بر آنان در زندگی و دنیا و آخرت، این وعده خداست و وعده‌های خدا تغییرناپذیر است. این است آن کامیابی بزرگ.

أَلَا إِنَّ أَوْلِيَاءَ اللَّهِ لَا خَوْفٌ عَلَيْهِمْ وَلَا هُمْ يَحْزَنُونَ

الَّذِينَ آمَنُوا وَكَانُوا يَتَّقُونَ

لَهُمُ الْبُشْرَىٰ فِي الْحَيَاةِ الدُّنْيَا وَفِي الْآخِرَةِ ۚ لَا تَبْدِيلَ لِكَلِمَاتِ اللَّهِ ۚ ذَٰلِكَ هُوَ الْفَوْزُ الْعَظِيمُ

یونس ۶۹-۷۰ = هشدارشان بده: **"کسانی که به خدا نسبت دروغ می‌دهند. هرگز روی خوشبختی را نمی‌بینند."**

البته با این دروغگویی‌ها، خوشی‌های ناچیز و زودگذر در دنیا گیرشان می‌آید. ولی دست آخر به سوی ماست برگشت‌شان و آن وقت به سزای بی‌دین‌های‌شان، عذاب سختی به آن‌ها می‌چشانیم.

قُلْ إِنَّ الَّذِينَ يَفْتَرُونَ عَلَى اللَّهِ الْكَذِبَ لَا يُفْلِحُونَ

مَتَاعٌ فِي الدُّنْيَا ثُمَّ إِلَيْنَا مَرْجِعُهُمْ ثُمَّ نُذِيقُهُمُ الْعَذَابَ الشَّدِيدَ بِمَا كَانُوا يَكْفُرُونَ

هود ۹-۱۱ = اگر از سر لطف‌مان به انسان نعمتی به انسان بچشانیم و بعد از مدتی از روی حکمت از او پس بگیریم، حتماً ناامید و ناسپاس می‌شود. ولی اگر بعد از بلایی که سرش آمده، طعم آسایش به او بچشانیم، به جای شکر و شادی، با غفلت و غرور می‌گوید: "مشکلاتم حل شد." معلوم است که شادی کاذب و خودپسندی وجودش را فرا گرفته است.

اما کسانی که در برابر سختی‌ها استقامت می‌ورزند و به شکرانهٔ نعمت‌ها کارهای خوب می‌کنند، آمرزش و پاداشی بزرگ در انتظارشان است.

وَلَئِنْ أَذَقْنَا الْإِنْسَانَ مِنَّا رَحْمَةً ثُمَّ نَزَعْنَاهَا مِنْهُ إِنَّهُ لَيَئُوسٌ كَفُورٌ

وَلَئِنْ أَذَقْنَاهُ نَعْمَاءَ بَعْدَ ضَرَّاءَ مَسَّتْهُ لَيَقُولَنَّ ذَهَبَ السَّيِّئَاتُ عَنِّي ۚ إِنَّهُ لَفَرِحٌ فَخُورٌ

إِلَّا الَّذِينَ صَبَرُوا وَعَمِلُوا الصَّالِحَاتِ أُولَٰئِكَ لَهُمْ مَغْفِرَةٌ وَأَجْرٌ كَبِيرٌ

یوسف ۱۰۹ = قبل از تو نیز در شهرهای مختلف انسان‌هایی را برای پیامبری

فرستادیم و به آن‌ها وحی کردیم کسانی که منکر تو هستند، مگر به گوشه و کنار جهان سفر نکردند، تا ببینند آخر و عاقبت کسانی که قبل از آن‌ها زندگی می‌کردند‌ه‌اند چه شده؟ سرای آخرت برای خود مراقبان بهتر است. پس چرا عقلتان را به کار نمی‌اندازید؟

وَمَا أَرْسَلْنَا مِنْ قَبْلِكَ إِلَّا رِجَالًا نُوحِي إِلَيْهِمْ مِنْ أَهْلِ الْقُرَىٰ ۗ أَفَلَمْ يَسِيرُوا فِي الْأَرْضِ فَيَنْظُرُوا كَيْفَ كَانَ عَاقِبَةُ الَّذِينَ مِنْ قَبْلِهِمْ ۗ وَلَدَارُ الْآخِرَةِ خَيْرٌ لِلَّذِينَ اتَّقَوْا ۗ أَفَلَا تَعْقِلُونَ

رعد ۱۸ = کسانی که دعوت خدا را بپذیرند عاقبت به خیر می‌شوند، اما آن‌هایی که دعوتش را نپذیرند، اگر به فرض محال دو برابر تمام دارایی‌های زمین را هم داشته باشند و برای رهایی از عذاب هزینه کنند، ولی فایده‌ای ندارد، حساب و کتاب سختی در انتظارشان است و جایگاهشان جهنم است و آنجا بد جایگاهی است.

لِلَّذِينَ اسْتَجَابُوا لِرَبِّهِمُ الْحُسْنَىٰ ۚ وَالَّذِينَ لَمْ يَسْتَجِيبُوا لَهُ لَوْ أَنَّ لَهُمْ مَا فِي الْأَرْضِ جَمِيعًا وَمِثْلَهُ مَعَهُ لَافْتَدَوْا بِهِ ۚ أُولَٰئِكَ لَهُمْ سُوءُ الْحِسَابِ وَمَأْوَاهُمْ جَهَنَّمُ ۖ وَبِئْسَ الْمِهَادُ

ابراهیم ۴۴ = مردم را از روزی بترسان، که عذاب دنیوی به سراغشان می‌آید و بدکارها با عجز و التماس می‌گویند: "خدایا فرصت کوتاه دیگری را به ما بده تا دعوتت را قبول کنیم و دنبال روی پیامبرانت باشیم."...

وَأَنْذِرِ النَّاسَ يَوْمَ يَأْتِيهِمُ الْعَذَابُ فَيَقُولُ الَّذِينَ ظَلَمُوا رَبَّنَا أَخِّرْنَا إِلَىٰ أَجَلٍ قَرِيبٍ نُجِبْ دَعْوَتَكَ وَنَتَّبِعِ الرُّسُلَ ۗ أَوَلَمْ تَكُونُوا أَقْسَمْتُمْ مِنْ قَبْلُ مَا لَكُمْ مِنْ زَوَالٍ

حجر ۱-۳ = آیه‌های کتاب الهی و قرآن جدا کنندهٔ حقّ از باطل، پیش روی شماست. چه بسا روزی فرا برسد، که بی‌دین‌ها آرزو کنند، مسلمان می‌بودند. به حال خودشان رهایشان کن، می‌خورند و کیف می‌کنند و آرزوهای دور و دراز سرگرمشان می‌کند ولی بالاخره خواهند دانست.

بِسْمِ اللَّهِ الرَّحْمَٰنِ الرَّحِيمِ، الر ۚ تِلْكَ آيَاتُ الْكِتَابِ وَقُرْآنٍ مُبِينٍ، رُبَمَا يَوَدُّ الَّذِينَ كَفَرُوا لَوْ كَانُوا مُسْلِمِينَ، ذَرْهُمْ يَأْكُلُوا وَيَتَمَتَّعُوا وَيُلْهِهِمُ الْأَمَلُ ۖ فَسَوْفَ يَعْلَمُونَ

حجر ۱۴-۱۵ = اگر دری از آسمان به رویشان باز کنیم تا مدام از آن بالا بروند و از اسرار غیبی عالم باخبر شوند، باز هم می‌گویند: "حتماً جلوی ما چشم‌بندی کرده‌اند. بلکه بدتر جادو و جنبل شده‌ام."

وَلَوْ فَتَحْنَا عَلَيْهِمْ بَابًا مِنَ السَّمَاءِ فَظَلُّوا فِيهِ يَعْرُجُونَ

لَقَالُوا إِنَّمَا سُكِّرَتْ أَبْصَارُنَا بَلْ نَحْنُ قَوْمٌ مَسْحُورُونَ

نحل ۳۰ = همچنین از کسانی که مراقب رفتارشان هستند، می‌پرسند: "خدا چه چیزی را فرستاده؟" جواب می‌دهند: "سراسر خیر و سعادت"

بله، کسانی که به دستورهای قرآن عمل کنند، در دنیا خوشبخت‌اند. البته سرای آخرت برای اینان بهتر است و واقعاً خوب جایی است سرای خود مراقبان.

وَقِيلَ لِلَّذِينَ اتَّقَوْا مَاذَا أَنْزَلَ رَبُّكُمْ ۚ قَالُوا خَيْرًا ۗ لِلَّذِينَ أَحْسَنُوا فِي هَٰذِهِ الدُّنْيَا حَسَنَةٌ ۚ وَلَدَارُ الْآخِرَةِ خَيْرٌ ۚ وَلَنِعْمَ دَارُ الْمُتَّقِينَ

نحل ۹۸-۱۰۰ = وقتی می‌خواهی قرآن بخوانی، از شرّ شیطان رانده شده، از خوبی‌ها، به خدا پناه ببر، زیرا او بر مؤمنانی که به خدا تکیه و توکّل می‌کنند، هیچ تسلطی ندارد. **شیطان فقط بر کسانی تسلط دارد که زیر چتر دوستیِ او بروند، و با دنباله‌روی از او به جای خدا او را عبادت کنند.**

فَإِذَا قَرَأْتَ الْقُرْآنَ فَاسْتَعِذْ بِاللَّهِ مِنَ الشَّيْطَانِ الرَّجِيمِ

إِنَّهُ لَيْسَ لَهُ سُلْطَانٌ عَلَى الَّذِينَ آمَنُوا وَعَلَىٰ رَبِّهِمْ يَتَوَكَّلُونَ

إِنَّمَا سُلْطَانُهُ عَلَى الَّذِينَ يَتَوَلَّوْنَهُ وَالَّذِينَ هُمْ بِهِ مُشْرِكُونَ

انبیا ۱۰۵ = بعد از تورات موسی، در زبور داوود نوشتیم که: "حکومت بر زمین به بندگان شایسته‌ام می‌رسد."

وَلَقَدْ كَتَبْنَا فِي الزَّبُورِ مِنْ بَعْدِ الذِّكْرِ أَنَّ الْأَرْضَ يَرِثُهَا عِبَادِيَ الصَّالِحُونَ

طه ۱۲۴ = هر که از یاد و نام من روی‌گردان شود در سختی و فشار زندگی می‌کند.

وَمَنْ أَعْرَضَ عَنْ ذِكْرِي فَإِنَّ لَهُ مَعِيشَةً ضَنْكًا وَنَحْشُرُهُ يَوْمَ الْقِيَامَةِ أَعْمَىٰ

طه ۱۳۲ = به خانواده‌ات سفارش کن، نماز بخوانند. خودت هم به آن مداومت کن. البته به نماز تو نیاز نداریم. ماییم که نیاز تو را برطرف می‌کنیم. عاقبت بخیری هم در مراقبت از رفتار است.

وَأْمُرْ أَهْلَكَ بِالصَّلَاةِ وَاصْطَبِرْ عَلَيْهَا ۖ لَا نَسْأَلُكَ رِزْقًا ۖ نَحْنُ نَرْزُقُكَ ۗ وَالْعَاقِبَةُ لِلتَّقْوَىٰ.

حج ۳۴-۳۵ = محمّد، به حاجیان فروتن مژده بده، همانانی که وقتی یاد خدا به میان بیاید دل‌هایشان به تب و تاب می‌افتد، در حوادث ناگواری که برایشان رخ می‌دهد، صبورند، نماز را با آدابش می‌خوانند و از آنچه روزی‌شان کردیم، در راه خدا هزینه می‌کنند.

وَلِكُلِّ أُمَّةٍ جَعَلْنَا مَنْسَكًا لِيَذْكُرُوا اسْمَ اللَّهِ عَلَىٰ مَا رَزَقَهُمْ مِنْ بَهِيمَةِ الْأَنْعَامِ ۗ فَإِلَٰهُكُمْ إِلَٰهٌ وَاحِدٌ فَلَهُ أَسْلِمُوا ۗ وَبَشِّرِ الْمُخْبِتِينَ

الَّذِينَ إِذَا ذُكِرَ اللَّهُ وَجِلَتْ قُلُوبُهُمْ وَالصَّابِرِينَ عَلَىٰ مَا أَصَابَهُمْ وَالْمُقِيمِي الصَّلَاةِ وَمِمَّا رَزَقْنَاهُمْ يُنْفِقُونَ

حج ۳۹-۴۰ = کسانی که جنگ بر آن‌ها تحمیل شود، اجازه جنگ و جهاد دارند، چون به آنان ظلم و تجاوز شده و خدا قطعاً می‌تواند کمکشان کند. همانانی که از شهر و دیارشان به ناحق اخراج می‌شوند. تنها به این جُرم که می‌گویند "صاحب اختیارمان خداست." **اگر خدا جلوی زیاده خواهی و خراب‌کاری بعضی مردم را به دست بعضی دیگر نگیرد، صومعه‌های راهبان و کلیساهای مسیحان و معابد یهودیان و مساجد مسلمانان که در آن‌ها نام خدا بسیار می‌برند به کلّی از بین می‌رود.** البته خدا به آنان که دینش را کمک کنند، کمک می‌کند. زیرا خدا قوی و

شکست ناپذیر است.

أُذِنَ لِلَّذِينَ يُقَاتَلُونَ بِأَنَّهُمْ ظُلِمُوا ۚ وَإِنَّ اللَّهَ عَلَىٰ نَصْرِهِمْ لَقَدِيرٌ

الَّذِينَ أُخْرِجُوا مِنْ دِيَارِهِمْ بِغَيْرِ حَقٍّ إِلَّا أَنْ يَقُولُوا رَبُّنَا اللَّهُ ۗ وَلَوْلَا دَفْعُ اللَّهِ النَّاسَ بَعْضَهُمْ بِبَعْضٍ لَهُدِّمَتْ صَوَامِعُ وَبِيَعٌ وَصَلَوَاتٌ وَمَسَاجِدُ يُذْكَرُ فِيهَا اسْمُ اللَّهِ كَثِيرًا ۗ وَلَيَنْصُرَنَّ اللَّهُ مَنْ يَنْصُرُهُ ۗ إِنَّ اللَّهَ لَقَوِيٌّ عَزِيزٌ

حج ۵۰ = خدا برای این دست شیطان را در شبهه انداختی، در دل‌ها باز می‌گذارد که امتحانی باشد. هم برای کسانی که در دل‌هایشان بیماری نفاق است و هم برای سنگدل‌ها، چنین بد کارهایی خیلی از واقعیت دورند. بله، خدا شکّ و شبهه‌های شیطان را بی اثر می‌کند تا کسانی که به آنان علم واقعی داده شده، بدانند که اهداف پیامبران حقّی از طرف خداست و برای همین به آن ایمان بیاورند و در برابرش تسلیم بشوند، زیرا خدا مؤمنان را به راه درست زندگی می‌برد.

فَالَّذِينَ آمَنُوا وَعَمِلُوا الصَّالِحَاتِ لَهُمْ مَغْفِرَةٌ وَرِزْقٌ كَرِيمٌ

مومنون ۱-۵ = مؤمنان واقعی خوشبخت‌اند، همانان که در نمازشان با حضور قلب هستند، از کارهای بیهوده فراری‌اند، اهل کمک‌های مالی‌اند، همچنین در رفتار جنسی خود پاکدامن هستند.

بِسْمِ اللَّهِ الرَّحْمَٰنِ الرَّحِيمِ

قَدْ أَفْلَحَ الْمُؤْمِنُونَ، الَّذِينَ هُمْ فِي صَلَاتِهِمْ خَاشِعُونَ ، وَالَّذِينَ هُمْ عَنِ اللَّغْوِ مُعْرِضُونَ

وَالَّذِينَ هُمْ لِلزَّكَاةِ فَاعِلُونَ، وَالَّذِينَ هُمْ لِفُرُوجِهِمْ حَافِظُونَ

مومنان ۷-۱۱ = آن مؤمنان در امانت‌داری مواظب‌اند و سر قولشان می‌ایستند و کاملاً مراقب نمازهایشان هستند. آنان همان وارثان واقعی‌اند، که مراتب عالی بهشت را به ارث می‌برند و همیشه در آنجا ماندنی هستند.

فَمَنِ ابْتَغَىٰ وَرَاءَ ذَٰلِكَ فَأُولَٰئِكَ هُمُ الْعَادُونَ، وَالَّذِينَ هُمْ لِأَمَانَاتِهِمْ وَعَهْدِهِمْ رَاعُونَ، وَالَّذِينَ هُمْ عَلَىٰ صَلَوَاتِهِمْ يُحَافِظُونَ، أُولَٰئِكَ هُمُ الْوَارِثُونَ، الَّذِينَ يَرِثُونَ الْفِرْدَوْسَ هُمْ فِيهَا خَالِدُونَ

مومنان ۵۷-۶۱ = کسانی هستند که از ترس هیبت الهی در هراسند، آیه‌ها و نشانه‌های خدا اعتقاد کامل دارند، به جای خدا چیزی نمی‌پرستند و از همهٔ داشته‌هایشان در راه خدا هزینه می‌کنند و در عین حال دل‌هایشان برای برگشتن به سوی خدا در تب و تاب است. این افراد با سبقت از همدیگر برای کارهای خوب سر از پا نمی‌شناسند.

إِنَّ الَّذِينَ هُمْ مِنْ خَشْيَةِ رَبِّهِمْ مُشْفِقُونَ، وَالَّذِينَ هُمْ بِآيَاتِ رَبِّهِمْ يُؤْمِنُونَ، وَالَّذِينَ هُمْ بِرَبِّهِمْ لَا يُشْرِكُونَ، وَالَّذِينَ يُؤْتُونَ مَا آتَوْا وَقُلُوبُهُمْ وَجِلَةٌ أَنَّهُمْ إِلَىٰ رَبِّهِمْ رَاجِعُونَ، أُولَٰئِكَ يُسَارِعُونَ فِي الْخَيْرَاتِ وَهُمْ لَهَا سَابِقُونَ

نور ۵۵-۵۴ = بگو: "گوش به فرمان خدا و پیامبرش باشید. پس اگر سرپیچی کنید. **پیامبر مسئول اعمال خودش است، و شما مسئول اعمال خودتان. اما اگر از او اطاعت کنید، به مقصود می‌رسید. پیامبر جز رساندن پیام الهی وظیفه‌ای دیگر ندارد.** گروهی از شما مسلمان که ایمان واقعی آوردند کارهای خوب کرده‌اند، خدا به آنان چنین وعده داده است، همانطور که در گذشته بندگان شایسته را جانشین دیگران قرار داد، آنان را هم در زمین جانشین قبلی‌ها می‌کند. اسلام را که دینِ پسندیده برایشان قرار داده است، پابرجا می‌سازد و ترس‌هایشان را به امنیت تبدیل می‌کند."

قُلْ أَطِيعُوا اللَّهَ وَأَطِيعُوا الرَّسُولَ ۖ فَإِنْ تَوَلَّوْا فَإِنَّمَا عَلَيْهِ مَا حُمِّلَ وَعَلَيْكُمْ مَا حُمِّلْتُمْ ۖ وَإِنْ تُطِيعُوهُ تَهْتَدُوا ۚ وَمَا عَلَى الرَّسُولِ إِلَّا الْبَلَاغُ الْمُبِينُ

وَعَدَ اللَّهُ الَّذِينَ آمَنُوا مِنْكُمْ وَعَمِلُوا الصَّالِحَاتِ لَيَسْتَخْلِفَنَّهُمْ فِي الْأَرْضِ كَمَا اسْتَخْلَفَ الَّذِينَ مِنْ قَبْلِهِمْ وَلَيُمَكِّنَنَّ لَهُمْ دِينَهُمُ الَّذِي ارْتَضَىٰ لَهُمْ وَلَيُبَدِّلَنَّهُمْ مِنْ بَعْدِ خَوْفِهِمْ أَمْنًا ۚ يَعْبُدُونَنِي لَا يُشْرِكُونَ بِي شَيْئًا ۚ وَمَنْ كَفَرَ بَعْدَ ذَٰلِكَ فَأُولَٰئِكَ هُمُ الْفَاسِقُونَ

قصص ۶۰-۶۷ = آنچه به شما داده شده، خوشی‌های زودگذر زندگی دنیا و زرق و برق آن است. در حالی که آنچه پیش خداست بهتر است و ماندگارتر، پس چرا عقلتان را به کار نمی‌اندازید؟

اما آن‌هایی که توبه کنند و ایمان بیاورند و کار خوب کنند، امید است که در جمع مردم خوشبخت قرار گیرند.

وَمَا أُوتِيتُمْ مِنْ شَيْءٍ فَمَتَاعُ الْحَيَاةِ الدُّنْيَا وَزِينَتُهَا ۚ وَمَا عِنْدَ اللَّهِ خَيْرٌ وَأَبْقَىٰ ۚ أَفَلَا تَعْقِلُونَ

أَفَمَنْ وَعَدْنَاهُ وَعْدًا حَسَنًا فَهُوَ لَاقِيهِ كَمَنْ مَتَّعْنَاهُ مَتَاعَ الْحَيَاةِ الدُّنْيَا ثُمَّ هُوَ يَوْمَ الْقِيَامَةِ مِنَ الْمُحْضَرِينَ

وَيَوْمَ يُنَادِيهِمْ فَيَقُولُ أَيْنَ شُرَكَائِيَ الَّذِينَ كُنْتُمْ تَزْعُمُونَ

قَالَ الَّذِينَ حَقَّ عَلَيْهِمُ الْقَوْلُ رَبَّنَا هَٰؤُلَاءِ الَّذِينَ أَغْوَيْنَا أَغْوَيْنَاهُمْ كَمَا غَوَيْنَا ۖ تَبَرَّأْنَا إِلَيْكَ ۖ مَا كَانُوا إِيَّانَا يَعْبُدُونَ

وَقِيلَ ادْعُوا شُرَكَاءَكُمْ فَدَعَوْهُمْ فَلَمْ يَسْتَجِيبُوا لَهُمْ وَرَأَوُا الْعَذَابَ ۚ لَوْ أَنَّهُمْ كَانُوا يَهْتَدُونَ

وَيَوْمَ يُنَادِيهِمْ فَيَقُولُ مَاذَا أَجَبْتُمُ الْمُرْسَلِينَ

فَعَمِيَتْ عَلَيْهِمُ الْأَنْبَاءُ يَوْمَئِذٍ فَهُمْ لَا يَتَسَاءَلُونَ

فَأَمَّا مَنْ تَابَ وَآمَنَ وَعَمِلَ صَالِحًا فَعَسَىٰ أَنْ يَكُونَ مِنَ الْمُفْلِحِينَ

قصص ۸۴ = آنانی که کار خوب به قیامت بیاورند، بهتر از آن نصیب‌شان می‌شود و آنانی که کار بد به قیامت بیاورند، جز با همان کارهای بدشان مجازات نمی‌شوند.

مَنْ جَاءَ بِالْحَسَنَةِ فَلَهُ خَيْرٌ مِنْهَا ۖ وَمَنْ جَاءَ بِالسَّيِّئَةِ فَلَا يُجْزَى الَّذِينَ عَمِلُوا السَّيِّئَاتِ إِلَّا مَا كَانُوا يَعْمَلُونَ

عنکبوت ۱-۳ =نکند مردم خیال می‌کنند. همین که ادّعا کنند. "اسلام آورده‌ایم"

به حال خودشان رها می‌شوند و امتحان پس نمی‌دهند. مردمِ قبل از آن‌ها را هم امتحان کرده‌ایم. خدا کسانی را که راست می‌گویند، حتماً معلوم می‌کند و دروغگوها را هم حتماً معلوم می‌کند.

بِسْمِ اللّهِ الرّحْمَنِ الرّحِيمِ

الم، أَحَسِبَ النّاسُ أَنْ يُتْرَكُوا أَنْ يَقُولُوا آمَنّا وَهُمْ لَا يُفْتَنُونَ، وَلَقَدْ فَتَنّا الّذِينَ مِنْ قَبْلِهِمْ ۖ فَلَيَعْلَمَنّ اللّهُ الّذِينَ صَدَقُوا وَلَيَعْلَمَنّ الْكَاذِبِينَ

عنکبوت ۵-۷ = هر که با قبول معاد به دیدار خدا امیدوار است، باید تلاش کند. زیرا زمان دیدار خدا حتماً فرا می‌رسد. و اوست شنوای دانا. بله، هر که تلاش کند، تنها به سود خودش تلاش کرده است. آخر خدا از جهانیان بی‌نیاز است. کسانی که ایمان آوردنده‌اند و کارهای خوب کرده‌اند. گناهان‌شان را حتماً محو می‌کنیم و پاداش‌شان را بر اساس بهترینِ کارهایشان می‌دهیم.

مَنْ كَانَ يَرْجُو لِقَاءَ اللّهِ فَإِنّ أَجَلَ اللّهِ لَآتٍ ۚ وَهُوَ السّمِيعُ الْعَلِيمُ، وَمَنْ جَاهَدَ فَإِنّمَا يُجَاهِدُ لِنَفْسِهِ ۚ إِنّ اللّهَ لَغَنِيٌّ عَنِ الْعَالَمِينَ، وَالّذِينَ آمَنُوا وَعَمِلُوا الصّالِحَاتِ لَنُكَفِّرَنّ عَنْهُمْ سَيِّئَاتِهِمْ وَلَنَجْزِيَنّهُمْ أَحْسَنَ الّذِي كَانُوا يَعْمَلُونَ

عنکبوت ۵۶-۵۷ = بندگان با ایمانم، زمین من پهناور است. به جایی بروید که با خیال راحت بتوانید، فقط مرا بپرستید. البته دنیا گذرا است و هر کسی طعم مرگ را می‌چشد. پس فقط به سوی ما برتان می‌گردانند.

يَا عِبَادِيَ الّذِينَ آمَنُوا إِنّ أَرْضِي وَاسِعَةٌ فَإِيّايَ فَاعْبُدُونِ، كُلُّ نَفْسٍ ذَائِقَةُ الْمَوْتِ ۖ ثُمّ إِلَيْنَا تُرْجَعُونَ

روم ۵۲-۵۳ = البته تو نه می‌توانی حرف‌ات را برای مُرده دل‌ها مطرح کنی و نه دعوت‌ات را برای جماعتی برسانی که خودشان را به کَری زده و به حقّ پشت کرده‌اند. و نه جماعتی را از گمراهی نجات بدهی خودشان را به کُوری زده‌اند. بلکه حرف‌ات را فقط به گوش کسانی می‌توانی برسانی، که آمادگیِ پذیرش آیه‌های ما را

دارند و در برابر حقیقت تسلیم‌اند.

فَإِنَّكَ لَا تُسْمِعُ الْمَوْتَىٰ وَلَا تُسْمِعُ الصُّمَّ الدُّعَاءَ إِذَا وَلَّوْا مُدْبِرِينَ، وَمَا أَنْتَ بِهَادِ الْعُمْيِ عَنْ ضَلَالَتِهِمْ ۖ إِنْ تُسْمِعُ إِلَّا مَنْ يُؤْمِنُ بِآيَاتِنَا فَهُمْ مُسْلِمُونَ

لقمان ۳۳ = مردم، در حضور خدا مراقب رفتارتان باشید. بترسید از روزی که از دست هیچ پدر و مادری برای بچه‌شان کاری ساخته نیست و از دست هیچ بچه‌ای برای پدر و مادرش. **وعده خدا حقّ است. مبادا زندگی دنیا و زرق و برق‌اش گول‌تان بزند! مبادا شیطان با وعدهٔ آمرزش فریبتان بدهد.**

يَا أَيُّهَا النَّاسُ اتَّقُوا رَبَّكُمْ وَاخْشَوْا يَوْمًا لَا يَجْزِي وَالِدٌ عَنْ وَلَدِهِ وَلَا مَوْلُودٌ هُوَ جَازٍ عَنْ وَالِدِهِ شَيْئًا ۚ إِنَّ وَعْدَ اللَّهِ حَقٌّ ۖ فَلَا تَغُرَّنَّكُمُ الْحَيَاةُ الدُّنْيَا وَلَا يَغُرَّنَّكُمْ بِاللَّهِ الْغَرُورُ

زمر ۵۳-۵۵ = از طرف من بگو: "ای بندگان من که با بی‌دینی و آلودگی به گناهان به خودتان جفا کرده‌اید، از لطف خدا ناامید نشوید. **خدا همه گناهان را با توبه می‌آمرزد. آخر فقط اوست آمرزنده مهربان.** و قبل از آنکه عذاب الهی به سراغتان بیاید و کسی به فریادتان نرسد، رو به سوی خدا کنید و در برابرش سر تسلیم فرود بیاورید. قبل از آنکه عذاب الهی در اوج غفلت و یک دفعه سراغتان بیاید از بهترین دینی پیروی کنید که از طرف خدا به سویتان فرستاده شده است."

قُلْ يَا عِبَادِيَ الَّذِينَ أَسْرَفُوا عَلَىٰ أَنْفُسِهِمْ لَا تَقْنَطُوا مِنْ رَحْمَةِ اللَّهِ ۚ إِنَّ اللَّهَ يَغْفِرُ الذُّنُوبَ جَمِيعًا ۚ إِنَّهُ هُوَ الْغَفُورُ الرَّحِيمُ

وَأَنِيبُوا إِلَىٰ رَبِّكُمْ وَأَسْلِمُوا لَهُ مِنْ قَبْلِ أَنْ يَأْتِيَكُمُ الْعَذَابُ ثُمَّ لَا تُنْصَرُونَ، وَاتَّبِعُوا أَحْسَنَ مَا أُنْزِلَ إِلَيْكُمْ مِنْ رَبِّكُمْ مِنْ قَبْلِ أَنْ يَأْتِيَكُمُ الْعَذَابُ بَغْتَةً وَأَنْتُمْ لَاتَشْعُرُونَ

وَاتَّبِعُوا أَحْسَنَ مَا أُنْزِلَ إِلَيْكُمْ مِنْ رَبِّكُمْ مِنْ قَبْلِ أَنْ يَأْتِيَكُمُ الْعَذَابُ بَغْتَةً وَأَنْتُمْ لَاتَشْعُرُونَ

شوری ۴۷-۴۸ = بپذیرید دعوت خدا را، قبل از آنکه روزی فرا برسد که از طرف خدا راه برگشتی برای آن نیست. آن روز نه پناهگاهی دارید و نه جای انکاری. پس

اگر رو بگردانید، مسئولّیت‌اش با خودتان است. تو را نفرستاده‌ایم تا مراقبشان باشی، وظیفت رساندن پیام الهی است و بس...

اسْتَجِيبُوا لِرَبِّكُمْ مِنْ قَبْلِ أَنْ يَأْتِيَ يَوْمٌ لَا مَرَدَّ لَهُ مِنَ اللَّهِ ۚ مَا لَكُمْ مِنْ مَلْجَإٍ يَوْمَئِذٍ وَمَا لَكُمْ مِنْ نَكِيرٍ

فَإِنْ أَعْرَضُوا فَمَا أَرْسَلْنَاكَ عَلَيْهِمْ حَفِيظًا ۖ إِنْ عَلَيْكَ إِلَّا الْبَلَاغُ ۗ وَإِنَّا إِذَا أَذَقْنَا الْإِنْسَانَ مِنَّا رَحْمَةً فَرِحَ بِهَا ۖ وَإِنْ تُصِبْهُمْ سَيِّئَةٌ بِمَا قَدَّمَتْ أَيْدِيهِمْ فَإِنَّ الْإِنْسَانَ كَفُورٌ

محمد ۷ = مسلمانان، اگر به دین خدا کمک کنید، خدا هم کمکتان می‌کند و هم قدم‌هایتان را محکم می‌سازد.

يَا أَيُّهَا الَّذِينَ آمَنُوا إِنْ تَنْصُرُوا اللَّهَ يَنْصُرْكُمْ وَيُثَبِّتْ أَقْدَامَكُمْ

محمد ۳۱-۳۳ = حتماً امتحانتان می‌کنیم. تا مجاهدان و صابران‌تان را معلوم کنیم. همچنین کارهایتان را ارزیابی می‌کنیم.

کسانی که بی‌دینی می‌کنند و مانع اسلام آوردن مردم می‌شوند و با آنکه حقیقت برایشان معلوم شده است از در مخالفت با پیامبر در می‌آیند، نه تنها هیچ ضرری به خدا نخواهند رساند، بلکه کارشکنی‌هایشان را بی‌اثر خواهند کرد.

مسلمانان دربارهٔ جنگ و جهاد از خدا و پیامبر اطاعت کنید و با کوتاهی در این‌باره کارهای خوبتان را بر باد ندهید.

وَلَنَبْلُوَنَّكُمْ حَتَّىٰ نَعْلَمَ الْمُجَاهِدِينَ مِنْكُمْ وَالصَّابِرِينَ وَنَبْلُوَ أَخْبَارَكُمْ

إِنَّ الَّذِينَ كَفَرُوا وَصَدُّوا عَنْ سَبِيلِ اللَّهِ وَشَاقُّوا الرَّسُولَ مِنْ بَعْدِ مَا تَبَيَّنَ لَهُمُ الْهُدَىٰ لَنْ يَضُرُّوا اللَّهَ شَيْئًا وَسَيُحْبِطُ أَعْمَالَهُمْ

يا أَيُهَا الّذِينَ آمَنُوا أَطِيعُوا اللّهَ وَأَطِيعُوا الرّسُولَ وَلَا تُبْطِلُوا أَعْمَالَكُمْ

محمد ۳۸ = اگر از دستورهای خدا سرپیچی بکنید. گروه دیگری را به جایتان می‌آورد. که مثل شما نباشند.

هَا أَنْتُمْ هَٰؤُلَاءِ تُدْعَوْنَ لِتُنْفِقُوا فِي سَبِيلِ اللّهِ فَمِنْكُمْ مَنْ يَبْخَلُ ۖ وَمَنْ يَبْخَلْ فَإِنَّمَا يَبْخَلُ عَنْ نَفْسِهِ ۚ وَاللّهُ الْغَنِيُّ وَأَنْتُمُ الْفُقَرَاءُ ۚ وَإِنْ تَتَوَلّوْا يَسْتَبْدِلْ قَوْمًا غَيْرَكُمْ ثُمّ لَا يَكُونُوا أَمْثَالَكُمْ

نجم ۳۸-۴۲ = کسی بار گناه کسی را به دوش نمی‌کشد. انسان جز از تلاش خودش بهره نمی‌برد. بالاخره تلاش‌اش دیده می‌شود و در برابر تلاش او به او به طور کامل جزا داده می‌شود. پایان هر چیزی هم به خدا ختم می‌شود.

أَلّا تَزِرُ وَازِرَةٌ وِزْرَ أُخْرَىٰ، وَأَنْ لَيْسَ لِلْإِنْسَانِ إِلّا مَا سَعَىٰ، وَأَنّ سَعْيَهُ سَوْفَ يُرَىٰ،

ثُمّ يُجْزَاهُ الْجَزَاءَ الْأَوْفَىٰ، وَأَنّ إِلَىٰ رَبّكَ الْمُنْتَهَىٰ

تحریم ۱۰-۱۲ = خدا برای بی‌دین‌ها زن نوح و زن لوط را مثال می‌زند. آن‌ها تحت سرپرستی دو بندهٔ شایسته از بندگانم زندگی می‌کردند. ولی با آن‌ها رفتار منافقانه داشتند. همسر بودنشان با آن دو پیامبر در دفع عذاب الهی کمکشان نکرد و وقت آمدن عذاب گفته شد: "با بقیه وارد شونده‌ها وارد آتش جهنم بشوید."

هم‌چنین برای مردم با ایمان، زن فرعون را مثال می‌زند، که به پیشگاه الهی عرض کرد: "خدایا در جوار خودت در بهشت برایم خانه‌ای بنا کن و از دست فرعون و کارهایش نجاتم بده و از چنگ این مردم بدکار رهایم کن."و نیز مریم دختر عمران را مثال می‌زند، که در زندگی پاکدامن بود. ما هم با ارادهٔ الهی‌مان باردارش کردیم. او سخنان خدا و کتاب‌های آسمانی را باور داشت و جزو مطیعان فرمان خدا بود.

ضَرَبَ اللّهُ مَثَلًا لِلّذِينَ كَفَرُوا امْرَأَتَ نُوحٍ وَامْرَأَتَ لُوطٍ ۖ كَانَتَا تَحْتَ عَبْدَيْنِ مِنْ عِبَادِنَا

۱. (بعد از تلاوت این آیه، عده‌ای از پیامبر (صلی الله علیه و آله) پرسیدند: " آن گروه چه کسانی هستند؟ " حضرت دست روی پای سلمان فارسی گذاشته و فرمود: "این مرد و هم‌وطنان او و این مرد و هم‌وطنان او"(مترجم قرآن صفحه ۵۰۱)

۲. (منظور جهنم برزخ است.) مترجم قرآن صفحه ۵۶۱

صَالِحَيْنِ فَخَانَتَاهُمَا فَلَمْ يُغْنِيَا عَنْهُمَا مِنَ اللَّهِ شَيْئًا وَقِيلَ ادْخُلَا النَّارَ مَعَ الدَّاخِلِينَ

وَضَرَبَ اللَّهُ مَثَلًا لِلَّذِينَ آمَنُوا امْرَأَتَ فِرْعَوْنَ إِذْ قَالَتْ رَبِّ ابْنِ لِي عِنْدَكَ بَيْتًا فِي الْجَنَّةِ وَنَجِّنِي مِنْ فِرْعَوْنَ وَعَمَلِهِ وَنَجِّنِي مِنَ الْقَوْمِ الظَّالِمِينَ

وَمَرْيَمَ ابْنَتَ عِمْرَانَ الَّتِي أَحْصَنَتْ فَرْجَهَا فَنَفَخْنَا فِيهِ مِنْ رُوحِنَا وَصَدَّقَتْ بِكَلِمَاتِ رَبِّهَا وَكُتُبِهِ وَكَانَتْ مِنَ الْقَانِتِينَ

اعلی ۱۴-۱۹ = خوشبخت کسی است، که اصلاح کند خودش را و نام خدا را ببرد و بخواند نمازش را. ولی شما ترجیح می‌دهید. زندگی دنیا را، با آنکه آخرت بهتر و ماندگارتر است. شما را، بله، کتاب‌های آسمانی قبلی مانند کتاب‌های ابراهیم و موسی نیز این حقایق را در بردارند.

قَدْ أَفْلَحَ مَنْ تَزَكَّىٰ، وَذَكَرَ اسْمَ رَبِّهِ فَصَلَّىٰ، بَلْ تُؤْثِرُونَ الْحَيَاةَ الدُّنْيَا، وَالآخِرَةُ خَيْرٌ وَأَبْقَىٰ،

إِنَّ هَٰذَا لَفِي الصُّحُفِ الْأُولَىٰ، صُحُفِ إِبْرَاهِيمَ وَمُوسَىٰ،

توبه ۱۱۲ = مؤمنان اهل توبه‌اند و اهل عبادت. اهل حمد و ثنایند و اهل رکوع و سجده‌اند، و اهل امر به معروف و نهی از منکر ،و در یک کلام مراقب خط قرمزهای الهی هستند. به چنین مؤمنانی خوشبختی دنیا و آخرت را مژده بده.

التَّائِبُونَ الْعَابِدُونَ الْحَامِدُونَ السَّائِحُونَ الرَّاكِعُونَ السَّاجِدُونَ الآمِرُونَ بِالْمَعْرُوفِ وَالنَّاهُونَ عَنِ الْمُنْكَرِ وَالْحَافِظُونَ لِحُدُودِ اللَّهِ ۗ وَبَشِّرِ الْمُؤْمِنِينَ

مائده ۱۰۰ = پیامبر بگو: "پلید و پاک هرگز یکی نیستند. هرچند مبهوت تعداد فراوان و شوکت پلیدها بشوید. **پس ای خردمندان، مبادا تحت تأثیر اکثریت قرار بگیرید بلکه دنباله‌رو آیین پاک خدا باشید، تا خوشبخت شوید."**

قُلْ لَا يَسْتَوِي الْخَبِيثُ وَالطَّيِّبُ وَلَوْ أَعْجَبَكَ كَثْرَةُ الْخَبِيثِ ۚ فَاتَّقُوا اللَّهَ يَا أُولِي الْأَلْبَابِ لَعَلَّكُمْ تُفْلِحُونَ

تغابن ۱۵-۱۸ = اموال و اولادتان مایهٔ آزمایش شما هستند. اگر در این آزمایش سربلند بیرون بیایید پیش خدا پاداش بزرگی برایتان هست. **پس تا می‌توانید در حضور خدا مراقب رفتارتان باشید** و گوش به حرف بدهید و فرمان ببرید و در راه خدا هزینه کنید، که به نفع خودتان است آنانی که از خودخواهی و تنگ نظری در امانند، خوشبخت هستند. اگر کارهای خوب پیش خدا پس انداز کنید، خدا هم برایتان چند برابرش می‌کند، می‌آمرزدتان. زیرا خدا قدرشناسِ بردبار است. همچنین دانای پنهان و پیداست و شکست ناپذیر و کار درست است.

إِنَّمَا أَمْوَالُكُمْ وَأَوْلَادُكُمْ فِتْنَةٌ ۚ وَاللَّهُ عِنْدَهُ أَجْرٌ عَظِيمٌ

فَاتَّقُوا اللَّهَ مَا اسْتَطَعْتُمْ وَاسْمَعُوا وَأَطِيعُوا وَأَنْفِقُوا خَيْرًا لِأَنْفُسِكُمْ ۗ وَمَنْ يُوقَ شُحَّ نَفْسِهِ فَأُولَٰئِكَ هُمُ الْمُفْلِحُونَ

إِنْ تُقْرِضُوا اللَّهَ قَرْضًا حَسَنًا يُضَاعِفْهُ لَكُمْ وَيَغْفِرْ لَكُمْ ۚ وَاللَّهُ شَكُورٌ حَلِيمٌ

عَالِمُ الْغَيْبِ وَالشَّهَادَةِ الْعَزِيزُ الْحَكِيمُ

انفال ۲۲-۲۳ = بدترین جنبندگان از نظر خدا، جماعت حرف نشنویی هستند. به حقیقت اعتراف نمی‌کنند و عقل‌شان را به کار نمی‌اندازند. اگر حرف حقّ کمترین اثری در آن‌ها می‌گذارد، خدا توفیقشان می‌داد که به حقیقت گوش دل بدهند. البته با لجاجتی که دارند، اگر حرف حقّ را در گوششان فرو هم بکنند، باز با بی‌اعتنایی رو بر می‌گردانند.

إِنَّ شَرَّ الدَّوَابِّ عِنْدَ اللَّهِ الصُّمُّ الْبُكْمُ الَّذِينَ لَا يَعْقِلُونَ

وَلَوْ عَلِمَ اللَّهُ فِيهِمْ خَيْرًا لَأَسْمَعَهُمْ ۖ وَلَوْ أَسْمَعَهُمْ لَتَوَلَّوْا وَهُمْ مُعْرِضُونَ

انفال ۲۹ = **مسلمان، اگر در حضور خدا مراقب رفتارتان باشید، خدا به شما بصیرتی می‌دهد، که درست را از نادرست تشخیص بدهید.** بدی‌هایتان را هم محو می‌کند و گناهانتان را هم می‌پوشاند. زیرا لطف خداوند بسیار است.

يَا أَيُّهَا الَّذِينَ آمَنُوا إِنْ تَتَّقُوا اللَّهَ يَجْعَلْ لَكُمْ فُرْقَانًا وَيُكَفِّرْ عَنْكُمْ سَيِّئَاتِكُمْ وَيَغْفِرْ لَكُمْ ۗ وَاللَّهُ ذُو الْفَضْلِ الْعَظِيمِ

نور ۳۷-۳۸ = مردان و زنانی که هیچ تجارت و داد و ستدی آنان را به یاد خدا و خواندن نماز و دادن صدقه، به خود سرگرم نمی‌کند، اینان از روزی می‌ترسند که دل‌ها و دیده‌ها در آن زیر و رو می‌شود.

رِجَالٌ لَا تُلْهِيهِمْ تِجَارَةٌ وَلَا بَيْعٌ عَنْ ذِكْرِ اللَّهِ وَإِقَامِ الصَّلَاةِ وَإِيتَاءِ الزَّكَاةِ ۙ يَخَافُونَ يَوْمًا تَتَقَلَّبُ فِيهِ الْقُلُوبُ وَالْأَبْصَارُ

لِيَجْزِيَهُمُ اللَّهُ أَحْسَنَ مَا عَمِلُوا وَيَزِيدَهُمْ مِنْ فَضْلِهِ ۗ وَاللَّهُ يَرْزُقُ مَنْ يَشَاءُ بِغَيْرِ حِسَابٍ

انعام ۱۳۲ = هر آدم و جنّی، متناسب با کارهایش درجاتی دارد. خدا از کارهایی که می‌کنند، بی‌خبر نیست.

وَلِكُلٍّ دَرَجَاتٌ مِمَّا عَمِلُوا ۚ وَمَا رَبُّكَ بِغَافِلٍ عَمَّا يَعْمَلُونَ

۵

سفارشات خداوند به انسان‌ها درمورد قرآن و چگونگی آن

مقدمه

" قرآن کتابی است، پر خیر و برکت که آن را فرستادیم. پس به آن عمل کنید و راه مخالفت با آن را در پیش نگیرید، تا لطف خدا شامل حالتان بشود."

سوره انعام آیه ۱۵۵

سفارشات خداوند به انسان‌ها درمورد قرآن و چگونگی آن

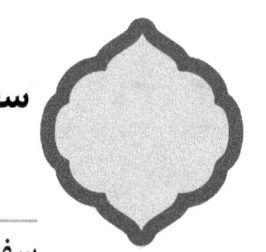

سفارشات خداوند به انسان‌ها در مورد قرآن و چگونگی آن

خداوند قرآن را نوری برای هدایت خلق گردانیده، و شاهد و گواه بر کلیّه کتب آسمانی که پیش از آن فرستاده، و این کتاب آسمانی را بر همهٔ آن‌ها برتری و فضیلت بخشیده، و آن را برای تمیز و تشخیص بین حقّ و باطل و حلال و حرام قرار داده است.

حضرت علی (علیه السلام) در خطبه ۱۵۶ نهج البلاغه می‌فرماید: "کتاب خدا را محکم بگیرید. زیرا رشته‌ای است، بسیار مستحکم و نوری است آشکار، دارویی است شفابخش و پربرکت. آب حیاتی است، که عطش تشنگان حق را فرو می‌نشاند. هرکس به آن تمسّک جوید، او را حفظ می‌کند و آن‌کس که به دامن‌اش چنگ زند نجات‌اش بخشد، انحراف در آن راه ندارد، تا نیاز به راست نمودن داشته باشد، و هرگز خطایی نمی‌کند تا از خوانندگانش پوزش طلبد، تکرارش موجب کهنگی و یا ناراحتی گوش نمی‌گردد. کسی که با قرآن سخن گوید راست می‌گوید و کسی که به آن عمل کند گوی سبقت را از همگان می‌برد."

پس دلیلی روشن است که قرآن نسخه‌ای است برای انواع بیماری‌های اخلاقی و اجتماعی و فردی. قرآن کتابی است که خداوند بر پیامبر خود خوانده است و ساخته‌ی پیامبر (صلی الله علیه و آله) نیست. در آیه اول سوره علق می‌فرماید: "بخوان به نام خدا قرآن را همان که آفریده جهان را."

کلمه" قرآن" به معنای خوانده شده یا کتابی خواندنی‌است، و کتاب مسلمان را از آن جهت بدین نام می‌خوانند، که خداوند آن را بر پیامبر (صلی الله علیه و آله) خوانده است، و پیامبر باید آن را بر مؤمنان بخواند. قرآن دارای معانی والا و گران‌قدر است. مجید به

معنی گستردگی، شرافت و جلالت است.

کاربرد این صفت درباره قرآن بدین معناست، که در همهٔ زمینه‌ها، مانند اعتقادات، اخلاق و احکام دارای محتوایی بلند و پرمایه است. اصل این کتاب نزد خدا محفوظ است.

"در لوح محفوظ بودن قرآن "به این معناست، که اولاً معارف قرآن منشأ آسمانی و الهی دارد و برتر از اندیشهٔ جن و انس است. ثانیاً، قرآن از هرگونه تحریف و تغییر و هر نوع کاهش و فزونی به دور است.

بنابراین هرچه در قرآن هست، همان است که خداوند فرموده است."تذکره" است یعنی معارف آن با عقل و فطرت انسان کاملاً سازگار است و معارف آن یادآور آموزه‌های فطری است.

آیات قرآن همگی از سوی خداست و خداوند آن را در الواحی نگاشته و به دست فرشتگان وحی به پیامبر رسانده است. محتوای این الواح تعالیمی و سعادت بخش است، که با حقیقت سازگار و از هرگونه سخن سُست و نادرستی مُبّرا است. خداوند معارف و الفاظ قرآن را بلند مرتبه و در حدّ اعجاز قرار داده است و آن را از دسترسی نااهلان دور نموده و از هر سخن باطل و بیهوده‌ای پاک نموده است.

منظور از ذکر بودن قرآن این است، که اگر این کتاب آسمانی انسان‌ها را به اطاعت خداوند و تهذیب اخلاق و رعایت عدالت در نظام‌های اجتماعی دعوت می‌کند. همگی بر اساس عقل و فطرت انسان است.

و قرآن در صدد یادآوری این امور فطری است، تا از این طریق انسان را به سعادت و کمال برساند و شرط بهره‌مندی از تعالیم قرآن این است که انسان روحیهٔ حق‌پذیری داشته باشد و سعادت خود را در زندگی پاک و دور از انحرافات و مفاسد فردی و اجتماعی جستجو کند و البته گرایش انسان به سوی درست‌کاری و تقوا نیز خود موهبتی الهی است و چنین گرایش‌های فطری در انسان بخشی از ربّوبیت عامّه

۱. سوره بروج آیه ۲۲ (فِي لَوْحٍ مَحْفُوظٍ)

خداوندی برای هدایت انسان‌ها است، که تعالیم آن را با فطرت کمال جویی خود همگام و هماهنگ یابد. آنگاه در پرتو هدایت این کتاب آسمانی به سعادت و رستگاری دنیا و آخرت می‌رسند.

ولی راه کمال و سعادت در این است، که اولاً آدمی فطرت و روان خود را از آلودگی‌هایی که ناشی از تعلقات دنیوی است، پاک نماید. ثانیاً با یاد خدا و بندگی او به معارف توحیدی و کمالات معنوی دست یابد. چنین کسانی از هرگونه بدی و شرّی رها شده و به رستگاری و سعادت دنیا و آخرت رسیده‌اند. رستگاری انسان در گرو تزکیهٔ نفس و یاد پروردگار است، **قرآن کریم شامل آیات محکم و آیات متشابه می‌باشد.**

منظور از آیات محکم و متشابه: آیات محکمات آیاتی هستند، که مفهوم آن به قدری روشن است، که جای گفتگو و بحث در آن نیست. آیاتی همچون "قل هو اللّه احد" سوره اخلاص "بگو اوست خدای یگانه" و یا" لَیس کمثلُهُ شیء" هیچ چیز همانند او نیست.[1]

و" الله خالق کل شی" خداوند آفریننده و آفریدگار همه چیز است.[2]

آیات محکمات در قرآن" ام الکتاب" نامیده می‌شوند. یعنی اصل و مرجع و مفسّر و توضیح دهنده آیات دیگر است. واژه" متشابه" به معنی چیزی است که قسمت‌های مختلف آن شبیه یکدیگر باشد و به همین جهت به جمله‌ها و کلماتی که معنی آن پیچیده است، و گاهی احتمالات مختلف دربارهٔ آن‌ها داده می‌شود، "متشابه" می‌گویند و منظور از متشابهات قرآن کریم همین است. این آیات با توجه به آیات محکم تفسیرشان روشن می‌شود. **پس برای فهم کلمات پروردگار راهی جز این نیست که همهٔ آیات را در کنار هم چیده و از آن‌ها حقیقت را دریابیم.**

"آیات محکم" هم‌چون شاهرگ‌های بزرگ و "آیات متشابه" همانند جاده‌های فرعی هستند، و واژه "ام الکتاب" به آیات محکم مؤیّد همین حقیقت است.

۱. سوره شوری آیه ۱۱
۲. سوره زمر آیه ۲۶

و اما چرا آیاتی "متشابه" هستند:

الف: الفاظ و عباراتی که در گفتگوی انسان‌ها به کار می‌رود تنها برای نیازمندی‌های روزمره به وجود آمده، و به همین دلیل به محض اینکه از دایرهٔ زندگی محدود مادّی بشر خارج شویم، الفاظ ما قالب آن معانی نمی‌شود. مثلاً سخن درباره پروردگار که نامحدود است در قالب فهم محدود ما نمی‌گنجد، و همین سرچشمهٔ قسمت قابل توجّهی از متشابهات قرآن است. مثلاً آیات "یَدُالله فوق ایدیهم" دست خدا بالای همهٔ دست‌هاست.[1]

و یا" الرّحمن علی العرش استوی" خدای رحمان بر مقام فرمان‌روایی جهان تکیه زده است.[2]

نمونه‌هایی مانند "سمیع" و "بصیر" که با مراجعه به آیات محکم تفسیر آن‌ها به خوبی روشن می‌شود.

ب: **بسیاری از حقایق مربوط به جهان دیگر یا جهان ماورای طبیعت است که از افق فکر ما دور است و ما به حکم محدود بودن در زندان زمان و مکان قادر به درک عمیق آن‌ها نیستیم.** این نارسایی افکار ما و بلند بودن افق آن معانی سبب دیگری برای تشابه قسمتی از آیات قرآن کریم است.

ج: همانطور که در کتب درسی شرح بعضی از مسائل به عهدهٔ استاد و معلّم گذاشته شده است تا شاگردان رابطه خوب را با استاد قطع نکنند. در مورد قرآن هم این نیاز برای مردم گذاشته شده است. تا به "راسخون فی العلم" مراجعه داشته باشند همانانی که پیامبر اکرم (صلی الله علیه و آله) در وصیّت معروف خود فرمود: " إِنِّي تَارِكٌ فِيكُمُ اَلثَّقَلَيْنِ مَا إِنْ تَمَسَّكْتُمْ بِهِمَا لَنْ تَضِلُّوا بَعْدِي كِتَابَ اَللَّهِ وَ عِتْرَتِي أَهْلَ بَيْتِي وَ إِنَّهُمَا لَنْ يَفْتَرِقَا حَتَّى يَرِدَا عَلَيَّ اَلْحَوْضَ."

" دو چیز گرانمایه را در میان شما به یادگار می‌گذارم. کتاب خدا و خاندانم را که هرگز

۱. سوره فتح آیه ۱۰
۲. سوره طه آیه ۵

این دو از یکدیگر جدا نمی‌شود. تا روز قیامت در کنار کوثر به من برسند."

د: آزمایش افراد و شناخته شدن فتنه‌انگیزان و سوءاستفاده کنندگان از کتاب خدا از مؤمنین راستین نیز فلسفه دیگری است. هر که می‌خواهد نظر سوء خود را اِهمال کند. به آیات متشابه متوکّل می‌شود.

دربارۀ تلاوت قرآن کریم در تفسیر المیزان نقل شده است که ۸ نکته باید مورد توجه قرار گیرد:

۱- ترتیل آیات

۲- تفکّر در آیات

۳- عمل به آیات

۴- امیدبه وعده‌های قرآن

۵- ترس از وعیدهای قرآن

۶- عبرت از داستان‌های قرآن

۷- انجام اوامر الهی

۸- ترک نواهی

۱. مستدرک حاکم جلد سوم صفحه ۱۴۸

محتوای عالی و سعادت بخش قرآن همان‌گونه که خداوند خواسته است. بدون هیچ تغییر و تحریفی به رسول خدا رسیده و به قلب مطهّر پیامبر اکرم (صلی الله علیه و آله) نازل شده است. چنین کتابی ارزشمند که هم از جهت منشاء صدور و هم از جهت کیفیت ابلاغ و هم از جهت محتوا مورد تأیید خداوند سبحان است، به اراده و مشیت او جایگاه خود را در میان انسان‌ها پیدا خواهد کرد. خداوند به مشرکان می‌فرماید: "پیامبر اسلام همان کسی است، که سالیان دراز میان شما زندگی کرده، او را به درایت و راستگویی می‌شناسید، تا آنجا که او را محمّد امین می‌نامیدید، و برای حل مشکلات اجتماعی خود به او مراجعه می‌کردید. پس اگر چنین فردی به شما اعلام کند که آنچه دربارهٔ قیامت و مشاهده اعمال بیان می‌کند همه را به واسطهٔ جبرائیل از خداوند گرفته است. شما باید سخن او را بپذیرید زیرا خود می‌دانید، او نه دیوانه است و نه دروغگو" و در آیه ۲۲ سوره تکویر می‌فرماید: "هیچ تردیدی در این حقیقت نیست که رفیق و هم‌نشین دیرینه شما حضرت محمّد (صلی الله علیه و آله) مبتلا به جنون نیست. "بنابراین باید سخن او را بپذیرید وقتی می‌گوید فرشته وحی را دیده است بدانید که راست می‌گوید و واقعاً فرشته وحی را در آن افق روشن دیده است.

" پروردگارا ما را از آنانی قرار ده، که رعایت به عمل آن و حفظ عهد و پیمانش کردند و با اعتقاد کامل تسلیم محکمات و متشابهات آیاتش شدند. به ما قدرت و نیرو و فهم قرآن عطا فرما و قلوب ما را مالامال از تحمّل حقایق و اسرار قرآن قرار ده."

و ما را از کسانی قرار ده، که چنگ زدند در فهم متشابهات آیاتش به پناهگاه محکمِ محکمات آیاتش و به روشنی علم و ایمان رسیدند.

ما را به عمل به آن توفیق بده و از آنانی قرار نده، که به خُدعه و فریبِ دنیا گرفتار شده و از اطاعت قرآن دست کشیدند. ما را از خطرات و وسوسه‌های شیطان محفوظ بدار، و ما را به حرمت قرآن از اخلاق رذیله و خوی پست و سیاه‌چال کفر و نفاق محفوظ بدار، و با تمسکّ به قرآن ما را از هر غم و اندوه نجات ببخش، و در روز حسرت و پشیمانی ما را رو سفید ساز. ای خدا، تویی دارای رحمت واسع و بی حدّ و انتها فضل و بزرگواری

۱. (سوره تکویر آیه ۲۳) وَمَا صَاحِبُكُمْ بِمَجْنُونٍ، وَلَقَدْ رَآهُ بِالْأُفُقِ الْمُبِينِ

وجود و کرم بی‌منّت.

و حال کلام خداوند راجع به قرآن:

آل عمران ۲-۳ = جز خدا هیچ معبودی نیست. زنده است و پاینده. او قرآن حساب شده و هدف‌دار بر تو فرستاد. **قرآن تایید کنندهٔ کتاب‌های آسمانی موجود است. البته خدا قبل از قرآن، تورات و انجیل را برای راهنمایی مردم فرستاده است.**

اللّهُ لَا إِلَٰهَ إِلَّا هُوَ الْحَيُّ الْقَيُّومُ

نَزَّلَ عَلَيْكَ الْكِتَابَ بِالْحَقِّ مُصَدِّقًا لِمَا بَيْنَ يَدَيْهِ وَأَنْزَلَ التَّوْرَاةَ وَالْإِنْجِيلَ

نساء ۱۷۴-۱۷۵ = مردم، دلیل بسیار روشن، یعنی قرآن، برایتان آمده است. بله، نور روشن‌گر قرآن را بر شما تابانده‌ایم. خدا کسانی را که باورش کنند و به او پناه ببرند، زیر چتر لطف و بزرگواری‌اش می‌گیرد و برای رسیدن به خودش، آنان را به راه درست زندگی هدایت می‌کند.

يَا أَيُّهَا النَّاسُ قَدْ جَاءَكُمْ بُرْهَانٌ مِنْ رَبِّكُمْ وَأَنْزَلْنَا إِلَيْكُمْ نُورًا مُبِينًا

فَأَمَّا الَّذِينَ آمَنُوا بِاللَّهِ وَاعْتَصَمُوا بِهِ فَسَيُدْخِلُهُمْ فِي رَحْمَةٍ مِنْهُ وَفَضْلٍ وَيَهْدِيهِمْ إِلَيْهِ صِرَاطًا مُسْتَقِيمًا

انعام ۱۵۵-۱۵۷ = این قرآن کتابی است پر از خیر و برکت که آن را فرستادیم، پس به آن عمل کنید و راه مخالفت با آن را در پیش نگیرید تا لطف خدا شامل حالتان بشود.

بله، قرآن را فرستادیم تا بهانه نیاورید. "کتاب آسمانی فقط برای یهودی‌ها و مسیحی‌ها فرستاده شده و ما واقعاً از محتوای کتاب‌هایشان بی‌خبر بودیم." تا نگویید: "اگر برایمان کتاب آسمانی فرستاده بودند هدایت یافته‌تر از آن‌ها بودیم."

---

۱. (دعای ۴۲ صحیفه سجادیه)

خوب این هم قرآن پر از دلیل‌های روشن و راهنمایی و رحمت است، و از طرف خدا برایتان آمده. با وجود این، چه کسانی بدکارتر از آن‌هایی هستند که آیه‌های خدا را دروغ بدانند و از کنارش به راحتی رد بشوند؟

وَهَٰذَا كِتَابٌ أَنْزَلْنَاهُ مُبَارَكٌ فَاتَّبِعُوهُ وَاتَّقُوا لَعَلَّكُمْ تُرْحَمُونَ

أَنْ تَقُولُوا إِنَّمَا أُنْزِلَ الْكِتَابُ عَلَىٰ طَائِفَتَيْنِ مِنْ قَبْلِنَا وَإِنْ كُنَّا عَنْ دِرَاسَتِهِمْ لَغَافِلِينَ

أَوْ تَقُولُوا لَوْ أَنَّا أُنْزِلَ عَلَيْنَا الْكِتَابُ لَكُنَّا أَهْدَىٰ مِنْهُمْ ۚ فَقَدْ جَاءَكُمْ بَيِّنَةٌ مِنْ رَبِّكُمْ وَهُدًى وَرَحْمَةٌ ۚ فَمَنْ أَظْلَمُ مِمَّنْ كَذَّبَ بِآيَاتِ اللَّهِ وَصَدَفَ عَنْهَا ۗ سَنَجْزِي الَّذِينَ يَصْدِفُونَ عَنْ آيَاتِنَا سُوءَ الْعَذَابِ بِمَا كَانُوا يَصْدِفُونَ

اعراف ۲ = قرآن کتاب بزرگی است، که به سوی تو فرستاده شده است. تا با آن، به عموم مردم هشدار بدهی و مؤمنان را به خود بیاوری. پس نگران تبلیغش نباش.

كِتَابٌ أُنْزِلَ إِلَيْكَ فَلَا يَكُنْ فِي صَدْرِكَ حَرَجٌ مِنْهُ لِتُنْذِرَ بِهِ وَذِكْرَىٰ لِلْمُؤْمِنِينَ

یونس ۱۷ = روی این حساب، چه کسانی بدکارتر از آن‌هایی هستند، که به خدا نسبت دروغ می‌دهند یا آیه‌هایش را دروغ می‌دانند؟ بله گناهکارها هرگز خوشبخت نمی‌شوند.

فَمَنْ أَظْلَمُ مِمَّنِ افْتَرَىٰ عَلَى اللَّهِ كَذِبًا أَوْ كَذَّبَ بِآيَاتِهِ ۚ إِنَّهُ لَا يُفْلِحُ الْمُجْرِمُونَ

یونس ۳۷ و ۳۹ = نه تنها محال است این قرآن ساختگی و از طرف غیر خدا باشد. بلکه تأییدی است، بر کتاب‌های آسمانی موجود و شرحی بر آن‌ها، هیچ شکی هم در آن نیست. چون از طرف صاحب اختیار جهانیان است. **اما آن‌ها عجولانه قرآنی را دروغ می‌دانند،** که به عمق معارف‌اش پی نبرده‌اند و هنوز وعده و وعیدهایش درباره‌سان آن عملی نشده است. پیشینیان هم به همین دلیل معارف دین را دروغ دانستند پس ببین عاقبت بدکارها چه شد.

وَمَا كَانَ هَٰذَا الْقُرْآنُ أَنْ يُفْتَرَىٰ مِنْ دُونِ اللَّهِ وَلَٰكِنْ تَصْدِيقَ الَّذِي بَيْنَ يَدَيْهِ وَتَفْصِيلَ

الْكِتَابِ لَا رَيْبَ فِيهِ مِنْ رَبِّ الْعَالَمِينَ

أَمْ يَقُولُونَ افْتَرَاهُ ۖ قُلْ فَأْتُوا بِسُورَةٍ مِثْلِهِ وَادْعُوا مَنِ اسْتَطَعْتُمْ مِنْ دُونِ اللَّهِ إِنْ كُنْتُمْ صَادِقِينَ

بَلْ كَذَّبُوا بِمَا لَمْ يُحِيطُوا بِعِلْمِهِ وَلَمَّا يَأْتِهِمْ تَأْوِيلُهُ ۚ كَذَٰلِكَ كَذَّبَ الَّذِينَ مِنْ قَبْلِهِمْ ۖ فَانْظُرْ كَيْفَ كَانَ عَاقِبَةُ الظَّالِمِينَ

یونس ۵۷-۵۸ = مردم، از طرف صاحب اختیارتان پندی آمده است برایتان، و درمانی برای دردهای روحی‌تان و راهنمایی و رحمتی ویژه برای مؤمنان، چون این‌ها از هر مال و منالی که جمع کنند بهتر است.

يَا أَيُّهَا النَّاسُ قَدْ جَاءَتْكُمْ مَوْعِظَةٌ مِنْ رَبِّكُمْ وَشِفَاءٌ لِمَا فِي الصُّدُورِ وَهُدًى وَرَحْمَةٌ لِلْمُؤْمِنِينَ

قُلْ بِفَضْلِ اللَّهِ وَبِرَحْمَتِهِ فَبِذَٰلِكَ فَلْيَفْرَحُوا هُوَ خَيْرٌ مِمَّا يَجْمَعُونَ

یونس ۱۰۸ = بگو: "مردم، این قرآن همش درست است .از طرف خدا برایتان آمده است. پس هر که در راه درست قدم بردارد، سودش به جیب خودش می‌رود و هرکه به بیراهه برود دودش به چشم خودش می‌رود. من همه کاره‌تان نیستم تا به زور به راهتان بیاورم."

قُلْ يَا أَيُّهَا النَّاسُ قَدْ جَاءَكُمُ الْحَقُّ مِنْ رَبِّكُمْ ۖ فَمَنِ اهْتَدَىٰ فَإِنَّمَا يَهْتَدِي لِنَفْسِهِ ۖ وَمَنْ ضَلَّ فَإِنَّمَا يَضِلُّ عَلَيْهَا ۖ وَمَا أَنَا عَلَيْكُمْ بِوَكِيلٍ

یوسف ۱-۲ = این است، آیه‌هایی که معلوم است کلام خداست به این دلیل آن را به زبان رسای عربی فرستادیم. تا عقلتان را در فهم معارفش به کار بیندازید.

بِسْمِ اللَّهِ الرَّحْمَٰنِ الرَّحِيمِ

الر ۚ تِلْكَ آيَاتُ الْكِتَابِ الْمُبِينِ

إِنَّا أَنْزَلْنَاهُ قُرْآنًا عَرَبِيًّا لَعَلَّكُمْ تَعْقِلُونَ

رعد ۴۳ = ای پیامبر، بی‌دین‌هایی که قرآن را قبول ندارند، ادعا می‌کنند تو پیامبر نیستی، پاسخ بده: "همین بس که به گفتهٔ قرآن خدا بین من و شما شاهد باشد و همچنین کسی که منبع علم قرآن است."

وَيَقُولُ الَّذِينَ كَفَرُوا لَسْتَ مُرْسَلًا ۚ قُلْ كَفَىٰ بِاللَّهِ شَهِيدًا بَيْنِي وَبَيْنَكُمْ وَمَنْ عِنْدَهُ عِلْمُ الْكِتَابِ

ابراهیم ۱-۳ = این است کتابی که به سوی تو فرستاده‌ایم تا زیر نظر خدا، همه مردم را از تاریکی‌های اعتقادی و اخلاقی به طرف نور معرفت و پاکی بیرون بکشی. به راه خدای شکست ناپذیر و ستودنی، همان خدایی که هرچه در آسمان‌ها و زمین است مال اوست، وای بر مردمی که چنین خدایی را باور ندارند. برای عذابی سخت همان‌هایی که زندگی دنیا را بر آخرت ترجیح می‌دهند و مانع بندگی خدا می‌شوند و راه مستقیم خدا را کج نشان می‌دهند. این‌ها در نهایت گمراهی‌اند.

بِسْمِ اللَّهِ الرَّحْمَٰنِ الرَّحِيمِ

الر ۚ كِتَابٌ أَنْزَلْنَاهُ إِلَيْكَ لِتُخْرِجَ النَّاسَ مِنَ الظُّلُمَاتِ إِلَى النُّورِ بِإِذْنِ رَبِّهِمْ إِلَىٰ صِرَاطِ الْعَزِيزِ الْحَمِيدِ

اللَّهِ الَّذِي لَهُ مَا فِي السَّمَاوَاتِ وَمَا فِي الْأَرْضِ ۗ وَوَيْلٌ لِلْكَافِرِينَ مِنْ عَذَابٍ شَدِيدٍ

الَّذِينَ يَسْتَحِبُّونَ الْحَيَاةَ الدُّنْيَا عَلَى الْآخِرَةِ وَيَصُدُّونَ عَنْ سَبِيلِ اللَّهِ وَيَبْغُونَهَا عِوَجًا ۚ أُولَٰئِكَ فِي ضَلَالٍ بَعِيدٍ

حجر ۹ = ما خودمان قرآن را فرستاده‌ایم و خودمان هم از هر آسیبی حتماً حفظش می‌کنیم.

۱. (بنا به روایات متعدد منظور از این شخص حضرت امیرالمومنین علی بن ابیطالب است) مترجم قرآن صفحه ۲۵۵

إِنَّا نَحْنُ نَزَّلْنَا الذِّكْرَ وَإِنَّا لَهُ لَحَافِظُونَ

بنی اسرائیل(اسراء) ۸۸-۸۹ = بگو: "اگر به فرض همهٔ انس و جن جمع بشوند تا مثل این قرآن بیاورد، نمی‌توانند چنین کنند. حتی اگر دست در دست هم بدهند. واقعاً در این قرآن از هر مثالی برای راهنمایی مردم استفاده کرده‌ایم. اما بیشتر مردم جز ناشکری کار دیگری بلد نیستند."

قُلْ لَئِنِ اجْتَمَعَتِ الْإِنْسُ وَالْجِنُّ عَلَىٰ أَنْ يَأْتُوا بِمِثْلِ هَٰذَا الْقُرْآنِ لَا يَأْتُونَ بِمِثْلِهِ وَلَوْ كَانَ بَعْضُهُمْ لِبَعْضٍ ظَهِيرًا

وَلَقَدْ صَرَّفْنَا لِلنَّاسِ فِي هَٰذَا الْقُرْآنِ مِنْ كُلِّ مَثَلٍ فَأَبَىٰ أَكْثَرُ النَّاسِ إِلَّا كُفُورًا

طه ۲-۵ = پیامبر، قرآن را نفرستادیم، تا به زحمت بیافتی، بلکه آن را فرستادیم تا نوعی یادآوری باشد، برای کسی که از خدا حساب می‌برد. **این کتاب را کسی فرستاده که زمین و آسمان‌های بالا را آفریده است.** یعنی خدای رحمان که بر مقام فرمان‌روایی جهان تکیه زده است.

مَا أَنْزَلْنَا عَلَيْكَ الْقُرْآنَ لِتَشْقَىٰ، إِلَّا تَذْكِرَةً لِمَنْ يَخْشَىٰ، تَنْزِيلًا مِمَّنْ خَلَقَ الْأَرْضَ وَالسَّمَاوَاتِ الْعُلَى، الرَّحْمَٰنُ عَلَى الْعَرْشِ اسْتَوَىٰ،

طه ۱۱۳ = قرآن را این چنین به زبان رسای عربی فرستادیم، و در آن هشدارهای گوناگون گنجاندیم. شاید مردم دست از لجبازی بردارند یا اینکه مایهٔ یادآوریشان بشود.

وَكَذَٰلِكَ أَنْزَلْنَاهُ قُرْآنًا عَرَبِيًّا وَصَرَّفْنَا فِيهِ مِنَ الْوَعِيدِ لَعَلَّهُمْ يَتَّقُونَ أَوْ يُحْدِثُ لَهُمْ ذِكْرًا

انبیا ۱۰ = برایتان کتابی فرستاده‌ایم که بهترین برنامهٔ زندگی‌تان در آن هست پس چرا عقلتان را به کار نمی‌اندازید.

لَقَدْ أَنْزَلْنَا إِلَيْكُمْ كِتَابًا فِيهِ ذِكْرُكُمْ ۖ أَفَلَا تَعْقِلُونَ

فرقان ۴-۶ =کافران ادعا کردند: "قرآن جز مشتی دروغ نیست که محمّد خودش ساخته و پرداخته است. گروهی از اهل کتاب هم، در این کار کمکش کرده‌اند." با چنین نسبتی، مرتکب ظلم و دروغ بزرگی شده‌اند. آن‌ها مدعی بودند: "قرآن افسانه‌های گذشتگان است که محمّد سفارش داده است تا برایش بازنویسی کنند. صبح و شب قسمتی را برایش می‌خواندند، تا حفظ کند و برای مردم بخواند." بگو: "این قرآن را فرستاده که اسرار آسمان‌ها و زمین را و از جمله نیت‌های شوم شما را می‌داند، البته او آمرزنده مهربان است."

وَقَالَ الَّذِينَ كَفَرُوا إِنْ هَٰذَا إِلَّا إِفْكٌ افْتَرَاهُ وَأَعَانَهُ عَلَيْهِ قَوْمٌ آخَرُونَ ۖ فَقَدْ جَاءُوا ظُلْمًا وَزُورًا

وَقَالُوا أَسَاطِيرُ الْأَوَّلِينَ اكْتَتَبَهَا فَهِيَ تُمْلَىٰ عَلَيْهِ بُكْرَةً وَأَصِيلًا

قُلْ أَنْزَلَهُ الَّذِي يَعْلَمُ السِّرَّ فِي السَّمَاوَاتِ وَالْأَرْضِ ۚ إِنَّهُ كَانَ غَفُورًا رَحِيمًا

فرقان ۲۰ = قبل از تو هم همهٔ پیامبرانی را که فرستادیم، مثل مردم عادی آب و غذا می‌خورند و در کوچه و بازار رفت و آمد می‌کردند. با همین کارها، شما را مایهٔ آزمایش همدیگر قرار داده‌ایم. در سختی‌های این راه صبر می‌کنید؟ به هر حال خدا از احوالتان آگاه است.

وَمَا أَرْسَلْنَا قَبْلَكَ مِنَ الْمُرْسَلِينَ إِلَّا إِنَّهُمْ لَيَأْكُلُونَ الطَّعَامَ وَيَمْشُونَ فِي الْأَسْوَاقِ ۗ وَجَعَلْنَا بَعْضَكُمْ لِبَعْضٍ فِتْنَةً أَتَصْبِرُونَ ۗ وَكَانَ رَبُّكَ بَصِيرًا

شعرا ۱۹۲-۱۹۷ = بی تردید این قرآن فرستادهٔ صاحب جهانیان است. آن‌را جبرئیل به زبان عربی رسا و شیوا بر قلبت فرستاده است. تا هشدار دهنده باشی.

مژده‌ی آمدن قرآن در کتاب پیامبران گذشته نیز آمده است. آیا همین یک نشانه برای کافران کافی نیست که عالمانِ بنی اسرائیل از آن مژده اطلاع دارند؟

وَإِنَّهُ لَتَنْزِيلُ رَبِّ الْعَالَمِينَ، نَزَلَ بِهِ الرُّوحُ الْأَمِينُ، عَلَىٰ قَلْبِكَ لِتَكُونَ مِنَ الْمُنْذِرِينَ، بِلِسَانٍ عَرَبِيٍّ مُبِينٍ، وَإِنَّهُ لَفِي زُبُرِ الْأَوَّلِينَ، أَوَلَمْ يَكُنْ لَهُمْ آيَةً أَنْ يَعْلَمَهُ عُلَمَاءُ بَنِي

إِسْرَائِيلَ

عنکبوت ۴۸-۴۹ = تو از قبل از نزول قرآن نه اهل خواندن بودی و نه اهل نوشتن. وگرنه بهانه‌جوهای یاوگو در وحی بودن قرآن تردید می کردند. این قرآن گردآوری شده از کتاب‌های دیگر نیست. بلکه آیه‌های روشنی است.، جا گرفته در سینهٔ کسانی که علم واقعی دارند. آیه‌های ما را فقط بدکاران انکار می کنند.

وَمَا كُنْتَ تَتْلُو مِنْ قَبْلِهِ مِنْ كِتَابٍ وَلَا تَخُطُّهُ بِيَمِينِكَ ۖ إِذًا لَارْتَابَ الْمُبْطِلُونَ

بَلْ هُوَ آيَاتٌ بَيِّنَاتٌ فِي صُدُورِ الَّذِينَ أُوتُوا الْعِلْمَ ۚ وَمَا يَجْحَدُ بِآيَاتِنَا إِلَّا الظَّالِمُونَ

روم ۵۸-۵۹ = واقعاً در این قرآن از هر مثالی برای راهنمایی مردم استفاده کرده‌ایم. اگر هر آیه و نشانه‌ای برای این‌ها بیاوری، می‌گویند:"فقط دارید بیهوده‌گویی می‌کنید." بر دل‌های کسانی که خودشان را به نادانی زده‌اند. خدا این‌طور مُهر بدبختی و بی‌خبری می‌زند.

وَلَقَدْ ضَرَبْنَا لِلنَّاسِ فِي هَٰذَا الْقُرْآنِ مِنْ كُلِّ مَثَلٍ ۚ وَلَئِنْ جِئْتَهُمْ بِآيَةٍ لَيَقُولَنَّ الَّذِينَ كَفَرُوا إِنْ أَنْتُمْ إِلَّا مُبْطِلُونَ، كَذَٰلِكَ يَطْبَعُ اللَّهُ عَلَىٰ قُلُوبِ الَّذِينَ لَا يَعْلَمُونَ

لقمان ۲-۵ = آیه‌های کتاب حکمت آموز پیش روی شماست، که راهنمایی و رحمتی است برای درست‌کاران، همان کسانی که نماز را با آدابش می‌خوانند، و صدقه می‌دهند، و آخرت را واقعاً باور دارند. آنان بر مرکب هدایت خدا سوارند و آنان همان مردم خوشبخت‌اند.

تِلْكَ آيَاتُ الْكِتَابِ الْحَكِيمِ، هُدًى وَرَحْمَةً لِلْمُحْسِنِينَ، الَّذِينَ يُقِيمُونَ الصَّلَاةَ وَيُؤْتُونَ الزَّكَاةَ وَهُمْ بِالْآخِرَةِ هُمْ يُوقِنُونَ، أُولَٰئِكَ عَلَىٰ هُدًى مِنْ رَبِّهِمْ ۖ وَأُولَٰئِكَ هُمُ الْمُفْلِحُونَ

فاطر ۳۱ = قرآنی که به تو وحی کردیم، حقّ است و تأیید کننده کتاب‌های آسمانی

موجود.[1] خدا حال بندگانش را می‌داند و می‌بیند.

وَالَّذِي أَوْحَيْنَا إِلَيْكَ مِنَ الْكِتَابِ هُوَ الْحَقُّ مُصَدِّقًا لِمَا بَيْنَ يَدَيْهِ ۗ إِنَّ اللَّهَ بِعِبَادِهِ لَخَبِيرٌ بَصِيرٌ

یس ۲-۶ = به قرآن حکمت آموز قسم، که تو جزو پیامبرانی، و در راه درستی هستی. قرآنی که فرستادهٔ آن شکست‌ناپذیرِ مهربان است، تا مردمی را هشدار بدهی که پدرانشان پیامبری بعد از عیسی به خود ندیده بودند و خودشان در غفلت به سر می‌بردند.

وَالْقُرْآنِ الْحَكِيمِ، إِنَّكَ لَمِنَ الْمُرْسَلِينَ، عَلَىٰ صِرَاطٍ مُسْتَقِيمٍ، تَنْزِيلَ الْعَزِيزِ الرَّحِيمِ،لِتُنْذِرَ قَوْمًا مَا أُنْذِرَ آبَاؤُهُمْ فَهُمْ غَافِلُونَ،

ص ۲۹ = این قرآن کتابی است، پُر از خیر و برکت که آن را به سوی تو فرستادیم تا مردم در آیه‌هایش دقت کنند و خردمندان به خود بیایند.

كِتَابٌ أَنْزَلْنَاهُ إِلَيْكَ مُبَارَكٌ لِيَدَّبَّرُوا آيَاتِهِ وَلِيَتَذَكَّرَ أُولُو الْأَلْبَابِ

ص ۸۶-۸۸ = پیامبر بگو: "برای راهنمایی‌هایتان مزدی از شما نمی‌خواهم. عوام فریب هم نیستم. این قرآن فقط مایهٔ به خود آمدن جهانیان است، و به مرور زمان اخبار و حقایقش را حتماً می‌فهمید."

قُلْ مَا أَسْأَلُكُمْ عَلَيْهِ مِنْ أَجْرٍ وَمَا أَنَا مِنَ الْمُتَكَلِّفِينَ، إِنْ هُوَ إِلَّا ذِكْرٌ لِلْعَالَمِينَ، وَلَتَعْلَمُنَّ نَبَأَهُ بَعْدَ حِينٍ

زمر ۲۳ = خدا بهترین سخن یعنی قرآن را فرستاده است. کتابی که آیه‌هایش هماهنگ‌اند، و همدیگر را توضیح می‌دهند. کسانی که از خدا حساب می‌برند با شنیدن آیه‌های قرآن مو بر بدنشان راست می‌شود. پس چشم و جانشان با یاد خدا آرام می‌گیرد. این هدایت خداست که با آن دست هر که را لایق بداند، می‌گیرد و هر

۱. (منظور تورات و انجیل موجود در صدر اسلام است) مترجم قرآن صفحه ۴۳۸

که را به حال خودش رها کند. دیگر راهبری ندارد.

اللَّهُ نَزَّلَ أَحْسَنَ الْحَدِيثِ كِتَابًا مُتَشَابِهًا مَثَانِيَ تَقْشَعِرُّ مِنْهُ جُلُودُ الَّذِينَ يَخْشَوْنَ رَبَّهُمْ ثُمَّ تَلِينُ جُلُودُهُمْ وَقُلُوبُهُمْ إِلَىٰ ذِكْرِ اللَّهِ ۚ ذَٰلِكَ هُدَى اللَّهِ يَهْدِي بِهِ مَنْ يَشَاءُ ۚ وَمَنْ يُضْلِلِ اللَّهُ فَمَا لَهُ مِنْ هَادٍ

فصلت ۵۲ = بپرس: "به نظر شما اگر این قرآن از طرف خدا باشد، و شما انکارش کرده باشید، چه کسی گمراه‌تر از مثل شمایی هست، که اینقدر از واقع دورید؟"

قُلْ أَرَأَيْتُمْ إِنْ كَانَ مِنْ عِنْدِ اللَّهِ ثُمَّ كَفَرْتُمْ بِهِ مَنْ أَضَلُّ مِمَّنْ هُوَ فِي شِقَاقٍ بَعِيدٍ

دخان ۲-۵ = به خود این کتاب روشن‌گر قسم که ما آن را در شب مبارک قدر فرستادیم. البته که ما همیشه هشدار دهنده بوده‌ایم. همه چیز به صورت کلّی در علم غیب الهی هست، و در این شب جزئیات مشخص می‌شود. قطعاً انجام این کارها به فرمان ماست و همه را ما می‌فرستیم.

وَالْكِتَابِ الْمُبِينِ، إِنَّا أَنْزَلْنَاهُ فِي لَيْلَةٍ مُبَارَكَةٍ ۚ إِنَّا كُنَّا مُنْذِرِينَ، فِيهَا يُفْرَقُ كُلُّ أَمْرٍ حَكِيمٍ، أَمْرًا مِنْ عِنْدِنَا ۚ إِنَّا كُنَّا مُرْسِلِينَ

احقاف ۷-۱۰ = وقتی آیه‌های روشن‌گر ما را برای آن‌ها می‌خوانند. کافران درباره این حقایقی که به دستشان می‌رسد، می‌گویند: "این‌ها حرف‌های سحرآمیز رایج است." همچنین می‌گویند: "این قرآن ساخته خود اوست." بگو: "به فرض هم این قرآن ساخته من باشد. خدا رسوایم می‌کند و در برابر خشم‌اش از دست شما هم کاری ساخته نیست. خدا بهتر می‌داند که وارد چه بازی خطرناکی شده‌اید. همین بس که خدا در کتابش بین من و شما گواه باشد. البته اوست آمرزنده مهربان. بگو: " **من در میان پیامبران راه و رسم جدیدی نیاوردم که رفتاری غیر از آن‌ها داشته باشم و** نمی‌دانم سر من و شما چه می‌آید. فقط دنبال روی چیزی هستم، که به من وحی می‌شود. من هشدار دهنده‌ای با صراحت هستم و بس."

بگو: "به نظر شما اگر این قرآن از طرف خدا باشد، و آن را انکار کرده باشید، به بیراهه

نرفته‌اید؟ اگر یکی از علمای بنی‌اسرائیل شباهت قرآن را تأیید کند و به قرآن ایمان بیاورد و شما باز متکبّرانه از پذیرش آن سر باز بزنید، به بیراهه نرفته‌اید؟"[1]

وَإِذَا تُتْلَىٰ عَلَيْهِمْ آيَاتُنَا بَيِّنَاتٍ قَالَ الَّذِينَ كَفَرُوا لِلْحَقِّ لَمَّا جَاءَهُمْ هَٰذَا سِحْرٌ مُبِينٌ

أَمْ يَقُولُونَ افْتَرَاهُ ۖ قُلْ إِنِ افْتَرَيْتُهُ فَلَا تَمْلِكُونَ لِي مِنَ اللَّهِ شَيْئًا ۖ هُوَ أَعْلَمُ بِمَا تُفِيضُونَ فِيهِ ۖ كَفَىٰ بِهِ شَهِيدًا بَيْنِي وَبَيْنَكُمْ ۖ وَهُوَ الْغَفُورُ الرَّحِيمُ

قُلْ مَا كُنْتُ بِدْعًا مِنَ الرُّسُلِ وَمَا أَدْرِي مَا يُفْعَلُ بِي وَلَا بِكُمْ ۖ إِنْ أَتَّبِعُ إِلَّا مَا يُوحَىٰ إِلَيَّ وَمَا أَنَا إِلَّا نَذِيرٌ مُبِينٌ

قُلْ أَرَأَيْتُمْ إِنْ كَانَ مِنْ عِنْدِ اللَّهِ وَكَفَرْتُمْ بِهِ وَشَهِدَ شَاهِدٌ مِنْ بَنِي إِسْرَائِيلَ عَلَىٰ مِثْلِهِ فَآمَنَ وَاسْتَكْبَرْتُمْ ۖ إِنَّ اللَّهَ لَا يَهْدِي الْقَوْمَ الظَّالِمِينَ

حدید ۹ = هم اوست که بر بنده‌اش محمد (صلی الله علیه و آله) آیه‌های روشن می‌فرستد. تا از تاریکی‌های اعتقادی و اخلاقی به طرف نور معرفت و پاکی بیرونتان بکشد. آخر، خدا در حقّتان دلسوز مهربان است.

هُوَ الَّذِي يُنَزِّلُ عَلَىٰ عَبْدِهِ آيَاتٍ بَيِّنَاتٍ لِيُخْرِجَكُمْ مِنَ الظُّلُمَاتِ إِلَى النُّورِ ۚ وَإِنَّ اللَّهَ بِكُمْ لَرَءُوفٌ رَحِيمٌ

حاقه ۳۸-۴۳ = لازم نیست قسم بخورم، به موجوداتی که می‌بینید و موجوداتی که نمی‌بینید، که البته این قرآن سخن پیامبری بزرگوار است که از طرف خدا آورده، نه سخن شاعری خیال پرداز. حیف که کمتر باور می‌کنید، و نه سخن کاهنی پیشگو، حیف که کمتر به خود می‌آیید. بله، سخن فرستاده شده‌ای است از طرف صاحب جهانیان.

فَلَا أُقْسِمُ بِمَا تُبْصِرُونَ، وَمَا لَا تُبْصِرُونَ، إِنَّهُ لَقَوْلُ رَسُولٍ كَرِيمٍ، وَمَا هُوَ بِقَوْلِ شَاعِرٍ ۚ قَلِيلًا

۱. (منظور این آیه عبدالله بن سلام یکی از علمای بزرگ یهودیان در مدینه بود که به پیامبر اسلام ایمان آورد.) مترجم قرآن صفحه ۵۰۳

مَا تُؤْمِنُونَ، وَلَا بِقَوْلِ كَاهِنٍ ۚ قَلِيلًا مَا تَذَكَّرُونَ، تَنْزِيلٌ مِنْ رَبِّ الْعَالَمِينَ

حاقه ۴۸-۵۲ = این قرآن برای خودمراقبان قطعاً مایهٔ به خود آمدن است. البته ما خوب می‌دانیم که بعضی‌های دروغش می‌دانید. در ضمن مایهٔ حسرت بی‌دین‌ها هم خواهد شد. بله قرآن و گزارشش از قیامت عین حقیقت است. پس اسم خدای بلند مرتبه‌ات را به پاکی یاد کن.

وَإِنَّهُ لَتَذْكِرَةٌ لِلْمُتَّقِينَ، وَإِنَّا لَنَعْلَمُ أَنَّ مِنْكُمْ مُكَذِّبِينَ، وَإِنَّهُ لَحَسْرَةٌ عَلَى الْكَافِرِينَ

وَإِنَّهُ لَحَقُّ الْيَقِينِ، فَسَبِّحْ بِاسْمِ رَبِّكَ الْعَظِيمِ

مدثر ۳۲-۳۷ = نه قرآن سِحر است، به ماه قسم و به شب قسم وقتی وقتی بساط‌اش را جمع می‌کند و به صبح قسم وقتی سفره‌اش را پهن کند که بین **همهٔ پدیده‌های بزرگ، قرآن بی‌نظیر است و هشداری برای بشر.** برای هر کدامتان که دوست بدارید جلو بروید یا عقب بمانید.

كَلَّا وَالْقَمَرِ، وَاللَّيْلِ إِذْ أَدْبَرَ ، وَالصُّبْحِ إِذَا أَسْفَرَ ، إِنَّهَا لَإِحْدَى الْكُبَرِ، نَذِيرًا لِلْبَشَرِ ، لِمَنْ شَاءَ مِنْكُمْ أَنْ يَتَقَدَّمَ أَوْ يَتَأَخَّرَ

طارق ۱۱-۱۳ = قسم به آسمان پرباران و قسم به زمین مملوّ از گیاهان که قرآن جدا کننده حق از باطل است.

وَالسَّمَاءِ ذَاتِ الرَّجْعِ ، وَالْأَرْضِ ذَاتِ الصَّدْعِ ، إِنَّهُ لَقَوْلٌ فَصْلٌ

نساء ۱۶۶-۱۶۷ = به هر حال اگر قرآن را قبول ندارند، خدا با همین معجزه‌اش شهادت می‌دهد، به درستی قرآن که به علم خودش برایت فرستاده است، فرشتگان هم به درستی‌اش شهادت می‌دهند. اما همین بس که خدا شاهد باشد. **البته کسانی که بی‌دینی می کنند و با نپذیرفتن قرآن مانع بندگی خدا می‌شوند، دچار گمراهی بی‌پایان شده‌اند.**

لَٰكِنِ اللَّهُ يَشْهَدُ بِمَا أَنْزَلَ إِلَيْكَ ۖ أَنْزَلَهُ بِعِلْمِهِ ۖ وَالْمَلَائِكَةُ يَشْهَدُونَ ۚ وَكَفَىٰ بِاللَّهِ شَهِيدًا

إِنّ الّذِينَ كَفَرُوا وَصَدُوا عَنْ سَبِيلِ اللّهِ قَدْ ضَلُوا ضَلَالًا بَعِيدًا

اعراف ۲۰۴ = وقتی قرآن خوانده می‌شود. گوش جان به آن بسپارید و کاملاً سکوت کنید، تا لطف خدا شامل حالتان بشود.

وَإِذَا قُرِئَ الْقُرْآنُ فَاسْتَمِعُوا لَهُ وَأَنْصِتُوا لَعَلّكُمْ تُرْحَمُونَ

نحل ۱۰۳ = ما خوب می‌دانیم که بت‌پرست‌ها می‌گویند: "این قرآن از طرف خدا نیست و انسانی آن را به محمّد یاد می‌دهد." چنین نیست زبان کسی که قرآن را ساخته و پرداخته او می‌دانید، عربی نارساست و زبان قرآن عربی رسا است.

وَلَقَدْ نَعْلَمُ أَنّهُمْ يَقُولُونَ إِنّمَا يُعَلِّمُهُ بَشَرٌ لِسَانُ الّذِي يُلْحِدُونَ إِلَيْهِ أَعْجَمِيٌّ وَهٰذَا لِسَانٌ عَرَبِيٌّ مُبِينٌ

واقعه ۷۷-۸۲ = **بدانید قرآن کتابی ارزشمند است.** اصل آن در کتاب سرپوشیده و مصون از هرگونه تغییر است. جز پاک‌شدگان از آلودگی‌ها به حقایقش دسترسی ندارند. قرآن را خدای جهانیان فرستاده است. قرآن با چنین اوصافی را سرسری می‌گیرید؟ چرا فکر می‌کنید از انکار کردنش بهره‌ای می‌برید.

إِنّهُ لَقُرْآنٌ كَرِيمٌ

فِي كِتَابٍ مَكْنُونٍ

لَا يَمَسّهُ إِلّا الْمُطَهّرُونَ

تَنْزِيلٌ مِنْ رَبِّ الْعَالَمِينَ

أَفَبِهٰذَا الْحَدِيثِ أَنْتُمْ مُدْهِنُونَ

وَتَجْعَلُونَ رِزْقَكُمْ أَنّكُمْ تُكَذِّبُونَ

پایان

خدای قادر مهربان، ما تو را پرستشی که سزاوار تو است، هرگز نکردیم و نتوانیم کرد. بلکه به قدر معرفت ناقص و عقل عاجز خود تو را شناختیم و پرستش کردیم.

پس پروردگارا درود فرست بر محمّد و آل پاکش و بر تمام تابعین و هر کس پیرو آن رسول اکرم (صلی الله علیه و آله) است و هم بر ذرّیه و خاندان ایشان رحمت فرست. و به هر کس که تو را اطاعت کند، رحمتی عطا کن، که به آن رحمت او را محفوظ گردانی و از مکر و حیلهٔ شیطان و انس و جنّ حفظ کن و بر کارهای نیکویی که انجام می‌دهند. آنان را یاری فرما.

ای خدای عالم، ای آفرینندهٔ ما، تنها پادشاه ملک وجود تویی و حمد و ستایش مخصوص توست و دارای وصف عظمت و جلال و بزرگواری و کرمی و پدیدآورندهٔ آسمان‌ها و زمین. هرگز در حکم تو ظلم نیست و هم در انتقامت تعجیل نخواهد بود.

خدایا تو را ستایش می‌کنیم و تنها تو شایستهٔ ستایش و حمد هستی. لذت عفو و بخشش‌ات را در دلمان پدیدار کن و آسایش و نشاط و بهجت بهشت پر نعمت ابدی‌ات را نصیب‌مان فرما و با فراغت از هر کار به خوشی و لذت کاری که محبوب تو است. کامیاب‌مان ساز. دلمان را استوار کن و چراغ اشتیاق به لقای حضرت‌ات را در قلبمان همیشه روشن نگه دار.

نعمت کاملات را به حدّ تمام به ما عطا فرما و دست‌مان را از فواید و عطایای خود پر گردان که تو البته بهترین نعمت بخش عالمی.

{آمین یا رب العالمین}

۱. (دعای چهارم صحیفه سجادیه)

منابع:

- صحیفه سجادیه ترجمه محی‌الدین مهدی الهی قمشه‌ای

- تفسیر المیزان علامه طباطبایی

- تفسیر نور حاج شیخ محسن قرائتی

- تسنیم تفسیر قرآن آیت الله جوادی آملی

- قوانین تکامل - اخلاقی جلد ۱ لیلی اروجی

- قوانین کیهان سودابه مقدسی بیات

- با استفاده از ترجمه قرآن کریم ترجمه تفسیری و پیام رسان از استاد علی ملکی

برای تهیه جلد اول کتاب سرچشمه معرفت می توانید کد زیر را اسکن کنید

آثار دیگری از این نویسنده

Kidsocado Publishing House
خانه انتشارات کیدزوکادو
ونکوور، کانادا

تلفن : ۸۶۵۴ ۶۳۳ (۸۳۳) ۱+
واتس آپ: ۷۲۴۸ ۳۳۳ (۲۳۶) ۱ +
ایمیل: info@kidsocado.com
وبسایت انتشارات: https://kidsocadopublishinghouse.com
وبسایت فروشگاه: https://kphclub.com